사례관리론

우 국 희

KNOWLEDGE COMMUNITY 공동체

사례관리가 우리 사회에 도입된 지 어언 30여 년이 되어간다. 사례관리가 소개되던 초기에는 사례관리가 기존의 전통적인 사회복지실천, 특히 개별사회복지실천(case work)과 다를 바 없는데 굳이 새로운 학문적·전문적 분야로서 도입되어야 하는지에 대한 회의적 반응이 많았다. 그러나 사례관리가 서구에서 케이스워크를 대체해 나간 것처럼 점차 우리나라에서도 공공, 민간 할 것 없이 다양한 실천현장에서 가장 중요한 접근으로 평가되고 있으며, 사회복지교육은 이러한 현장의 목소리를 반영하여 사회복지 법정 교과목으로 지정하기에 이르렀다.

사례관리의 발달은 개개인의 욕구가 고도화·다양화되어 가는 한편 사회적 자원은 제한되고 경제성장이 둔화된 현시점에 사회적·시대적 요구에 부응한 바가 크다. 사회복지실천은 의료비 절감을 목표로 전개되어 온 건강영역과는 달리 클라이언트의 복합적 욕구충족을 통한 삶의 질 개선에 최우선의 목표를 두고 있다. 이는 클라이언트 이익 우선이라는 사회복지실천의 오랜 핵심원칙에 기반한다. 미국의 사회복지사협회에서는 타 실천분야에서 이루어지는 사례관리와 사회복지실천에서의 사례관리가 분명한 차이점이 있음을 강조하기 위해 '사회복지실천 사례관리'로 명명하고 있다. 그러나 사례관리는 현재 다양한 전문분야에서 널리 사용되고 있으며, 공통의 특성으로 수렴되고 있는 현상을 보이고 있다.

지난 20여 년이 사례관리의 유용성, 한국적 상황에의 적용가능성에 대한 탐색기간이었다면, 2012년 공공부문에서 통합사례관리사업의 도입은 사례관리의 본격적인 발달기에 접어들었음을 알리는 신호탄이 되고 있다. 공공과 민간의 연계, 자원의 통합적 관리망 구축, 사회복지관 3대 핵심기능 중 하나로서의 정립 등 그동안 많은 제도적 변화가 있었고, 또 현장과 학교에서의 다양한 교육이 이루어져 왔다.

본 서는 이러한 변화들을 소개하고 타 분야 사례관리와의 차별성은 물론 전통적인 사회복지실천과 차별되는 사례관리의 독특한 특성을 드러내는 데 초점을 맞추었다. 사례관리의 역사적 흐름 속에서는 사례관리의 기본 가치와 관점을 이해하고, 사례관리 과정을 다룬 부분에서는 표준화와 객관성을 보장할 수 있는 가능성을 탐색할 수 있게 하였다. 나름대로 사례관리에 대한 체계적인 접근을 시도하였지만 여전히 부족한 측면이 없지 않다. 특히 사회복지의 다양한 현장에서 이루어지고 있는 사례관리의 구체적 양상을 보여주지 못한 점은 내내 아쉬운 점으로 남는다. 그리고 현재 작업이 제너럴리스트로서의 사례관리를 다루었다면 추후에는 좀 더 전문적 수준에서의 사례관리, 슈퍼바이저를 위한 사례관리의 내용도 추가될 필요가 있으리라 본다.

이 책이 나오기까지 그동안 격려하고 지원해 주신 공동체 출판사 사장님과 전무님, 그리고 꼼꼼하게 원고를 살펴봐 주시고 수고해 주신 편집부 직원들께 심심한 감사를 드린다.

2016년 8월

우국희

차 · 례

■ 머리말 / 3

Chapter 01 사례관리의 기초 · 11

1. 사례관리 개념의 이해 ······ 11
2. 사례관리의 목적 및 원칙 ······ 17
3. '사회복지실천 사례관리'의 정의 및 특성 ······ 20

Chapter 02 사례관리의 역사 · 27

1. 사례관리의 등장배경 ······ 27
2. 주요국의 사례관리 발달과정 ······ 31

Chapter 03 사례관리의 제 유형 · 47

1. 지역사회정신보건 영역에서의 사례관리 유형 ······ 47
2. 사례관리 기능에 따른 분류 ······ 53
3. 사례관리자 유형에 따른 분류 ······ 56

Chapter 04 사례관리의 주요 가치와 윤리적 책임 · 61

1. 선택과 자기결정권 존중 ······ 61
2. 프라이버시 존중 및 비밀보장 ······ 66
3. 정상화 ······ 69
4. 전문적 실천의 윤리적 책임 강화 ······ 71

Contents

Chapter 05 사례관리의 주요 구성체계 • 77

1. 사례관리의 주요 대상 ······ 77
2. 사회자원 ······ 98
3. 사례관리자 ······ 106
4. 사례관리 운영체계 ······ 116

Chapter 06 사례관리의 주요 관점 • 123

1. 생태체계적 관점 ······ 123
2. 임파워먼트 관점 ······ 129
3. 사회적 지지 관점 ······ 141

Chapter 07 사례관리 과정과 주요 과업 • 151

1. 인테이크 단계와 주요 과업 ······ 153
2. 사정단계와 주요 과업 ······ 158
3. 계획단계와 주요 과업 ······ 171
4. 계획의 실행 ······ 182
5. 모니터링 및 재사정 ······ 183
6. 평가 및 종결 ······ 190

Chapter 08 사례관리 기법 • 199

1. 직접적 기법 ········ 199
2. 연계(Linkage) ········ 210
3. 옹호(Advocacy) ········ 214
4. 협력 및 조정 ········ 227

Chapter 09 사례관리의 실천사례 • 237

1. 미국의 사례 ········ 237
2. 영국의 사례 ········ 239
3. 일본의 사례 ········ 243
4. 한국의 사례 ········ 246

- 참고문헌 / 249
- 찾아보기 / 257

CHAPTER 01

사례관리의 기초

01 사례관리 개념의 이해

02 사례관리의 목적 및 원칙

03 '사회복지실천 사례관리'의 정의 및 특성

CHAPTER 01

사례관리의 기초

1. 사례관리 개념의 이해

1) 사례관리 정의

오늘날 사례관리는 실천과 정책을 망라하여 사회복지, 간호, 정신보건, 재활, 교정 등 다양한 전문분야로 그 적용영역이 확대되고 있다. 여기서는 미국의 연방법에서의 정의를 포함하여 사례관리를 가장 활발하게 수행하고 있는 사회서비스 영역과 건강보호 영역에서의 정의를 중심으로 살펴볼 것이다. 사례관리 정의의 대다수는 사례관리 기능을 중심으로 규정짓고 있음을 알 수 있다.

■ 미국의 총괄예산조정법(Omnibus Budget Reconciliation Act, 1981)

정신질환자, 노인, 발달장애인, 아동 등 장기보호가 필요한 대상층에 대한 사례관리의 중요성을 강조한 이 법에서 사례관리는 "특정 집단에 대해 제공되는 다양한 서비스들의 조정"으로 정의되고 있다.

■ 바일과 카알스(Weil and Karls, 1985)

클라이언트가 필요로 하는 서비스를 효과적 · 효율적 · 비용효과적인 방법으로 제공하는 일련의 논리적 단계이자 서비스 관계망 내에서의 상호작용 과정이다.

■ 목슬레이(Moxley, 1989)

사례관리 기능은 전형적으로 연속적인 문제해결 모델의 맥락 내에 있으며, 이때 기능은 사정, 계획, 개입, 모니터링, 평가, 때로는 옹호를 포함한다.

■ 로스만(Rothman, 1991)

지역사회 기반 서비스(community-based services), 지역사회 지지로도 알려져 있는 사례관리는 다음의 두 가지 기능을 수행한다. 첫째, 지역사회 내에서 클라이언트에 대한 개별화된 조언, 상담, 치료를 제공하며, 둘째, 클라이언트를 지역사회 기관 및 비공식적인 원조 관계망에 연계시켜 준다. 이러한 실천은 그 성격상 미시적이며 동시에 거시적인 것이다.

■ 바커(Barker, 1999)

사례관리는 클라이언트를 대신하여 서로 다른 사회기관과 직원들로부터 제공받을 서비스를 계획하고, 실행하며, 모니터하는 절차이다. 이는 한 기관 내에서의 팀 작업뿐만 아니라 상이한 기관에 속한 다양한 실천가들의 팀 작업을 통해 클라이언트에게 제공될 서비스를 조정하고, 필요한 서비스 제공을 확대시켜 주며, 나아가 클라이언트가 필요로 하는 전문적 서비스의 진전상황을 점검하고 평가하며 재사정한다.

■ 미국사회복지사협회 전문자격(NASW Specialty Certification, 2000)

사례관리는 전문적 사회복지사가 서비스를 제공하는 하나의 방법으로, 클라이언트와 클라이언트 가족의 욕구를 사정하고, 그들의 복합적인 욕구를 충족시키기 위해 다양한 서비스로 구성된 서비스 패키지를 확립하고, 배정된 서비스를 조정, 모니터링, 평가하며, 클라이언트의 서비스 권리를 옹호하는 것을 포함한다. 사례관리의 목적은 가장 효율적이고 효과적인 방법으로 복합적인 욕구를 갖는 개인에게 질적인 서비스를 제공함으로써 클라이언트의 기능을 최적화시키는 데 있다.

■ 정신장애백과사전(Encyclopedia of Mental Disorders)

사례관리는 외래의 중증 정신질환자를 대상으로 그들에게 필요한 모든 의료 및 정신건강 서비스와 지지서비스를 조정하여 배정하는 것을 의미한다. 서비스에 대한 접근성 및 서비스의 연속성과 효율성을 향상시키고, 시간제한적인 서비스가 아니라 가능한 한 오래 지속적으로 클라이언트에게 서비스를 제공하는 것을 목적으로 한다. 사례관리자는 클라이언트에게 서비스를 연계하는 것에서부터 집중적인 임상서비스나 재활서비스를 실제 직접 제공하는 것에 이르기까지 다양한 과업들을 수행하며, 그 외 아웃리치, 욕구사정, 지지서비스 배정, 모니터링, 클라이언트 권리옹호 등의 핵심적 기능들을 수행한다.

■ 사례관리협회(Case Management Society, 2009)

건강보호 영역 전문가들로 구성된 이 협회에서는 사례관리를 다음과 같이 정의하고 있다. "사례관리는 의사소통과 자원을 활용하여 개인의 건강욕구를 충족시키는 데 필요한 다양한 대안과 서비스들을 사정, 계획, 실행, 조정, 모니터링, 평가하는 협력적 과정으로, 질적 향상 및 비용효과적인 결과를 목표로 한다."

■ 한국의 통합사례관리(보건복지부, 2012)

지역사회의 공공·민간자원에 대한 체계적인 관리, 지원체계를 토대로 복합적이고 다양한 욕구를 가진 대상자에게 복지·보건·고용·주거·교육·신용·법률 등 필요한 서비스를 통합적으로 연계·제공하고, 이를 지속적으로 상담·모니터링해 나가는 사업이다.

이상에서 살펴보듯이 사례관리는 다양한 전문영역에 걸쳐 이루어지고 있지만 비교적 공통된 속성을 중심으로 유사하게 정의되고 있음을 알 수 있다. 이를 중심으로 사례관리의 핵심된 특성을 정리하면 다음과 같다.

① 지역사회 내의 다양한 서비스와 지지를 체계적으로 제공하는 하나의 방법이다.
② 다양한 자원 및 사회적 관계망을 동원, 조정하여 클라이언트에게 가장 효과적으로 연계하는 데 관심을 두는 활동이다.
③ 기관중심적이 아닌 욕구중심적 실천이다. 클라이언트를 기관의 서비스에 끼워 맞추기보다는 그들의 욕구에 서비스를 융통성 있게 배정하는 것을 강조한다. 이를 위해 옹호역할이 강조된다.
④ 복합적인 욕구를 가진 클라이언트에 대한 지속적인 책임과 비용효과성을 강조한다.
⑤ 연속적인 기능들을 시간순서적으로 수행하는 문제해결 과정이다.
⑥ 다양한 전문가들과 팀 작업을 통해 이루어지는 협력적 활동이다.

2) 관련 용어의 이해

사례관리와 유사한 의미를 갖는 용어로는 "케어 매니지먼트(care management)", "서비스 조정(service coordination)", "관리의료(managed care)" 등이 있다. 오늘날은 사례관리가 거의 대부분의 전문적 실천분야에서 보편적으로 사용되고 있지만, 1980년대까지만 하더라도 서구에서는 사례관리가 확고하게 정립된 용어가 아니었으며 이들 용어들과 상호교환적으로 사용되었다. 사례관리와 유사한 의미를 갖지만 상이한 배경에서 출발한 이들 용어들의 의미를 통해 사례관리와의 차별성을 이해해 보기로 한다.

(1) 케어 매니지먼트(Care Management)

케어 매니지먼트라는 용어는 1990년대 영국에서 '지역사회보호(community care)' 정책과 함께 등장했다. 지역사회보호는 정신질환자나 정신지체인, 노인 등 장기적인 돌봄(care)을 요하는 대상자들을 시설이 아닌 지역사회 안에서의 보호(in the community)로 전환시키는 정책을 의미한다. 지역사회보호는 적절한 수준의 개입과 지지가 '지역사회 내(in the community)'에서, 다시 말해 지역사회와 동

떨어진 외곽지역의 대규모 시설이 아닌 '그들 자신의 집에서' 혹은 '가정과 유사한 환경을 제공해 주는 지역사회 내의 보호장소'에서 가능한 한 독립적으로 생활할 수 있도록 공적·비공식적 자원을 동원하여 다양한 서비스를 제공해 주는 것을 목표로 한다.

지역사회보호의 목적을 달성하기 위해서는 지역사회 내의 다양하게 펼쳐져 있는 광범위한 서비스의 조정과 연계가 필수적이다. 지역사회 내 서비스의 단편성, 비접근성, 비효과성 등 서비스 전달체계의 문제점을 극복하고 서비스의 통합성, 연속성, 책임성 등을 보장하기 위한 전문적 장치로서 케어 매니지먼트가 도입되었다. 영국은 맨 처음 지역사회보호의 핵심 전달체계로서 미국의 케이스 매니지먼트를 도입하였으나 '케이스'라는 단어가 갖는 협소한 의미로 인해 '케어 매니지먼트'라는 용어로 대체하였다. 케이스 매니지먼트는 케이스워크(case work)와 거의 동일시되고 있고, 또 클라이언트와의 직접적 관계만이 강조되어 체계적 수준에서의 조직적 활동, 즉 자원을 조정하고 서비스 전달을 조직하는 면을 강조하는 데 부적절한 용어로 인식되었다. 케어 매니지먼트는 영국의 지역사회보호 정책의 주요 전달체계로서 시작되었지만, 이후 일본, 독일 등 다른 나라로 전파되었다. 일본과 독일의 '노인장기요양보험제도'에는 케어 매니지먼트가 공식적인 서비스 전달체계의 핵심으로 기능하고 있다.

(2) 서비스 조정(Service Coordination)

서비스 조정은 사례관리에서 관리라는 단어가 갖는 어감의 부정적인 특성을 배제하기 위한 의도에서 사용된 경향이 강하다.

취약한 대상자의 대부분을 차지하는 노인인구나 만성 정신질환자, 신체장애인, 아동의 문제는 단기간의 치료보다는 문제가 더 이상 악화되지 않도록 지속적으로 관리(management)하는 것이 중요하다. 간호학 등 전문분야에서는 장기적 돌봄이라는 개념보다는 관리(management)라는 개념을 선호하는데, 그 이유는 관리라는 말 속에는 가족이나 친지로부터의 비공식적 돌봄과 구별되는 전문적 실천 개념이 포함되어 있기 때문이다.

그러나 사회복지 전문직에서는 관리라는 단어의 사용에 대한 거부감이 있었다. 일부 전문가와 클라이언트들은 관리라는 용어 속에 통제하다(control), 지시하다(direct), 다루다(handle), 취급하다(treat) 등의 의미가 포함되어 있기 때문에 클라이언트 참여(client involvement), 임파워먼트(empowerment) 이념을 충분히 반영해 주지 못하는 단점이 있음을 지적했다. 맥클람과 우드사이드(McClam & Woodside, 1994)는 사례관리를 수행하고 있던 많은 서비스 제공자들과 인터뷰를 했는데, 인터뷰 참여자들 중 일부는 그들 직무를 기술하는 데 있어 사례관리가 아닌 다른 용어를 선호하는 것으로 나타났다. 이 조사에서 실천가들이 사례관리라는 용어에 대한 거부감을 갖는 이유를 세 가지로 설명하였다. 첫째, 실천가들은 클라이언트를 사례(case)로 생각하는 것에 대한 반감을 가지고 있었으며, 둘째, 클라이언트가 관리되고 있다고 느끼는 분노에 관련되어 있었다. 그리고 셋째, 전문가들은 그들이 관리역할만을 수행한다고 생각하고 있지 않고 있었기 때문에 사례관리가 그들의 전문적 정체성을 정확히 대표하지 못한다고 인식했다.

사례관리라는 용어에 거부감을 갖는 전문가들은 그 대안으로 서비스 조정이라는 용어를 선호했다. 벳츠(Betz, 1991)는 서비스 조정이 사례관리 과정의 주요 역할인 클라이언트와 서비스 간의 연계, 모니터링 과정을 가장 정확히 반영해 주기 때문에 이 용어가 적절함을 제안하기도 하였다(Woodside & McClam, 1998 : 4 재인용).

(3) 관리의료(Managed Care)

사례관리는 초기에 의료분야에서 발달된 '관리의료'와 자주 혼돈되기도 했다. 관리의료는 미국에서 1980년대 급증하는 건강보호 비용을 줄일 목적으로 개발된 재정통제시스템으로서, 비용절감과 의료서비스의 질 향상이라는 두 가지 목적을 달성하기 위해 의료서비스 제공과정에 개입하여 의료이용의 적정성을 관리하는 기제이다(윤치근, 1998).

미국은 관리의료제도를 도입하여 의사의 진료행위를 기준으로 비용을 지불하던 종전의 행위별수가제 방식을 버리고 환자 수를 기초로 사전에 비용을 산정한 후 이를 선할당해 주는 방식을 채택했다. 과잉진료와 의료남용을 막기 위해 도입되었으나, 의료행위와 상관없이 일정한 액수를 의사에게 선지불하는 시스템은 의사나 환자 모두에게 위험이 될 수 있었다. 즉, 의사의 경우 할당된 비용을 초과하여 진료를 할 경우 개인의 수입이 줄어들 수 있기 때문에 의료행위를 적게 하는 것이 유리하다. 반면 환자들은 의사들의 소극적인 진료로 인해 의료서비스의 질 저하를 경험할 수 있었다.

이러한 문제를 예방하기 위해 관리의료조직(MCO : Managed Care Organization)마다 사례관리자라는 전문가를 고용하여 환자를 돌보는 비용이 할당된 양을 넘어서지 않도록 함과 동시에 의료의 질 저하를 막도록 모니터하게 하였다. 이들은 주로 특정 교육을 이수한 간호사인 경우가 많았으나, 심리나 행동 치료 전문가들도 있었다(Summers, 2006 : 50). MCO 조직에 소속된 사례관리자는 환자에게 가장 적절하고 비용효과적인 치료환경이 무엇인지를 결정하고 조정하며, 환자와 그 가족에게 지지와 정보를 제공하고, 환자에게 제공되는 서비스의 적절성과 효율성에 대해 지속적으로 모니터함으로써 의료서비스의 질을 보장함과 동시에 건강관리 비용을 절감시키는 데 중요한 역할을 수행하였다. 1980년대 이후 폭발적으로 성장한 관리의료시스템은 이후 사례관리자에 대한 사회적 수요를 증가시킨 주요한 계기가 되었다.

2. 사례관리의 목적 및 원칙

1) 사례관리의 목적

사례관리는 다음과 같은 목적을 달성하기 위한 노력이라 할 수 있다.

첫째, 보호의 연속성(continuity of care)을 보장한다. 보호의 연속성은 다시 두 가지 차원으로 구분하여 논의될 수 있다. 첫째, 횡단적 차원의 연속성으로, 특정 시점에서 클라이언트의 다양한 요구를 충족시키기 위해 포괄적인 서비스를 제공해 주는 것이다. 예를 들면, 노인이나 정신장애인들은 단일 서비스로는 충족되지 않는 복합적인 욕구상태에 있는 경우가 많다. 이러한 경우에는 경제적 · 정서적 · 사회적 · 신체적 욕구를 고려하여 다양한 서비스를 동시에 제공해 주는 것이 필요하다. 둘째, 종단적 차원의 연속성으로, 장기간에 걸쳐 변화하는 개인의 욕구에 반응적인 서비스를 지속적으로 제공해 주는 것이다. 종단적 차원은 특히 중요한데, 왜냐하면 사례관리가 주로 만성적인 장애나 문제를 가진 취약계층을 대상으로 하고 있기 때문이다. 보호의 연속성을 보장하기 위한 사례관리의 노력에는 이 두 가지 차원이 동시에 고려되어야 한다.

둘째, 서비스의 통합성(integration of services)을 확보한다. 많은 클라이언트들의 욕구는 복합적이며 단기간에 해결되기 힘든 장기적인 욕구이다. 이러한 욕구를 적절하게 다루기 위해서는 많은 기관의 서비스와 다양한 전문가들의 기능을 통합한 체계를 확보해야 한다. 서비스의 통합이 확보되면 서비스의 중복이나 누락을 쉽게 예방할 수 있을 뿐 아니라, 서비스 제공자들 간의 갈등을 줄이고 긍정적인 상호작용을 강화시킬 수 있게 된다.

셋째, 서비스에 대한 접근성(accessibility to services)을 높인다. 취약한 계층의 클라이언트들은 서비스 접근에 다양한 장벽을 경험한다. 예를 들어, 기관의 수혜자격 기준, 규제, 복잡한 절차 등은 클라이언트의 접근을 제한한다. 사례관리는 기관서비스나 정책의 틀 안에서 제한적으로 기능하지 않고 클라이언트 욕구에 서비스를 맞추기 위해 보다 적극적으로 역할한다. 클라이언트 중심적으로 사고하며, 서비스 접근에의 장벽들을 제거하고 클라이언트가 필요한 서비스를 수월하게 획득할 수 있도록 다양한 서비스 체계와 협상하는 등 적극적인 옹호기능을 수행한다.

넷째, 사회적 책임성(accountability)을 보장한다. 이는 서비스 제공의 효과성, 효율성과 관련되는 문제로, 효과성은 클라이언트의 욕구에 적합하고 적절한 방법으로 제공될 수 있도록 보장하는 것이다. 효과성 못지않게 서비스 전달의 효율성 증대는 사례관리의 주요한 목적이다. 효율성은 비용절감 차원과는 다른 것으로, 자원이 부족한 현실에서 클라이언트의 다양한 욕구를 충족시켜 주기 위해서는 현명하게 자원을 활용하는 것이 중요하다. 클라이언트들은 그들 욕구에 맞는 서비스를 제대로 제공받지 못하거나, 제공받더라도 부적절한 서비스를 제공받는 경우가 많다. 그 결과 이용 가능한 서비스의 잠재적인 효과는 감소될 수밖에 없다. 욕구에 적합한 서비스의 조정 및 제공 책임을 한 개인 혹은 한 기관에 고정시켜 둠으로써 사례관리는 서비스 체계의 책임성을 향상시킬 수 있다.

2) 사례관리의 원칙

호주 정부는 사례관리의 주요 원칙으로 다음의 10가지를 제안하고 있는데 (Department for communities and Social Inclusion, 2013), 이는 사회복지실천을 포함한 모든 영역에서 공히 적용 가능하다 할 것이다.

첫째, 클라이언트 중심적 원칙으로, 사례관리는 기존 서비스에 개인의 욕구를 맞추는 것이 아니라, 서비스를 클라이언트의 욕구에 적합하도록 만드는 데 적극적이다. 개인의 욕구를 충족시키기 위한 것임을 보장하기 위해 서비스 반응의 중심에 개인을 둔다.

둘째, 주도성의 원칙으로, 이는 문제가 일어난 후에 반응하는 사후개입적 행동보다는 욕구, 리스크, 잠재적 장애들의 조기확인을 통한 사전예방적 행동에 우선순위를 둔다.

셋째, 강점 기반 원칙으로, 이는 대처기제, 레질리언스, 지지체계 등 클라이어트의 능력과 자원을 확인하고 강화시키는 것에 초점을 두는 것을 의미한다.

넷째, 논리적 합리성의 원칙으로, 이는 사례관리 과정이 합리적으로 구조화된 단계별 접근임을 의미한다.

다섯째, 파트너십 원칙으로, 클라이언트는 자신의 욕구가 충족될 수 있도록 적극적으로 계획을 수립하고 서비스 반응을 확인하는 데 관여한다. 성공적인 파트너십은 목적의 명확성, 올바른 리더십, 존중하는 관계, 협력과 참여의 헌신, 민감성을 갖는 접근 등을 통해 클라이언트에게 혜택을 줄 수 있다.

여섯째, 체계성의 원칙으로, 클라이언트 결과를 최대화시키는 것을 '큰 그림'으로 마음속에 새기고 더 넓은 체계에 연계한다. 사례관리자는 욕구에 적절한 서비스 체계를 개발하기 위해 정부기관을 포함하여 다양한 기관 전문가와 협상할 능력은 물론 필요한 자원체계에 대한 정보를 가지고 있어야 한다.

일곱째, 결과지향적 원칙으로, 모니터링, 재사정, 평가 등을 통해 클라이언트 목적을 달성하는 데 초점을 두는 것을 의미한다.

여덟째, 문화적 민감성의 원칙으로, 이는 클라이언트와 그들의 문화적 정체성을 존중하는 접근을 의미한다. 문화는 인종/ 민족, 지리, 정체감, 연령, 능력, 젠더, 성, 가족, 영성, 언어, 역사, 경제적 지위 등을 포함하는 광범위한 개인적·지역사회적 요인들을 언급한다.

아홉째, 총체성의 원칙으로, 이는 심리적·신체적·문화적·사회적 등 클라이언트의 복리에 관련된 모든 요인들을 고려하는 과정이어야 함을 의미한다. 개인은 어느 한 가지의 욕구보다는 잠재적인 욕구를 포함하여 복합적인 욕구를 지니는데, 특히 노인이나 장애인의 경우 의료, 보건, 사회복지, 주거 등에 대한 요구들이 동시에 존재한다. 이러한 인식에서 사례관리는 서비스 이용자의 전반적인 욕구충족을 목표로 한다.

열째, 역동성의 원칙은 클라이언트 환경의 변화와 진전을 고려하면서 사례관리 과정 내내 목표와 결과의 수정이 허용됨을 의미한다. 사례관리 실천가들은 욕구를 지속적으로 모니터링하고 검토하여 변화하는 욕구에 서비스를 적합하도록 만든다.

3. '사회복지실천 사례관리'의 정의 및 특성

사례관리는 관리의료의 개념에서 보듯이 간호, 의학 분야에서도 이루어지는 실천이며, 최근에는 교육, 행정 등 다양한 분야로 확대되고 있다. 다양한 분야의 고유한 특성이 있는 만큼, 각 영역에서는 사례관리의 핵심과 본질을 공유하면서도 각 분야에서 요구하는 특정 자격요건과 기준을 마련하기 위한 노력이 있어왔다. 사회복지 전문직 영역에서도 사회복지실천의 틀 안에서 사례관리를 규정짓고 전문화시키려는 노력이 지속되어 왔다.

1984년 미국사회복지사협회(NASW)는 「기능손상자를 위한 사회복지실천 사례관리의 기준 및 지침」을 마련하였는데, 여기에 사례관리가 사회복지실천 영역의 한 부분으로서 고려되어야 하는 이유를 다음과 같이 설명하고 있다. “사례관리는 일반주의 사회복지실천(generalist social work practice)의 신뢰 및 협력 관계에 기초한 하나의 과정으로, 사회복지실천의 전문적 가치, 지식, 기술에 기반하고 있다.”

이후 1992년에는 사례관리가 사회복지실천의 한 영역임을 공식적으로 인정하고, “사회복지실천 사례관리(social work case management)”라는 용어를 사용하기 시작했다. 이는 타 분야 사례관리와 사회복지실천 영역에서의 사례관리를 구분하기 위해 시도로서, 미국사회복지사협회에서 규정하고 있는 ‘사회복지실천 사례관리’에 대한 정의는 다음과 같다.

> 사회복지실천 사례관리는 전문적 사회복지사가 클라이언트 및 클라이언트 가족의 욕구를 사정하여 서비스를 제공하는 방법이다. 사례관리자는 클라이언트의 복합적 욕구를 충족하기 위해 서비스 패키지를 배정, 조정, 모니터하고 평가, 옹호하는 기능을 수행한다. 이때 전문적 사회복지사는 사회복지실천 사례관리의 주요 제공자이다. 사회복지실천 사례관리가 다른 형태의 사례관리와 구분되는 점은, 사회복지실천 사례관리는 사회체계뿐만 아니라 클라이언트의 생물-심리-사회적 상태를 다룬다는 점이다. 사회복지실천 사례관리는 본질적으로 미시적이면서 동시에 거시적이다. 즉, 클라이언트 수준과 체계 수준 모두에서 개입이 일어난다. 사회복지사는 클라이언트와 치료적 관계를 발달시키고 유지시키며, 여기에는 클라이언트에게 필요한 서비스, 자원, 기회를 제공하는 체계와 클라이언트를 연결시키는 것이 포함된다. 제공된 서비스는 한 기관에 속한 것일 수도 있으며, 또는 다수의 기관들이나 조직에 걸쳐 있을 수도 있다.

이 정의에서는 “사회복지실천 사례관리”의 기능, “사회복지실천 사례관리”의 독특한 관점과 개입이 명시되어 있다. 사례관리는 복합적 욕구사정, 서비스 패키지 배정, 조정, 모니터, 평가, 옹호를 핵심기능으로 하고 있으며, 특별히 미시와 거시를 아우르는 개입이 타 영역에서의 사례관리와 다른 점임을 강조한다. 사회복지실천의 동시적 이중 초점인 “환경 속의 인간”을 사정과 개입 과정 모두에서 철저히 반영한다는 점이 “사회복지실천 사례관리”만의 독특성임을 강조하고 있다.

이 정의와 함께 미국사회복지사협회가 제시한 사회복지실천으로서의 사례관리의 특성은 다음과 같다(NASW Speciality Certifications. www.socialworkers.org).

첫째, 사회복지실천 사례관리의 주요 목적은 복합적이고 다중적 욕구를 갖는 개인에게 질적인 서비스를 가장 효율적이고 효과적인 방법으로 제공함으로써 클라이언트의 기능을 최적화하는 것이다.

둘째, 사회복지실천의 모든 방법들과 마찬가지로, 사례관리는 전문적 훈련, 가치, 지식, 이론, 기술에 기반한다.

셋째, 프로그램이나 체계의 목표에 따라 사례관리자의 역할과 책임이 상당히 다양하다 할지라도, 사회복지실천 사례관리자들은 클라이언트 수준에서의 개입과 체계 수준에서의 개입에 관련된 공통의 과업들을 광범위하게 수행한다.

넷째, 교육과 훈련은 미시수준과 거시수준의 실천 모두에 초점을 둔다.

다섯째, 사회복지실천 사례관리자는 클라이언트와 체계의 강점, 자기케어(self-care) 기술의 발달에 초점을 둔다.

여섯째, 사회복지실천 사례관리는 체계 틀 안에서 강점과 도전을 사정하는 "환경 속의 인간(person-in-environment)" 관점을 채택하며, 생물심리사회 모델 위에 서 있다. 사례관리자는 클라이언트 삶 속에서의 생물학적 욕구를 고려할 뿐만 아니라, 클라이언트의 삶에 영향을 미치는 가족의 욕구, 사회, 환경 및 다른 체계의 욕구를 사정한다.

일곱째, 사례관리자는 두 가지 주요한 역할, 즉 옹호자와 중개자의 역할을 수행하도록 훈련된다.

여덟째, 사례관리자는 다음의 일곱 가지 핵심기능을 수행한다.

- **계약** : 아웃리치, 공동협력, 스크리닝, 동의서, 초기면접, 의뢰수용
- **사정** : 욕구(기능적/ 심리사회적), 강점/ 도전/ 기회, 생물심리사회, 포괄적 인테이크, 사회문화, 자원/ 재정
- **계획** : 서비스, 개입, 치료, 케어, 지시, 재활, 전략적, 지지, 위기 예방
- **실행/ 조정** : 자원 또는 서비스 중개, 서비스 전달 모니터링, 서비스 제공, 프로젝트 실행, 클라이언트 지지, 위기관리

- **옹호** : 체계 향상을 위한 작업, 클라이언트 복리 및 클라이언트 기능 촉진, 연계, 중재.
- **재사정/ 평가** : 모니터링, 효과성, 적절성, 효율성, 리뷰/ 수정, 계획, 자료 수집 및 분석
- **분리** : 종결, 이전, 퇴원 계획

CHAPTER 02

사례관리의 역사

01 사례관리의 등장배경

02 주요국의 사례관리 발달과정

CHAPTER 02

사례관리의 역사

1. 사례관리의 등장배경

사례관리가 정부 정책이나 문헌 속에서 직접적으로 등장하기 시작한 시점은 대략 1970년대로 보고 있다. 이 시기는 사회서비스 전달체계의 변화를 이끌어 낸 여러 문제점들이 나타난 때로서 사례관리는 이러한 문제들을 해결하는 방법으로 제안되었다. 여기에서는 1970년대부터 나타난 주요 역사적 배경을 살펴보고, 그러한 배경들이 어떻게 사례관리 등장과 연관되는지를 살펴보기로 한다.

1) 탈시설화

1960년대는 시설에서의 생활이 갖는 유해한 결과들을 보여주는 연구들이 쏟아져 나온 시기이다. 특히 고프만(Goffman)과 같은 사회학자들은 대규모 시설이 수용자들을 외부생활로부터 차단 격리하여 강제적으로 규격화되고 통제된 생활을 하게 함으로써 개인의 개별성을 말살시킬 뿐만 아니라 시설 신경증, 끊임없는 자기 비하와 굴욕감을 겪게 한다고 주장하였다(정경균 · 김영기 · 문창진 · 조병희 · 김정선, 1991 : 116). 폐쇄적 통제방법에 대한 이러한 비판적 인식은 지역사회로부터의 격리가 아닌 지역사회 안에서 진료 및 재활 체계를 수립해야 한다는 "지역사회 정신건강운동(community mental health movement)"을 태동시켰다.

'시설 신경증(Institutional Neurosis)'

이 용어를 처음 사용한 바턴(Barton)은 원래의 병과는 관계없이 시설에 수용되는 것 그 자체에서 오는 질환으로 정의했으며, 이 병의 임상적 특성으로 냉담, 외부세계에 대한 흥미의 상실, 개별성의 결여, 미래에 대한 무관심, 굴종, 특징적인 걸음걸이나 자세 등을 제시했다(Dexter & Harbert, 1983 : 24). 시간이 경과할수록 오랜 시설경험으로 인한 이러한 행동상의 변화는 시설에 수용되게 된 원래의 증상에 부가되어 재활이나 퇴소를 더욱더 어렵게 만드는 주요한 원인이 되는 것으로 알려졌다.

또한 당시 항정신성 약물치료의 발달로 중증의 정신질환자 증상을 완화, 통제할 수 있게 됨으로써 시설수용 중심의 치료체제에서 지역사회 정신건강 체제로 빠르게 변모되었다. 미국 캘리포니아 주의 경우 주립 병원의 침상 수가 1967년 3만 7,000여 개에서 1984년 약 5,000개 내외로 감소되었으며, 주립 · 시립 정신병원 입원환자의 급격한 감소를 가져왔고, 이로 인해 많은 대규모 정신병원들이 문을 닫게 되었다. 대규모 주립 정신병원의 수는 감소한 반면 지역사회 정신건강센터는 이 기간 동안 약 700개소로 증가하였다(Dubois & Miley, 1996 : 371). 영국의 경우도 이와 비슷하게 정신질환과 정신장애를 지닌 사람들은 주립 정신병원에서 지역사회 내의 일반 병원으로 이송되었고, 노인들 또한 많은 수가 시설에서 퇴소하게 되었다.

2) 복지국가 위기와 복지다원주의

서구 선진국에서는 2차 대전 이후 전후복구사업을 진행하면서 지속된 경제성장에 힘입어 사회복지에 대한 국가책임을 증대시켜 왔다. 복지국가의 등장은 국민의 복지를 국가가 책임진다는 자신감의 결과였다. 그러나 1970년대부터 시작된 경기침체는 공공지출의 확대를 더 이상 어렵게 하였는데, 1973년 전 세계적으로 불어닥친 오일쇼크 파동, 그 뒤를 이은 높은 인플레이션과 실업률은 국민들의 조세저항을 불러일으켰으며, 설상가상으로 노인인구의 급증은 건강보호 비용의 증가를 초래해 국가 재정을 더욱 어렵게 하였다. 영국의 경우 노인인구가 한 해에 지출하는 건강보호 비용은 노동연령 인구의 7배를 상회하는 것으로 보고될 정도로 건강재정을 악화시키는 주요 원인이 되었다(Robinson, 1986). 국가 재정 위기는 공공부문의 비용절감을 주요 정책목표로 삼게 하였다.

각국은 정부지출 규모를 줄이기 위해 그동안 국가가 책임지던 것의 많은 부분을 민간의 책임과 역할로 이양하는 정책을 전개시켰다. 그 대표적인 정책이 지역사회보호로서 지역사회보호는 사회복지에 대한 국가 부담의 일부를 민간 부문으로 이양할 수 있는 공식적 근거를 제공하였다. 이에 따라 민간 비영리 조직뿐만 아니라 기업, 시장도 복지서비스 제공에 참여할 수 있게 되었다. 복지공급 주체가 국가주도형에서 복지다원주의로 변모되었다. 민간부문의 역할 확대는 공적 부문의 복지비용 절감 목적에서 비롯되었으나, 복지 서비스의 다양화, 수요자 선택기회의 확대라는 측면에서는 긍정적인 기여를 하였다.

3) 지역사회 기반 서비스의 단편화

1970년대는 탈시설화, 지역사회보호정책의 발달로 지역사회 안에 다양한 서비스들이 급속도로 증가되었던 시기이다. 그러나 다양한 기관에서 제공하는 서비스들이 통합, 조정되지 않아 취약한 클라이언트들에게는 서비스가 누락되는 등 복지체감도나 효율성은 낮았다. 서비스 전달체계는 오히려 복잡해졌으며, 이 시기에 개발된 수많은 개별 프로그램들은 고도로 전문화된 서비스만을 제공하거나, 협소하게 정의된 표적 집단에만 서비스를 제공하도록 고안되었다(Intagliata, 1982). 특히 많은 서비스들은 연령집단(아동, 노인) 혹은 기능적 영역(건강, 정신건강, 고용, 주택), 문제영역(교정, 정신지체)에 따라 관할 행정부서가 달랐다(Moxley, 1989 : 14). 이로 인해 복합적인 욕구를 가진 클라이언트들은 포괄적인 서비스를 한곳에서 제공받기가 더욱 힘들어졌다.

4) 사례관리의 필요성 증대

이상에서 살펴보았다시피 탈시설화, 복지다원주의로 인해 복지제공 주체가 다양해지고 많은 지역사회 기반 서비스가 개발되었음에도 불구하고 서비스들은 지역적으로 분산되어 있었고, 클라이언트의 욕구에 포괄적으로 반응할 수 있는 서비스 체계도 마련되어 있지 않았다. 특히 시설에서 퇴소한 클라이언트들에게는 무반응적인 서비스 체계로부터 도움을 얻어낼 능력도, 동기도 부족하였다(Rubin, 1992 : 7).

이러한 문제점을 시정하기 위한 하나의 방편으로 사례관리가 제시되었으며, 서비스 조정에 대한 권한을 한 특정 기관 혹은 한 사람에게 부여하여 지역의 만성질환자에게 필요한 서비스를 가능한 한 많이 연결해 주는 것이 중요하게 되었다. 전문직에 대해서도 취약계층의 욕구를 충족시켜 주기 위해서 비공식적·자연적 인적자원을 개발하고 이들과 협조관계를 맺을 수 있는 전문적 능력 배양에 대한 정치적 압력이 가해졌다. 이때 전반적인 계획을 수립하여 다양한 서비스 및 비공식적 지지를 조정하는 사례관리자가 효과적인 서비스 전달을 최대화하면서 동시에 비용을 절감하는 수단으로서 인식되었다.

이에 미국 정부는 1970년대 초반 사례관리자라는 전문가를 두어 서비스 통합 프로그램을 책임지도록 하였다. 영국은 1980년대 중반, 지금까지 상이한 부서가 책임지고 있던 정신질환자, 신체 및 정신 장애인, 노인 등 세 부류의 클라이언트 집단을 모두 지역사회 사례관리자라는 한 사람의 책임하에 두게 함으로써 보다 효과적이고도 경제적인 서비스 제공을 권고하였다.

2. 주요국의 사례관리 발달과정

사례관리란 용어가 문헌 속에 처음 등장한 시점은 1970년대 중반이지만, 서구의 건강 및 사회 서비스 영역에서 폭발적으로 언급되기 시작한 것은 1980년대부터라고 할 수 있다. 특히 1990년대는 사례관리가 사회복지실천 영역에서 급속도로 발전되기 시작한 시기이다. 사례관리의 역사는 40여 년 정도밖에 되지 않아 100여 년이 넘는 사회복지실천의 역사에 비해 매우 짧지만 현재 사회서비스 전달체계, 사회복지실천 영역에서 필수적인 영역으로 자리매김하고 있다. 특히 사회복지실천가들은 그들 업무의 상당 시간을 사례관리에 보내는 등 사회복지 업무의 중요한 한 요소로서 구성되고 있다. 이 절에서는 미국, 영국, 일본과 우리나라에서 사례관리가 등장하게 된 역사적 배경을 중심으로 고찰해 보기로 한다.

1) 미국에서의 사례관리

사례관리란 용어를 가장 일찍 사용한 국가는 미국으로, 1970년대에 문헌 속에 처음 등장했다. 사례관리가 전문용어로 자리 잡은 때는 1976년 「지역사회정신건강서비스 프로그램 인증 원칙(Principles for Accreditation of Community Mental Health Service Programs)」이라는 보고서에 사례관리자(case manager)란 용어가 사용되면서부터이며, 여기서 사례관리는 "성공적 결과를 달성하기 위해 서비스 체계를 소비자에게 연결하고 다양한 체계요소를 조정하는 데 목적을 두는 활동"으로 정의되었다(Kanter, 2010).

1970년대 미국의 상황은 1960년대부터 다양하게 개발되어 온 지역사회 서비스들을 조정할 필요성이 요청되던 시기였다. 이와 더불어 포괄적 서비스를 요하는 장기보호 인구층의 증가와 복지 및 건강 서비스의 비용절감 문제 등에 직면해 있었다. 미국의 「보건・교육・복지부(Department of Health, Education & Welfare)」는 서비스 통합 프로그램을 증진시키기 위한 일련의 시범사업들을 지원하였으며, 대부분의 시범사업에서 서비스 조정을 담당할 핵심인력인 사례관리자의 필요성이 언급되었다. 시범사업의 결과에 따라 미연방 정부는 사례관리를 서비스 체계에 통합시키는 각종 법령을 통과시켜 나갔다.

- 1978년 개정 「노인법(The Older Americans Act)」: 재정, 정서, 의료, 주거, 직업, 문화, 여가 등 노인의 복합적인 욕구를 충족시키기 위해 지역 내의 한 노인기관에서 사례관리서비스를 제공하도록 규정하였다(Powell & Tahan, 2008 : 5).
- 1981년 「총괄예산조정법(Omnibus Budget Reconciliation Act)」: 연방정부가 지방정부에 대해 특별한 지출명목에 상관없이 사용할 수 있도록 총액으로 재정지원을 함으로써, 지방정부는 지역의 상황에 따라 필요한 대상층에 서비스를 제공할 수 있게 되었다. 이 법은 노인뿐만 아니라 정신질환자, 발달장애인, 보호서비스를 요하는 아동층으로 서비스 대상자의 범위를 확대시키는 계기를 제공했다.
- 1988년 「가족지지법(Family Support Act)」: 공적부조 체계에서의 사례관리 기능을 공식적으로 언급하였다(Woodside & McClam, 1998).
- 「메디케이드 예외조항(Medicaid Waiver) 프로그램」은 정부보조금을 시설보호뿐만 아니라 재가보호에도 사용할 수 있도록 함으로써 다양한 지역사회서비스를 촉진시킨 계기를 제공하였다(Holt, 2000 : 11).

이러한 일련의 제도적 개혁들은 지역사회 기반 서비스, 나아가 사례관리를 촉발시키는 동력으로 작용하였다. 사례관리를 확산시킨 연이은 법 제정은 1980년대 사회복지 전문직이 사례관리를 도입하는 데도 중요한 영향을 끼쳤다. 미국사회복지사협회(NASW)는 1984년 「기능손상자를 위한 사회복지실천 사례관리의 기준과 지침」을 마련하였다. 그 이후 정신장애, 노인, 아동, 신체장애 등 다양한 사회복지 영역에서 사례관리서비스가 실제로 제공되기 시작하였으며, 사회복지실천백과사전(Encyclopedia of Social Work) 18판(1987)에서는 케이스워크(casework)라는 항목이 빠지고 대신 사례관리가 추가되었다.

이후 사례관리는 1990년대 들어 급격한 관점의 변화를 경험했는데, 이는 미국 건강보호체계의 위기와 관련되었다. 건강보호 비용이 1960년에 국민총생산(GNP)의 5% 수준이었으나, 1992년에는 이 수치가 14%까지 상승하였다(Siefker, Garrett, Genderen & Weis, 1998 : 19). 건강비용이 급상승하자 이를 억제할 수단으로 관리의료(managed care)가 건강보호 전달체계에 도입되었다. 관리의료의 도입은 사례관리서비스에 대한 새로운 수요를 증대시켰는데, 미국에서는 1990년대에서 2006년 사이 사례관리자 수가 무려 10만 명 이상으로 증가했다(Powell & Tahan, 2008 : 5). 사례관리가 관리의료체계의 핵심적인 요소가 됨에 따라 일부 간호대학들이 교육과정에 이를 도입하였으며, 미간호사협회에서는 1991년 사례관리의 사용을 공식화하였다. 관리의료체계 아래에서 사례관리는 비용통제를 위한 전략적 기제가 되었으며, 사례관리자는 재정관리자와 같은 역할을 수행하게 되었다. 재정적 모니터링을 통한 지출통제라는 목적은 클라이언트 욕구중심적 서비스 제공이라는 사회복지 전문직 목적과 충돌하면서 이후 사례관리의 모호성을 증대시켰고, 일관된 개념정의를 어렵게 만든 요인이 되었다.

2) 영국에서의 사례관리

영국에서 사례관리는 건강과 복지 서비스를 통합하는 방법으로 도입되었다. 과거 영국은 사회서비스와 건강서비스(NHS)가 별도로 관리・운영되었는데, 건강서비스는 중앙정부의 통제와 지방정부의 건강부서에서 운영하였다면, 사회서비스는 지방정부의 재원으로 운영되었다. 사회서비스는 지방 당국의 재정에 영향을 받아 지방 당국 간에 상당한 정도의 차이가 있었다.

1960년대 들어 다양하게 단편적으로 이루어지고 있는 사회서비스의 체계화와 통합의 필요성이 주장되었으며, 이와 더불어 급증한 고령자들이 갖는 문제는 건강서비스와 사회서비스의 조정 및 통합의 필요성을 높였다. 그 결과 영국정부는 사회서비스를 통합하여 관리하는 사회서비스국(Social Service Department)을 각 지방자치체에 설치하도록 하였다(석재은, 2000). 이후 영국의 여러 지역에서 보건 및 복지 서비스의 통합을 위한 다양한 시범사업이 실시되었다.

대표적인 예는 켄트 대학에서 수행한 시범사업이었다. 1970년대 말 켄트 대학교 연구소(PSSRU : Personal Social Services Research Unit)가 수행한 지역사회보호 시범사업에서 사례관리가 처음 등장하였다. 이 프로젝트에서는 지역사회보호의 핵심 구성요소로서 사례관리를 제안했고, 사례관리는 사례발견 및 의뢰, 사정 및 대상자 선정, 케어계획 및 서비스 패키지, 모니터링 및 재사정, 사례종결 등의 핵심과업으로 이루어짐을 보여주었다. 이로 인해 PSSRU는 미국의 사례관리 개념을 영국에 도입하는 데 중요한 기여를 한 것으로 평가되고 있다(Payne, 1995 : 64).

켄트 대학 시범사업

숙련된 사회복지사가 시설입소 위기에 처한 소수의 노인들을 대상으로 시설보호에 드는 비용의 2/3 정도의 예산으로 공적·사적·자원 부문 서비스들을 개별 노인에게 적합한 서비스 패키지를 고안하여 연계하였다. 결과는 시설보호 입소확률이 절반으로 줄고, 자신의 집에서 살아갈 확률이 두 배 이상 늘어난 것으로 나타났다. 시범사업에 참여한 노인들은 전통적인 서비스를 제공받는 노인들에 비해 훨씬 더 잘 기능한 것으로 나타났다.

박미은(2015), p. 41.

영국 정부는 PSSRU 프로젝트의 긍정적인 결과를 통해 지역사회보호 개혁의 필요성에 공감하여 이를 당시 유명한 경제학자인 그리피스(Griffith)에게 기존의 사회서비스 정책을 개혁시킬 수 있는 새로운 방안을 제시할 것을 지시했다. 그 결과 1988년 그리피스 보고서(Griffith report)가 발표되었는데, 이 보고서에서는 사례관리라는 용어가 아닌 케어 매니지먼트(care management)라는 용어가 사용되었다.

그리피스 보고서

그리피스 보고서의 핵심 제안내용은 다음과 같다.

① 공공부서인 사회서비스국(Department of Social Services)에서 모든 서비스를 직접 제공할 필요가 없으며 민간·비공식 부문의 역할이 확대되어야 한다.

② 주도적 역할은 공공부서인 사회서비스국에서 맡아야 하지만 사회서비스국의 역할전환이 필요하다. 사회서비스국은 직접 서비스를 제공하기보다는 서비스를 고안하고, 조직하고 구매하는 역할에 더 비중을 두어야 한다.

③ 케어 매니지먼트는 비용통제와 서비스의 효과적 제공에 중요한 수단으로, "상당한 수준의 자원이 관련되어 있는 경우에 반드시 사회서비스국 소속 직원을 케어매니저로 임명하여 사정, 재사정 기능을 감독하고 여러 조처들을 관리하여야 한다."

그리피스 보고서 이후 영국 정부는 1989년 백서 「Caring for People」(1989)를 발간하고 그 다음 해 「국민건강서비스와 지역사회보호법(National Health Service & Community Care Act, 1990)」을 제정하였다. 백서에는 재가보호서비스가 보다 확대되어야 한다는 것과 사례관리가 서비스의 질을 담보할 수 있다는 것이었다.

백서에 제안된 6가지 핵심 목적은 다음과 같다.

- 재가보호, 주간보호, 단기보호를 개발, 촉진시켜 사람들이 가능한 한 그들 자신의 집에서 생활할 수 있도록 한다.
- 비공식적 보호자들에게도 실질적인 지지를 제공하는 것에 높은 우선순위를 둔다.
- 적절한 욕구사정과 사례관리가 질 높은 보호의 시금석이 되도록 한다.
- 질 높은 공적 서비스와 더불어 민간부문 서비스의 발달을 촉진한다.
- 기관의 책임을 명확하게 해서 그들의 업무수행을 보다 쉽게 한다.
- 사회적 보호를 위한 모금을 도입한다.

Department of Health(1989). p. 5.

이 법의 통과는 지난 20여 년 동안 전개되어 왔던 지역사회보호정책의 새로운 출발을 의미했다. 초기 지역사회보호정책은 대규모 시설은 폐쇄하되 지역사회 내에 소규모 시설들을 확충하는 방향에 맞춰져 있었다. 즉, 대규모 공공시설의 감소를 보충하기 위해 소규모 민간시설의 확충을 유도했었으나 이 법은 시설이 아닌 그들 자신의 집에서 독립적으로 살 수 있도록 재가서비스의 발달을 촉진시키는 방향으로의 전환을 의미했으며, 이러한 목표의 설정으로 1990년대 동안 지역사회보호의 구조에 거대한 변화가 일어났다.

지역사회보호법이 제정되기 전에는 가정봉사원, 식사서비스 제공자, 사회복지사 등 다양한 지역사회서비스 제공자들이 각각 다른 상위기관에 업무를 보고하는 시스템으로 운영되고 있었다. 그 결과 한 개인을 위한 서비스가 체계적으로 조직되거나 통제되지 않아 일관성 있는 서비스 패키지를 제공할 수 없다는 것이 큰 문제점으로 대두되었는데, 지역사회보호법은 이러한 문제점을 개선하기 위해 케어관리자를 별도로 두어 지역사회보호서비스를 효과적으로 조정할 수 있는 역할을 수행하도록 하였다. 특히 서비스 구매자라는 새로운 역할은 예산을 직접 통제할 수 있는 권한의 부여를 의미했다. 예산을 재량껏 활용할 수 있게 된 케어관리자들은 개인들을 그들의 욕구에 보다 잘 맞는 서비스 패키지에 연결시켜 줄 수 있게 되었다.

정부 정책에 따라 사회서비스감독청(SSI : Social Services Inspectorate)에서 마련된 1991년 지침서에서는 케어 매니지먼트를 “개인의 욕구에 적합한 서비스를 고안해 나가는 과정”이며, 케어관리자는 “그 역할의 중심에 서 있는 전문가”로 규정하였다. 이때부터 영국에서는 모든 정부 정책과 실천지침에 사례관리가 아니라 케어 매니지먼트가 공식화되었다. 영국 정부(SSI, 1991)는 모든 정책과 실천지침에서 사례관리가 아닌 케어관리 용어를 사용하게 된 이유로 ‘사례’가 개인을 비하하는 의미를 담고 있고, 또 관리되고 있는 것이 사람이 아닌 돌봄, 즉 케어이기 때문에 사례관리가 부적절함을 제안했다.

그렇다고 하여 사례관리라는 용어가 영국에서 전혀 사용되지 않은 것은 아닌데, 영국 정부의 백서에 “적절한 욕구사정과 사례관리가 질적인 보호의 초석이 되도록 한다”라고 사례관리를 직접 명시하고 있다. 데이비드 챌리스(D. Challis)는 이러한 경향을 반영하여 사례관리와 케어관리를 구분하여 정의 내린 바 있다. “사례관리는 핵심 워커가 일련의 과정을 통해 케어를 조정하는 것을 의미하며, 케어관리는 ‘사례관리의 관리’로서, 개별 클라이언트를 대상으로 하는 케어의 조정 및 조직화에 대한 관심보다는 보다 더 큰 조직적인 문제에 초점을 둔 것이라 볼 수 있다." 이어 그는 사례관리는 개인에 초점을 두고 개인의 다양한 욕구를 충족시키기 위한 일련의 핵심과업들, 즉 사례발견, 스크리닝, 사정, 케어계획, 모니터링 및 평가로 구성된 일련의 과업수행으로 규정될 수 있다고 보았다. 반면 케어관리는 조직 차원에서 사례관리를 보다 잘 관리할 수 있도록 관리, 감독하는 체계, 다시 말해 자원의 관리 또는 서비스의 효과적인 배정으로 이해될 수 있다고 제안했다.

3) 일본에서의 사례관리

일본에서 사례관리에 대한 관심은 1980년대 중반 미국의 사례관리를 소개하면서 시작되었다. 주로 학계를 중심으로 논의되던 사례관리가 본격화된 계기는 개호보험법(노인장기요양보험제도)의 도입이다. 1997년 제정되고 2000년 4월부터 발효된 개호보험법은 사례관리의 도입을 공식화하였다. 개호보험법이 실시되기 이전에는 관 주도의 행정이 모든 책임을 지고 서비스 제공을 결정하는 조치제도 형태였다면, 개호보험법 실시 후에는 이용자가 서비스를 계약하는 형태로 변모되었다. 그러나 노인이나 장애인이 지역 내 다양한 서비스를 스스로 찾아 계약을 맺기란 쉬운 일이 아니기 때문에 서비스 계획을 수립하고 서비스 이용을 지원해 줄 전문적 인력이 필요하게 되었다. 이에 따라 일본은 사례관리를 개호보험법의 핵심요소로 규정하였으며, 사례관리를 담당할 전문인력인 개호지원전문원을 제도화하였다.

사례관리 기능을 담당하는 개호지원전문원의 활동에 대한 비용은 개호보험에서 지불된다. 즉, 개호보험법에서는 사례관리자에 의해 케어계획이 수립되는 경우 비용을 지급하는데, 이런 의미에서 케어계획 수립비에는 사례관리자가 수행하는 상담 이외에 이용자나 서비스 사업자의 방문여비, 통신연락비, 모니터링 등의 비용도 포함되어 있다고 볼 수 있다(오세영, 2009 : 262).

학계에서는 1990년경부터 시라사와(しちさわ, 1992) 등에 의해 케어매니지먼트 저서가 발간되는가 하면, 개호보험법이 심의된 1997년에는 일본사회복지

사협회, 일본개호복지학회, 일본간호협회 등의 관련 단체가 각각 케어 매니지먼트 관련 서적을 발행하는 등에 의해 케어 매니지먼트가 집중적으로 소개되기 시작하였다(오세영, 2009 : 258).

4) 한국에서의 사례관리

우리나라의 사례관리는 1990년대 민간부문에서 시작되어 2000년대 중반 이후 공공부문으로 확대되는 과정으로 진행되어 왔다. 이 과정을 구체적으로 살펴보면 다음과 같다.

(1) 민간영역에서의 사례관리

우리나라에서는 사례관리가 1990년대 학계를 중심으로 간호학, 사회복지학 분야에서 소개되기 시작했다. 1990년대는 사회복지의 방향이 재가복지, 지역사회복지로의 전환을 준비하던 시기로서, 1989년 노인복지법 개정에서 가정봉사원사업이 포함되었고, 그 후 1993년 개정에서 재가복지사업의 종류가 명시되는 등 법적으로 재가복지가 처음으로 사회복지사업의 한 분야로 규정되었다.

재가복지가 공식적인 종합 프로그램으로 인정되자 기존의 노인복지관, 장애인복지관, 사회복지관을 중심으로 다양한 재가복지사업이 제공되었으며, 이때부터 여러 학자들과 실천가들에 의해 사례관리가 재가복지서비스를 조정하는 중요한 실천방법으로 제안되었다. 특히 기존의 약물치료 및 정신치료 중심에서 지역사회 중심의 정신보건 모델로 전환을 알린 1995년 정신보건법에서는 사례관리가 정신질환자를 대상으로 하는 지역사회 정신보건사업의 필수사업 중 하나로 지정되었다.

2000년대는 사례관리가 전 민간실천 영역에 확대되기 시작한 때로서, 각 시설별 평가지표에 사례관리에 대한 평가항목이 추가되었다. 2003년 서울시 사회복지관을 중심으로 사례관리 수행에 대한 평가가 이루어지기 시작했다. 초기의 평가가 주로 평가자의 주관적 판단에 의존했다면, 2006년에 실시된 사회복지관 평가에는 “가족기능강화사업”과 “지역사회보호사업”을 평가하는 영역에 "사례관리체계의 우수성"이란 지표가 서울지역 복지관 평가에 추가로 포함되었으며, 이를 평가하는 객관적 기준으로 "사례관리의 표준화 및 전산화 정도", "사례관리 단계별 내용의 충실성", "사례관리의 지속성 및 포괄성"이 제시되었다(서울시복지재단, 2006). 그 이후부터 현재까지 사회복지시설 또는 사회복지관의 프로그램 및 서비스 영역 평가에 사례관리에 대한 평가가 포함되어 오고 있다. 평가에 사례관리 관련 조항이 포함됨이 시사하는 바는 매우 크다. 이는 사례관리가 우리 사회에서 보편적인 사회복지의 기능으로 인정받음을 의미하는 것이자, 질적 서비스를 담보하는 핵심으로 자리매김되고 있음을 의미하는 것이었다.

이러한 흐름을 반영하여 사회복지관의 주요 기능 또한 기존의 6대 기능에서 3대 기능으로 변경되었다. 사례관리 기능, 서비스 제공기능, 지역조직화 기능이 사회복지관의 3대 기능으로 명시되었으며, 사례관리 기능에는 사례발굴, 사례개입, 서비스 연계가 핵심 사업분야로 자리매김되었다(보건복지부, 2013a).

<table>
<tr><th>2012년도 이전 지침</th><th colspan="2">2013년 지침</th></tr>
<tr><td rowspan="3">1. 가족복지사업
2. 지역사회보호사업
3. 지역사회조직사업
4. 교육 · 문화사업
5. 자활사업
6. 재가복지봉사서비스</td><td>1. 사례관리 기능</td><td>사례발굴
사례개입
서비스 연계</td></tr>
<tr><td>1. 서비스 제공기능</td><td>가족기능 강화
지역사회보호
교육문화
자활지원 등 기타</td></tr>
<tr><td>2. 지역조직화 기능</td><td>복지 네트워크 구축
주민조직화
자원 개발 및 관리</td></tr>
</table>

출처 : 보건복지부(2013a).

(2) 공공부문 사례관리

공공부문에서의 사례관리는 2006년 서비스 행정체계가 주민생활지원서비스 전달체계로 개편되면서 등장하였다. 과거 공공부문에서의 복지행정은 대상자의 자산조사와 급여지급 등의 업무를 중심으로 이루어졌으나 전달체계의 개편으로 상담, 서비스 연계 등의 사례관리 기능이 중요한 역할로서 자리매김되었다. 이를 좀 더 구체적으로 살펴보면 다음과 같다.

2000년대 들어 정부의 복지지출이 연평균 약 10%의 증가추세를 보이는 등 사회복지예산이 지속적으로 증가하고 복지서비스도 100여 가지 이상으로 다양화되었으나 복지재정의 효율성에 대한 국민의 신뢰 및 복지체감도는 낮은 편이었다. 중앙정부부터 지방정부에 이르기까지 복지사업이 활발히 제공되고 있음에도 사각지대가 발생되는 등 서비스의 총량은 늘어났음에도 불구하고 칸막이 행정에 막혀 정작 필요한 대상자에게 서비스가 효율적으로 전달되고 있지 못했다(민소영, 2015).

복지예산의 증가에도 불구하고 적절한 복지혜택을 받지 못하는 복지사각지대가 발생함은 서비스 간의 조정, 공공서비스의 연계 및 통합의 필요성에 대한 목소리를 높였다. 당시 수요자들은 자신들이 제공받을 수 있는 혜택이 무엇인지를 잘 몰랐으며, 이에 따라 자격이 됨에도 서비스를 제공받지 못하는 경우가 많았으며, 또 다양한 복지욕구를 충족하기 위해서는 각각의 업무를 담당하는 소관부서를 찾아 도움을 요청해야 했다. 이러한 문제점을 개선하기 위해 2006년 7월부터 주민생활지원 관련 업무를 중심으로 주민생활지원서비스를 제공하는 전담부서를 설치하도록 하였다. 시 · 군 · 구에는 주민생활지원국(과)을, 읍 · 면 · 동에는 주민생활지원담당(6급)을 두어 보건, 복지, 고용, 주거, 평생교육, 문화, 생활체육, 관광 등 8대 부문의 서비스를 수요자 중심으로 통합제공할 수 있도록 조직을 개편하였다.

2006년의 주민생활지원서비스 전달체계 개편에서 중요한 변화 중 하나는 읍 · 면 · 동을 사례관리의 주체적 단위로 설정하였다는 점이다. 과거 읍 · 면 · 동 사회복지전담공무원의 업무는 주로 급여신청자의 자산조사 등 대상자 선정 및 자격관리를 위한 일반행정업무 중심이었으나, 이때부터는 읍·면·동의 사회복지전담공무원이 상담 및 사례관리 등 사회복지 고유의 업무를 중점적으로 실시할 수 있도록 조직구조와 업무내용이 개편되었다(민소영, 2015).

그러나 이후 읍·면·동의 사례관리 전담인력 및 사례관리 수행의 경험과 지식의 제한으로 시·군·구와 읍·면·동의 기능조정이 모색되었다. 자산조사와 관련된 업무는 시·군·구의 통합조사팀으로 일괄 이관하는 대신에 읍·면·동의 사회복지전담공무원들은 복지수요자 발굴 및 초기상담 업무에 집중하도록 하면서 단순급여 신청이나 안내는 직접 수행하고 복합적인 욕구사정이 필요한 대상자는 시·군·구 서비스 연계팀에 인계하는 역할을 수행하게 되었다. 이에 따라 복합적인 사례관리는 시·군·구의 서비스 연계팀의 기능으로 조정되었다.

이후 2008년부터는 시·군·구 단위 서비스 연계팀에서 '위기가구 사례관리사업'이 도입되었는데, 이는 공공부문에서의 최초의 사례관리사업이라고 할 수 있다. 이 사업의 특징은 빈곤층이라는 경제적 기준에만 국한하여 소득 재산 기준을 기계적으로 적용하지 않고, 대상자의 심리, 건강, 직업, 사회, 경제 등 다양한 욕구를 종합적으로 사정하여 법정급여뿐만 아니라 급여 이외의 다양한 사회서비스와 자원을 연계했다는 데 있다(홍성대, 2011).

2010년 '행복e음'이라는 사회복지통합관리망이 개통, 운영되기 시작하였는데, 행복e음은 급여대상자의 수급 관련 정보를 전자화함으로써 대상자 관리를 통합적으로 수행할 수 있도록 하였다. 그 결과로서 자산조사 관련 업무부담이 경감되어 수요자 중심의 맞춤형 서비스 제공, 서비스의 중복 및 누락 방지, 복지전달체계의 강화 등 사례관리를 수행할 수 있는 업무환경이 조성되었다.

2012년부터는 복합적 욕구를 가진 대상자에게 통합사례관리를 제공하는 전담조직으로서 시·군·구에 민간과 공공 인력을 확대 배치한 '희망복지지원단'을 설치하고, 이를 중심으로 보건, 복지, 고용 등 지역 내 다양한 서비스 제공기관과 연계 및 협력을 적극적으로 이끌어 내어 다양한 복지수요에 능동적 대응을 하도록 하였다(보건복지부, 2014a). '통합사례관리'라는 용어는 공공·

민간에서 다양한 방식으로 사례관리사업을 수행하고 있는 점을 감안하여 동 사업의 차별성을 부각시키기 위한 의도에서 사용되었다. 대상자 가구는 사례회의를 거쳐 '사례관리 가구'와 '서비스 연계 가구'로 구분되었으며,[1] 통합사례관리 담당자 1인이 담당하는 사례관리 가구 수는 사례관리 기간이 6개월 정도인 경우를 기준으로 할 때 월 평균 20가구로 설정하고 있다(보건복지부, 2014b). 맞춤형 사례관리 실적은 2010년 404건에 불과하던 것이 시・군・구 희망복지지원단이 설치된 2012년에는 8만 5000건으로 200배 이상 증가했다.

2013년에 와서는 사례관리를 담당하는 주된 인력인 '사회복지통합서비스 전문요원'을 '통합사례관리사'로 변경하였다. 2014년에는 읍・면・동 방문상담, 사례관리 등 현장밀착형 복지기능 강화를 위해 "읍・면・동 복지기능 강화 1차 시범사업"을 실시하였다. 시・군・구 희망복지지원단에서 통합사례관리를 제공하고 있으나 대상자 발굴이나 찾아가는 서비스 제공에 한계가 있다는 인식이 높아졌으며, 이에 따라 2014년 5월의 '제7차 사회보장위원회'에서 2017년까지 복지공무원 6,000명을 확충, 읍・면・동에 우선 배치하여 취약가구 상담 및 사례관리와 같은 읍・면・동의 현장밀착형 복지서비스를 강화하려는 계획을 발표하였다.

2016년에는 읍・면・동을 중심 읍・면・동(권역형)과 기본형으로 구분하여, 초기상담 후 고난이도 사례는 중심 읍・면・동이나 시・군・구 희망복지지원단에서 사례관리 대상가구로 접수하여 서비스를 제공하도록 하고 있다. 읍・면・동으로 사례관리 기능이 확대개편됨에 따라 희망복지지원단은 지역 통합사례관리를 총괄, 조정하는 기능이 강화되고 있다. 그리고 2016년 3월에는 행정자치부와 보건복지부가 읍・면・동 복지허브화 추진의 일환으로, 현재 '읍・면・동 사무소' 명칭을 "행정복지센터"로 전환하기로 결정하였다. 행정복지센터로서의 읍・면・동은 앞으로 개인별 맞춤형 통합서비스 제공, 찾아가는 복지서비스, 민간자원 연계에 주력하게 된다. 3명 이상의 전문인력으로

1) • 사례관리 가구 : 서비스 제공의 성격이 복합적인 가구로 대체로 1개월 이상의 중장기적 개입이나 다양한 서비스가 집중적으로 제공될 필요가 있는 가구
• 서비스 연계 가구 : 욕구가 단편적이어서 1개월 미만의 단기적 개입이나 단순서비스 연계를 통해 문제해결이 가능한 가구를 의미

구성되는 맞춤형 통합서비스팀은 종전의 주민등록 등 일반민원 처리를 넘어서 심층상담, 개인별 종합 복지서비스 제공에 주력하게 된다(행정자치부 · 보건복지부 보도자료, 2016. 3. 17).

□ **통합사례관리 정의**

- 지역사회의 공공 · 민간 자원에 대한 체계적인 관리, 지원체계를 토대로 복합적이고 다양한 욕구를 가진 대상자에게 복지, 보건, 고용, 주거, 교육, 신용, 법률 등 필요한 서비스를 통합적으로 연계, 제공하고, 이를 지속적으로 상담, 모니터링해 나가는 사업

□ **통합사례관리 절차**

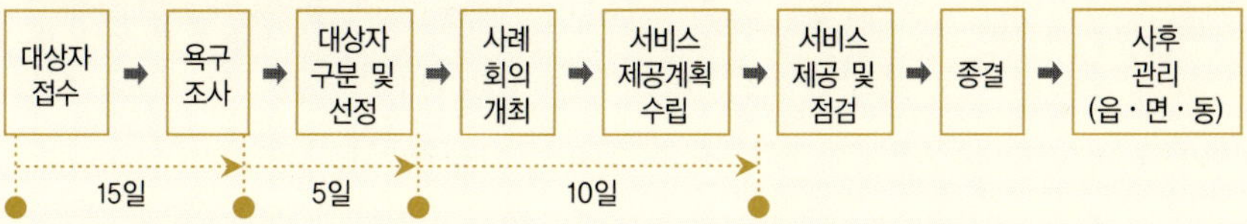

□ **통합사례관리 관련 담당 전문인력**

- **통합사례관리 팀장** : 사례관리 조정자. 사례관리 대상자 선정 및 주 사례관리자 배정
- **사례관리 담당인력** : 복지공무원 및 통합사례관리사들로서, 주 사례관리자. 배정받은 사례관리 후보자를 대상으로 현장방문을 하여 욕구조사를 실시, 서비스 제공계획 수립한다. 공무원의 경우 5년 이상 복지업무에 종사한 경우에 해당

출처 : 보건복지부(2016a).

공공부문에서는 시 · 군 · 구를 중심으로 빈곤여성 가구주 대상의 사례관리(2006), 취약계층의 임산부 및 0~12세 아동을 대상으로 하는 드림스타트사업(2007), 치매노인 사례관리(2010) 등 대상에 따른 사례관리시스템이 점차적으로 확충되어 오고 있다.

CHAPTER 03

사례관리의 제 유형

01 지역사회정신보건 영역에서의 사례관리 유형
02 사례관리 기능에 따른 분류
03 사례관리자 유형에 따른 분류

CHAPTER 03

사례관리의 제 유형

사례관리는 사례관리의 주요 기능, 사례관리자의 서비스 권한 정도를 반영하여 다양하게 분류되어 왔다. 여기에서는 사례관리의 제 유형과 그 특성을 중심으로 살펴보기로 한다.

1. 지역사회정신보건 영역에서의 사례관리 유형

탈시설화 이후 지역사회에서 생활하게 된 정신질환자 및 정신장애인들은 치료서비스는 물론 다양한 재활서비스와 지지서비스를 필요로 했으나, 이들은 자신들에게 필요한 서비스에 접근하는 것이 쉽지 않았다. 이에 대한 해결책으로 제시된 것이 사례관리로서, 지역사회 내 만성 정신장애인들을 대상으로 하는 사례관리 유형은 크게 다음과 같은 세 가지로 분류된다. 적극적 지역사회치료(ACT : Assertive Community Treatment), 집중적 사례관리(intensive case management), 강점사례관리(strength case management)가 그것으로, 각각에 대해 구체적으로 살펴보면 다음과 같다.

1) 적극적 지역사회치료

이 모델은 퇴원한 중증의 정신질환자를 지역사회에 통합시키기 위한 치료방법 중의 하나이다. 1970년대 후반 위스콘신 매디슨의 멘도타(Mendota) 주립병원에서 일하던 스타인과 테스트(Leonard Stein & Mary Ann Test)에 의해 개발된 이 모델은 입원치료 후 퇴원한 정신질환자들이 재입원을 반복하는 문제는 그들이 지역사회에서 보다 안정적으로 생활할 수 있도록 돕는 방법을 통해 개선될 수 있다는 데서 출발했다. 이 모델이 개발되던 초기에는 "지역사회생활훈련(training in community living)"으로 불리었으나, 이후 적극적 지역사회치료 프로그램(PACT : Program of Assertive Community Treatment)으로 명칭이 바뀌었다. 이후 이 모델은 세계 각국에서 전파되어 오늘날 "적극적 지역사회치료"로 널리 알려져 수행되고 있다.

현재 많은 나라에서 외래환자들에게 널리 적용되고 있는 이 모델은 시설이나 병원에서 종합서비스를 제공받는 것처럼 지역사회에서도 서비스를 "one-stop"으로 제공받을 수 있도록 하는 데 목적을 두었다. 정신과적 치료, 재활서비스, 주택, 재정 등 다양한 지역사회 지지서비스가 중증의 정신질환자에게 제공될 수 있도록 정신과 의사, 간호사, 사회복지사, 정신건강전문가, 약물치료전문가, 직업재활상담가 등 다양한 분야의 전문가들이 사례관리팀을 구성하여 협력한다는 점이 이 프로그램의 핵심이다. 정신질환자들의 재입원율이 떨어지고 그들의 직업과 주거 안정성이 높아졌다는 결과 등이 일관되게 보고되면서 많은 나라에서 이 모델이 널리 받아들여지고 있으며, 현재까지 그 효과가 널리 인정되고 있다. 다양한 전문가에 의한 통합적 서비스 제공이 시간이나 비용이 많이 든다 할지라도 재입원율을 낮춤으로써 절감되는 비용은 이를 충분히 상쇄시키는 것으로 이해되고 있다.

이 모델이 개발될 초기에는 시간제한을 두지 않고 서비스가 장기적으로 제공되는 것을 원칙으로 하였다. 그리고 이 모델은 10~12명의 전문가들로 구성된 팀이 중증의 정신질환자들에게 포괄적 지역 기반 치료를 제공하는 서비스 전달 모델로서, 다른 서비스 제공자들에게 클라이언트를 연계시키기보다 다양한 분야의 전문가들이 클라이언트에게 실질적인 서비스를 직접 제공해 주는 것을 지향했다. 중개모델과는 달리 이 모델은 오히려 매우 개별화된 서비스를 직접 제공하는 형태로서, 클라이언트들은 그들 자신의 집이나 지역사회에서 24시간 365일 서비스를 제공받는다. 이 치료 프로그램이 개발될 때의 전제는 병원의 24시간 케어가 환자의 증상을 경감시키는 데 도움이 되기 때문에 퇴원 후에도 이러한 형태의 지지와 치료가 지속되는 것이 중요하다는 것이었다. ACT는 결국 병원치료를 지역사회로 이동한 것이라 볼 수 있는데, 병원치료와의 차별성은 치료보다는 재활에 보다 더 초점을 둔다는 점에서 찾을 수 있다. 즉, 적극적 아웃리치와 상담, 치료, 위기개입, 기술훈련, 가족상담, 가족개입 및 가족교육, 환자에 대한 사회기술훈련 등 지역사회에서 독립적으로 살아갈 수 있는 훈련이나 교육이 강조되고 있다.

적극적 지역사회치료 모델의 핵심 특징은 다음과 같다(www.actassociation.org/actModel).

- **높은 수준의 손상 및 질환자 대상** : 이 모델은 가장 복잡한 정신질환 증상을 갖거나, 최고도의 기능 손상을 경험하고 있는 사람들에게 적절하다.
- **다양한 분야의 전문가 팀 접근** : 사회복지, 재활, 상담, 간호, 정신과 등 최소 10명 이상의 다양한 전문가들이 팀으로 활동한다. 팀 전원이 클라이언트에 대한 책임을 공유한다.
- **서비스의 통합** : 상이한 전문가, 상이한 기관이 클라이언트의 치료나 재활 문제를 각각 책임지는 것이 아니라 클라이언트 문제에 대해 통합적 접근을 한다.
- **직접적 서비스** : 전문가들의 직접 관여가 특징으로, 서비스를 중개하는 역할보다는 치료, 재활, 지지 서비스를 각각의 전문가들이 직접 제공한다.
- **낮은 사례비율** : 직원 1인당 사례 수가 적다. 24시간 내내 많은 서비스를 직접 제공해야 하기 때문에 클라이언트 비율이 최소한이어야 한다. 사례관리자 1인당 평균 10명이 적절한 것으로 제안된다. 많은 경우에도 20명 정도이다.
- **지역사회 내 서비스** : 전문가 팀 구성원 모두가 클라이언트의 가정을 방문하며, 대부분의 접촉이 지역사회 내에서, 즉 환자의 집이나 이웃, 지역 식당, 공원, 가게 등에서 이루어진다.
- **개별화된 서비스** : 클라이언트 중심적 접근으로 개별화된 서비스를 지향한다. 치료계획은 개인의 강점, 욕구, 희망, 소망 등에 기초하며, 지속적인 사정을 통해 계획이 수정되기도 한다.

- **적극적인 아웃리치** : 치료에 저항적인, 소극적인 클라이언트를 대상으로 적극 개입하여 그들이 독립적으로 생활할 수 있도록, 장애를 회복할 수 있도록 적극 지원한다.
- **신속한 접근** : 24시간 클라이언트를 돌볼 수 있기 때문에 근무시간 이외에 발생된 클라이언트 위기상황에도 긴급하게 반응할 수 있다.
- **시간제한이 없는 장기적 서비스** : 이 서비스는 회복과정이 수 년이 걸릴 수 있는 중증의 정신질환자에게 제공되는 것이기 때문에 장기적인 프로그램으로 디자인되어 있다.

2) 집중적 사례관리

초기에 집중적 사례관리는 병원입원율을 낮추기 위한 수단으로 개발되었으나 점차 입원이 필요하지 않는 사람들에게로 확대되었다. 집중적 사례관리의 목표는 구체적으로 환자와 서비스 간의 연결을 지속시키는 것, 입원율을 낮춰 비용을 줄이는 것, 중증 환자의 삶의 질과 사회적 기능을 향상시키는 데 맞춰져 있었다. 집중적 사례관리는 담당 사례 수, 팀 접근, 아웃리치에 대한 강조, 중개자 역할의 축소 등이 특징이다(Hangan, 2006 : 158).

이 모델의 핵심은 표적 대상층의 특성에 놓여 있다. 집중적 사례관리(ICM)는 전형적으로 서비스 욕구가 가장 큰 개인들, 예를 들어 입원경력이 잦거나 약물남용 등의 문제가 함께 진단된, 또는 범죄나 홈리스와 연관된 중증의 정신질환자들에게 포괄적인 서비스를 집중적으로 연계하는 특징이 있다. 챌리스 등(Challis et al., 2001)은 집중적 사례관리를 고도의 욕구를 갖는 혹은 높은 위기수준에 있는 사람들에게 제공되는 전문적 서비스로서, 소수의 사례를 담당하는 사례관리자에 의해 수행되는 것이라 규정했다. 담당하는 사례 수가 적음은 적절한 케어플랜과 재검토를 위한 충분한 접촉을 가능하게 하기 때문에 매우 중요한 요소이다.

집중적 사례관리는 ACT 프로그램과 유사한 특성을 공유하지만, ACT 모델과 근본적으로 중요한 차이가 있다. 그것은 팀 접근 대 개인적 접근의 차이로서, ACT 모델이 팀 접근에 의존하는 반면, 집중적 사례관리는 1인 사례관리자에 의해 주도되는 경향이 많다. 따라서 집중적 사례관리자는 직접적으로 서비스를 제공하는 사람이라기보다 다양한 치료와 재활서비스에 클라이언트를 연계시키는 중개자의 역할에 더 가깝다. 집중적 사례관리의 또 다른 특징은 클라이언트의 강점에 초점을 두며, 모든 치료 결정에 클라이언트를 완전히 참여시키는 데 초점을 둔다.

집중적 사례관리의 특징을 살펴보면 다음과 같다(Challis et al., 2001).

- **핵심과업** : 사례확인 및 스크리닝, 사정, 케어 계획, 모니터링 및 재사정
- **기능** : 케어서비스의 조정 및 연계
- **목표** : 지속적이고도 통합적인 케어 제공, 재가 기반 서비스의 증대, 자원의 보다 나은 활용, 클라이언트 복리의 향상
- **소수의 사례** : 유동적인 욕구와 리스크에 관심을 집중하기 위해서뿐만 아니라 욕구와 자원의 적절한 연계를 위해 담당 사례 수가 적어야 함
- **표적 집단** : 장기적 보호욕구, 복합적 서비스 요구, 시설배치의 위험 등 고도의 욕구를 갖는 사람들
- **장기보호 특징** : 서비스 제공기간이 장기적임
- **다차원적 개입** : 기관수준에서의 활동, 이용자 수준에서의 케어 조정, 보다 적절한 지지를 개발, 서비스 계약에 대한 정보를 제공하는 것 등

3) 강점 사례관리

강점 사례관리는 1980년대 초 중증의 만성 정신질환자를 대상으로 다양한 시범사업들을 수행한 캔사스 대학에서 출현했다. 이 대학의 시범사업들을 독특하게 만든 것은 환자의 강점에 초점을 두었다는 점으로 이는 전통적인 정신보건 영역에서는 거의 관심을 갖지 않던 부분이었다. 이 사업이 이루어진 초기에는 강점모델이라는 용어가 만들어지지 않았으며, 대신에 자원획득 모델(resource-acquisition model)이라 지칭되었다. 이는 정신질환으로부터의 회복과정에 지역사

회 자원의 중요성을 제안하는 의미를 담고 있었다(Sullivan & Rapp, 2006 : 263).

이후 찰스 랩(Charles Rapp)에 의해 강점모델로 명명된 이 모델은 클라이언트 병리나 결함에 기초하여 욕구를 사정하기보다 전적으로 클라이언트 강점에 기초하여 사정하는 것을 강조한다. 강점접근은 기본적 사례관리 기능에 가치 부과적 요소가 추가된 것으로, 클라이언트의 자기 결정과 클라이언트의 특정 목표를 달성할 수 있도록 클라이언트를 지원하는 것이 사례관리자의 주요 과업이다.

강점관점은 모든 개인은 인생에서의 어떤 도전에도 효과적으로 대처할 수 있는 능력과 내적 자원을 보유하고 있다는 신념에 기반한다. 심지어는 무력하고 도움에 저항적인 사람들조차도 자신들의 능력을 재발견하도록 격려될 때 도전에 직면해서 의미 있는 발전을 보일 수 있다고 전제된다(Brun & Rapp, 2001). 이 모델은 사례관리자와 클라이언트의 관계에 강한 강조점을 두고 있다. 강점모델은 클라이언트의 자기 지향, 비공식적 원조망의 활용, 클라이언트 강점의 활용에 보다 더 큰 강조점을 둔다는 점에서 앞의 모델들과 차이가 있다.

강점접근의 기본 전제는 다음과 같다.

- 모든 사람은 능력, 재능, 역량을 가지고 있다.
- 사람들에게는 성장과 변화 능력이 내재되어 있다.
- 삶에서의 트라우마들은 그 사람의 삶에 부정적인 영향을 미칠 수도 있지만 성장의 출처로서 기여할 수도 있다.
- 성장과 역경 극복의 능력은 그 상한선이 없다.
- 문제는 사람들 내부에 있는 것이 아니라 외부환경과의 상호교류에 있다.
- 사람들은 모두 그 자신의 삶에 대해서는 전문가들이다.
- 친구와 가족, 지역사회는 주요한 자원의 보고이다.
- 사람들은 그들이 직면한 도전을 극복하는 데 있어 무엇이 도움이 되고 무엇이 도움이 되지 않는지를 잘 안다.
- 클라이언트는 유능하며, 서비스 계획수립 과정에 참여할 수 있다.

- 클라이언트 스스로 선택하고 선택한 것에 대해 함께 협력할 때 새로운 자신감과 독립심이 경험된다.
- 질병과 장애가 반복되는 삶일지라도, 꿈과 열망을 실현할 내재적인 능력을 가지고 있다.

2. 사례관리 기능에 따른 분류

1) 주요 과업에 따른 분류

사례관리는 실천과정을 통해 수행되는 주요 과업을 중심으로 분류되기도 한다. 대표적으로 로스(Ross, 1980)의 분류가 이에 해당되는 것으로, 그는 현장의 다양한 사례관리실천을 검토한 후 주요 기능에 따라 다음과 같은 세 가지 모델을 제시하였다.

첫째, 최소모델(minimal model)은 아웃리치, 클라이언트 사정, 계획, 의뢰라는 최소한의 기능만을 수행하는 경우를 의미한다. 중개모델이 대체로 여기에 해당된다. 둘째, 조정모델(coordination model)은 최소 모델에서 수행되는 모든 기능에 더해 옹호, 직접적 케이스워크, 지지체계 개발, 재사정 기능을 포함한다. 셋째, 포괄모델(comprehensive model)은 조정모델의 모든 기능에 덧붙여 서비스 질 모니터링, 대중교육, 위기개입 기능을 포함하는 유형이다. 그의 유형 구분은 포괄적 모델이 가장 효과적임을 제안하기 위해서라기보다는 사례관리를 수행할 때 고려할 수 있는 다양한 선택의 여지를 보여주려는 의도에서 시도되었다.

〈표 3-1〉 사례관리 프로그램의 세 가지 모델

최소모델	조정모델	포괄모델
minimal model	coordination model	comprehensive model
아웃리치	아웃리치	아웃리치
클라이언트 사정	클라이언트 사정	클라이언트 사정
케이스 계획	케이스 계획	케이스 계획
서비스 제공자에게 의뢰	서비스 제공자에게 의뢰	서비스 제공자에게 의뢰
	클라이언트 옹호	클라이언트 옹호
	직접적 케이스워크	직접적 케이스워크
	자연적 지지체계 개발	자연적 지지체계 개발
	재사정	재사정
		자원개발 옹호
		서비스 질 모니터링
		공공교육
		위기개입

출처 : Ross, H.(1980).

2) 지역사회 서비스 전달체계에 따른 사례관리 기능 분류

사례관리의 주된 역할은 서비스 조정으로, 이 기능은 서비스 전달체계에 따라 달라진다. 서비스 전달체계는 서비스 통합 정도와 자원수준으로 개념화될 수 있다. 무어(Moore, 1992)는 이 두 가지 차원으로 아래 그림과 같이 서비스 전달 매트릭스를 구상하였다. 서비스 전달 매트릭스는 사례관리와 서비스 환경 간의 관계를 체계적으로 사고할 수 있게 하며, 각각의 환경에서 사례관리의 적절한 기능은 무엇인지를 이해하게 한다.

| 그림 3-1 | 서비스 전달과 사례관리 기능의 매트릭스

출처 : Moore(1992), p. 419.

첫째, 서비스 통합의 정도는 높으나 자원이 희소한 경우이다. 이러한 환경에서 사례관리의 주된 기능은 희소한 자원을 가장 효율적인 방법으로 분배하는 것이다. 무어는 서비스 전달체계의 미래는 이러한 유형이 보편적이 될 것이라 전망했다. 즉, 고령인구와 만성질환자의 증가로 자원에 대한 수요가 공급을 추월하게 되고, 이는 다시 서비스 통합 필요성을 높여 효율적인 분배가 주요 과제가 될 것이라 보았다.

둘째, 서비스 통합과 자원의 수준이 둘 다 높은 환경이다. 이때 사례관리의 주요 역할은 클라이언트의 욕구에 가장 잘 맞는 서비스를 선택하고 그러한 서비스를 클라이언트에게 배정하는 것이다. 이러한 기능을 무어는 '마케팅(marketing)'이란 용어로 표현했는데, 이 용어는 서비스를 구매한다는 의미보다는 클라이언트의 욕구에 잘 맞도록 서비스 패키지를 구성하는 것을 의미한다.

셋째, 자원은 이용 가능한 수준이지만 전달체계가 단편적이고 통합되어 있지 않는 경우이다. 이 경우 사례관리의 주요 역할은 다양한 자원과 서비스를 클라이언트에게 중개해 주는 것이 된다.

넷째, 적절한 조직도, 자원도 없는 환경이 있다. 이 경우의 사례관리는 자원을 개발하고 조정하는 기능을 해야 한다. 이는 실제 거의 불가능한 역할이지만, 많은 실천현장의 현실이기도 하다.

자원, 서비스 통합 정도에 따른 무어의 이러한 분류는 해당 기관, 해당 지역사회의 특성에 맞는 적절한 사례관리 모델의 개발을 촉구한다는 점에서 의미가 있을 뿐만 아니라, 사례관리라고 하면 이미 자원이 충분히 확보되고 서비스 통합수준도 높은 사회에서만 가능하다는 인식에서 벗어나게 한 점에 의의가 있다.

3. 사례관리자 유형에 따른 분류

사례관리자는 프로그램에 따라 다양한 형태로 존재한다. 전문적으로 훈련된 사회복지사나 간호사를 요구하는 프로그램이 있는가 하면, 전문가의 지도감독하에 일하는 보조워커 수준의 프로그램, 심지어는 자원봉사자나 가족구성원이 사례관리의 기능을 담당하는 프로그램도 있다. 여기서는 전문적으로 훈련된 직원에 의해 수행되는 경우에 한해 유형화시켜 보면 다음과 같다.

1) 일반주의 실천가 모델(Generalist Case Manager Model)

이 모델에서는 한 명의 전문가가 클라이언트에게 제공되는 모든 서비스의 유일한 접촉창구이다. 한 명의 실천가가 클라이언트에 대해 모든 서비스 관련 기능을 수행하는 책임을 진다. 교육적 배경이나 훈련배경과는 상관없이, 일반주의자로서의 사례관리자는 모든 전문가와 비공식적 자원을 조정하는 과업을 담당하며, 광범위한 과업을 수행할 수 있는 다양한 능력을 소유하고 있어야 한다. 사례관리자는 광범위한 활동을 수행해야 하므로 많은 케이스 상황에 관한 보다 깊이 있는 지식을 갖출 수 있으며, 이에 근거해 보다 정확하고도 적절한 보호를 제공해 줄 수 있다. 이 접근은 특히 장기적 보호를 필요로 하는 사람들에게 중요하다. 이러한 이점에도 불구하고, 이 모델은 사례관리자에게 너무 많은 기술과 지식을 기대하며, 장기적 보호에 대한 정서적 부담이 높다는 단점이 있다. 실천가, 클라이언트, 기관 등 각각의 입장에서 바라보는 이 모델의 장점 및 단점을 소개하면 <표 3-2>와 같다.

〈표 3-2〉 일반주의 실천가 모델

구 분	장 점	단 점
클라이언트	반응의 신속성 분명한 책임소재 총체적인 접근 가능 서비스의 지속성 및 조정	한 명에게 과도한 의존 전문적 역할의 남용위험
실천가	자율적 실천 다양한 기술을 수행할 기회의 극대화	책임부담이 큼 직원의 소진
기 관	역할 · 책임의 명확성 자원의 비용효과적 이용 조직변화가 거의 요구되지 않음	다른 기관의 자원에 접근하기 어려움 타 기관과의 자원관리에 대한 동의필요

출처 : Social Service Inspectorate(1991), p. 72.

2) 전문가 팀 모델(Specialist Case Manager Model)

일반적으로 상이한 기능들을 수행하는 몇몇 다른 전문직 실천가들이 한 클라이언트를 담당한다. 종종 상이한 전문분야의 실천가들로 팀을 형성하기도 하는데, 특히 평가단계에서 다양한 전문직 출신들이 공동작업을 수행하기 쉽다. 이런 과업분화, 다시 말해 책임공유를 통해 전문가들은 그들에게 관련된 과업만을 담당함으로써 소진(burn out)을 덜 경험하게 되며, 집단적 협력을 통해 클라이언트의 전반적인 욕구는 보다 잘 충족된다. 그러나 팀 접근을 통해 내려진 결론은 전체로서의 팀 의견을 종합한 것이라기보다는 가장 강력한 팀 성원의 관심을 반영한 경우가 많다.

사례관리자들은 그들이 수행하는 기능에 기반해 혹은 그들이 담당하는 케이스의 형태에 따라 전문분화된다. 주로 석사학위 이상의 인테이크 담당 사례관리자들은 주로 클라이언트의 욕구를 평가하고 그에 따른 케어계획을 발달시켜 나간다. 진행단계의 사례관리자들은 대개 학사학위 소지자들로서 케어계획을 실행하는 책임을 맡는다. 전문성이 높은 사례관리자들은 단기적인 위기상황에 개입하는 경향이 많기 때문에 케이스 부담량은 적은 편이다.

〈표 3-3〉 **전문가 팀 모델**

구 분	장 점	단 점
클라이언트	한 명의 실천가에 대한 과도한 의존을 피함	비연속성 서비스 불일치 관계형성 저하 신체적 · 심리적 욕구가 분리되는 경향
실천가	특정 전문분야 능력 개발 직원 소진 최소화 소외감 방지	팀 성원 간의 부조화
기 관	직원의 비용효과적인 활용 상이한 기술활용의 최대화 기식과 기술의 공유기회 증가	팀 성원 간의 조정의 어려움

CHAPTER 04

사례관리의 주요 가치와 윤리적 책임

01 선택과 자기결정권 존중

02 프라이버시 존중 및 비밀보장

03 정상화

04 전문적 실천의 윤리적 책임 강화

CHAPTER 04

사례관리의 주요 가치와 윤리적 책임

지난 15년 동안 지역사회보호, 지역사회를 중심으로 하는 서비스 체제가 발달됨에 따라 새로운 사상들이 많이 출현했다. 옹호, 소비자운동, 임파워먼트, 참여, 동반자 관계, 이용자 참여(user involvement) 등이 그것으로, 이는 사회복지실천 가치에 중대한 영향을 미쳤다. 오늘날 사회복지의 궁극적 목적은 클라이언트 문제의 단순한 해결보다는 그들에게 제공되는 서비스의 질, 나아가 삶의 질(quality of life) 향상을 목적으로 한다. 이러한 목적을 달성하기 위해서는 개인의 존엄성과 가치의 존중은 물론, 그들의 자율성 존중, 프라이버시 보장, 정상화(normalization)의 가치가 특히 중요하게 부상된다. 따라서 여기에서는 사례관리에서 특히 강조되고 있는 몇몇 가치와 윤리적 책임에 초점을 두고 고찰해 보겠다.

1. 선택과 자기결정권 존중

선택은 사회복지 전문직의 오랜 가치인 클라이언트 자기결정의 가치와 맥을 같이한다. 자기결정의 원칙은 자기이익을 추구하는 것을 인간 본성으로 바라본 서구의 개인주의 사상에서 출발한다. 무엇이 자신에게 이로운가를 자기 자신만큼 잘 아는 사람은 없다고 말한 제러미 벤담(Jeremy Bentham)의 말에서 알 수 있듯이, 서구의 개인주의 역사에서는 각 개인은 그 자신의 욕구에 가장 믿을 만한 판단자로 간주되어 왔다. 즉, 인간은 본성적으로 자기 이익을 추구하며, 그들은 자기가 무엇을 원하며 무엇이 자신의 이익인가를 가장 잘 알고 있다는 것이다. 이는 개인의 의지와 이성의 자율성에 대한 믿음에서 비롯되었으며, 개인의 능력에 대한 신념은 개인이 그 자신의 욕구에 가장 믿을 만한 판단자로 간주할 수 있게 하였다.

이 개념은 사회복지실천에서 클라이언트 문제에 대해 가장 잘 알고 있는 사람은 클라이언트 자신이므로, 문제해결 과정에 클라이언트의 적극적 참여와 자기결정을 강조하는 기반이 되었다. 자기결정은 다른 사람의 영향이나 간섭 없이, 강요나 조정되지 않은 상태에서 개인이 스스로 선택하고 결정하는 것을 의미한다. 비이스텍(Biestek, 1957)에 의하면, 클라이언트 자기결정의 원칙은 선택과 결정을 자유롭게 행사할 수 있는 클라이언트 권리에 대한 인식에 기초한다.

이러한 자기결정의 원칙은 비록 그 근거는 타당하고 정당하다 할지라도, 현실에서 이를 실현하는 데는 여러 제약조건이 존재하기 때문에 엄밀한 의미에서의 자기결정의 가치를 고수하기란 어렵다. 일반적으로 클라이언트 자기결정권은 몇 가지 요인에 의해 제약을 받는데, 크게 자원 관련 요인과 클라이언트 관련 요인으로 구분할 수 있다.

먼저 자원과 관련하여 일단 자원이 제한되어 있는 상황에서 클라이언트 선택권은 의미가 없다. 선택은 다양한 대안들이 존재한다는 전제에서 출발하기 때문에 이용 가능한 자원의 존재가 중요하다. 예를 들어, 정신질환자가 낮병원 서비스에 의뢰될 수 있는지 여부는 현실적으로 지역사회 내에 이용 가능한 낮병원이 있는지에 비추어서 결정되는 것이다. 선택과 관련된 자기결정권이 실현되기 위해서는 먼저 자원의 확보가 무엇보다 중요하다. 자원이 부족한 상황에서는 자원개발과 기존 자원의 효율적인 관리와 조정을 위한 통합체계의 구축이 필요하며, 이것이 기반되었을 때 진정한 선택의 권리가 실현될 수 있다.

둘째, 클라이언트 개인적 요인과 관련해서는 다음의 세 가지 측면을 생각해 볼 수 있다.

① 치매나 정신장애와 같이 클라이언트의 정신적 능력에 제한이 있는 경우이다. 클라크(Clark)는 클라이언트의 정신적 능력에 장애가 있는 경우에

한해 클라이언트의 참여권리는 제한되며, 간섭적 개입주의, 다시 말해 온정주의가 정당화될 수 있음을 논의했다(Clark, 1998 : 397). 클라크의 주장처럼 정신적 능력에 장애가 있는 경우 자기결정권은 제한되어 왔다. 자기결정은 클라이언트가 선택과 결정 능력이 있음이 보장되는 경우에만 유지되었는데, 법적으로 아동이나 정신장애인, 정신질환 노인 등은 자기 자신에 대한 통제능력을 인정받지 못하고, 자신과 관련된 주요 사항에 대한 의사결정 과정에서 제외되어 왔다. 미국 윤리강령에는 이 경우, 클라이언트를 대신해서 사회복지사가 결정할 수 있음을 인정하고 있다. 그러나 이 경우에도 클라이언트가 의사결정 능력이 없음을 충분한 정보를 수집하여 신중하게 판단할 것이 요구된다.

그러나 다른 한편으로 최근의 추세는 이러한 경우에도 자신의 결정과 행동에 대한 책임을 지는 것이 필요하다는 인식이 증대되고 있다. 정신건강서비스 영역에서는 클라이언트로 하여금 결정을 내리고 그러한 결과에 따라 살아갈 수 있게 하는 것 그 자체만으로도 치료적일 수 있다고 보고 있다. 그것은 또한 자신감을 상실하고 무가치감을 느끼는 클라이언트들에게 치료의 필수적인 부분이기도 하다. 참여와 적극적 관여가 임상적으로 효과적이라는 증거 또한 많이 제시되고 있다. 그리고 시간은 더 많이 걸린다 할지라도, 장기적으로는 실천가와 클라이언트 간의 상호 참여적 접근이 훨씬 비용이 적게 든다는 증거도 일부 있다. 이러한 이유 등으로 비록 이 접근이 다소 덜 효과적이고 덜 효율적인 것으로 보인다 할지라도, 그것을 추구하는 노력은 지속되어야 한다는 것이 보다 일반적으로 받아들여지고 있다(Ovretveit, 1993 : 166).

② 클라이언트의 선택이 클라이언트 자신이나 다른 사람에게 해를 초래할 가능성이 있는 경우이다. 이와 관련하여 NASW 윤리강령(NASW, 1996)은 클라이언트 자신에게나 다른 사람에게 심각한 해를 끼치는 경우나, 절박한 위기가 예견되는 경우에는 클라이언트의 자기결정권이 제한될 수 있음을 규정하고 있다.

③ 서비스 자체를 거부하는 클라이언트의 경우이다. 이 경우에도 자유로운 선택의 권리가 보장되어야 하느냐는 의문이 있다. 이 문제와 관련하여 퀸(Quinn)은 클라이언트의 서비스 거부권리도 존중되어야 하며, 자기결정권은 어떤 요인에 의해서도 침해되어서는 안 됨을 주장하기도 했다(Linzer, 1999 : 145). 도움받기를 거부할 때, 또 거부의사를 표현할 능력이 있다고 판단될 경우 강제로 개입할 수 있는 여지는 거의 없다. 자기파괴적인 행동도 그것이 다른 사람의 복리를 해치지 않고, 또 그 결정이 자기 자신의 자발적인 판단이나 결정에 기반됨이 확인될 때는 허용되어야 한다는 것이 서구사회의 일반적 논리이다. 미국을 포함한 서구사회에서는 개인이 원하지 않는 서비스를 부과하는 것, 개인의 삶에 대해 개입하는 것에 대해 매우 조심스러워하는 입장을 취한다. 다시 말해, 자신의 삶을 관할하고 자기결정할 자유를 유린하는 것을 심각한 개인 권리 침해로 이해하고 있다. 따라서 자기결정권이 제한될 수 있는 경우는 최소한으로 두고 있는데, 중증의 치매와 같이 의사결정 능력이 없거나, 클라이언트의 행동이 다른 사람의 권리나 건강을 위협하는 경우 정도에 불과하다. 개입이 필요한 경우에는 자기결정이 보장되지 않음을 입증하는 다양한 증거를 제시하도록 요구되며, 전문가는 노인에게 그러한 결정능력이 결여되고 있는지를 먼저 평가해야 한다. 이때 그러한 평가는 주로 건강 관련 전문가의 의견이 중심이 되며, 사회서비스 제공도 이러한 견해에 종속된다. 법적으로도 의사결정 능력이 있고, 행동이 다른 사람의 권리나 건강을 위협하지 않는 한 개인은 치료나 개입을 거부할 권리를 가지며, 서비스나 원조를 거부할 능력이 있다고 판단되는 경우에는 거의 개입하지 않는다.

자기결정의 원칙이 현실에 적용할 때 생기는 여러 가지 딜레마 상황으로 인해 최근에는 자기결정이라는 용어보다는 참여 혹은 전문가와 클라이언트 간의 동반자적 관계를 뜻하는 파트너십(partnership)이라는 개념 사용이 보다 선호되고 있다. 이는 가치라는 추상적인 권리를 실천의 맥락에서 재해석하고 있는 것이다. 사례관리에서 가장 중요한 가치 중 하나는 클라이언트의 선택기회 증대, 적극적인 참여, 자율성을 들 수 있다. 이는 다시 두 가지 차원에서 이야기될 수 있는데, 거시적 수준에서는 정책수립 단계에서의 참여를 의미하며, 미시적 수준에서는 욕구를 확인하고 이를 충족시키기 위한 수단을 선택하는 데 클라이언트 자신이 적극적으로 관여하는 것을 의미한다. 예를 들면, 개인이 요양시설이나 서비스 제공자를 직접 선택하거나, 클라이언트 개인의 선호나 견해를 실천가가 가능한 서비스 전달과정에 반영하려고 노력하는 경우이다.

이러한 변화의 배경은 소비자권리운동의 발달, 클라이언트의 욕구는 자신이 가장 잘 파악할 수 있다는 인식의 증대, 옹호, 특히 자기옹호(자신의 욕구를 적극적으로 옹호) 개념의 발달에서 찾을 수 있다(Payne, 1995 : 20-21). 이러한 개념들의 발달은 사정 및 의사결정 과정에서 클라이언트의 적극적인 관여와 참여를 강조하게 되는 배경이 된다. 이로 인해 클라이언트 욕구에 대한 사정뿐만 아니라 서비스를 계획하고 전달하는 과정에서 클라이언트의 참여가 매우 중요한 측면으로 간주되고 있는데, 영국에서는 1980년대 이후 이러한 현상이 일반적인 것으로 받아들여지고 있다.

NASW 윤리강령

1.02 자기결정

사회복지사는 클라이언트의 자기결정 권리를 존중하고 증진시키며 자신의 목표를 확인하고 명확히 하려는 클라이언트를 도와준다. 사회복지사는 클라이언트의 행동이나 잠재적 행동이 그 자신이나 타인에게 심각하고 예측 가능하며 즉각적인 위험을 초래한다고 전문적으로 판단될 때 클라이언트의 자기결정권을 제한할 수도 있다.

1.14 의사결정 능력이 없는 클라이언트

충분한 정보에 근거한 의사결정 능력이 없는 클라이언트를 대신해서, 사회복지사는 클라이언트의 이익과 권리를 보장하기 위해 합리적인 조치를 취해야 한다.

생/각/해/보/기

70세 남성 노인은 배우자와 이혼한 상태이며, 자녀가 3명 있지만 과거 가족을 돌보지 않았다는 이유로 자녀들은 왕래하지 않고 있다. 노인은 식사는 거의 하지 않은 채 음주만 계속하여 기력이 쇠한 상태이고, 거주하고 있는 집은 사람이 생활한다고 보기 어려울 정도로 불결하고 관리가 전혀 되고 있지 않다. 노인은 자신의 상황을 개선할 욕구가 전혀 없을 뿐만 아니라 공적 서비스 수급 또한 거부한다. 집 안에서 풍기는 악취와 월세 미납 등의 문제로 집주인을 비롯한 이웃 주민들이 민원을 제기한 상태이다.

2. 프라이버시 존중 및 비밀보장

실천가와 클라이언트 간의 관계유지에서 가장 중요한 것은 신뢰이다. 신뢰를 확보하는 중요한 전제조건 중 하나가 프라이버시 존중과 비밀보장이다. 비밀보장 혹은 사생활 보호는 모든 전문적 실천에서 기본이 되는 가치로서, 클라이언트의 개인 신상, 전문가와의 논의내용, 전문가의 의견, 기록 등에 대한 정보를 외부로 노출할 때 클라이언트의 동의를 반드시 획득하는 것을 의미한다(Dubois & Miley, 1996 : 133). 클라이언트들은 전문가와의 관계를 맺기 시작하면서부터 약자의 입장에 놓인다. 전문가들은 클라이언트가 충분한 정보를 제공해 줄 수 있을 만큼 신뢰를 갖도록 하는 것이 중요하다.

그런데 최근 비밀보장은 더 이상 절대적인 것으로 간주되지 않는다. 오히려 그것은 특정 상황에 따라 상대적으로 적용되는 가치로 인식되고 있다. 특히 사례관리와 같이 여러 명의 서비스 제공자가 클라이언트 욕구사정 및 서비스 계획, 실행에 관여해야 하는 경우 절대적 의미에서의 비밀보장은 의미가 없다. 때로 전문적 실천가는 비밀보장의 가치를 위배할 수도 있으며, 그것이 정당화되는 경우를 경험할 수 있다. 예를 들어, 학대상황이나 에이즈 환자의 경우처럼 클라이언트의 동의 없이 신고를 해야 하는 경우나, 클라이언트에게 즉각적인 위해가 발생될 수 있는 상황, 법이 공개를 요구하는 등의 경우가 있다.

실천가들은 클라이언트의 자기결정을 촉진시키기 위해 비밀보장의 원칙을 지켜야 하지만, 비밀보장을 해서는 안 되는 예외적인 상황이 있음을 인식하고 있어야 한다. 1996년 미국사회복지사협회가 개정한 윤리강령에는 프라이버시와 비밀보장에 관한 많은 기준들을 제시하고 있는데, 여기에는 현장에서 비밀보장 문제가 논란이 되는 다음과 같은 상황들에 대처하는 행동지침을 제시하고 있다.

- 대중매체, 사법기관 등에 정보를 공개해야 하는 경우
- 대상자 사망 시 혹은 그 후에 정보공개에 관한 사항
- 대상자가 미성년자인 경우 부모 또는 보호자와 공유할 수 있는 정보에 관한 사항
- 기록, 녹음, 컴퓨터 사용 등 정보보관 방법에 관한 사항
- 팩스, 이메일, 전화응답기 등을 이용해서 정보를 주고받게 될 경우
- 자문, 슈퍼비전 또는 교육목적으로 사례가 공개되는 경우

이러한 경우 중요한 것은 비밀보장의 한계를 인정하고 사전에 그것을 클라이언트에게 설명해 주는 것이다. 즉, 비밀보장은 상황이 변함에 따라 지속적으로 재규정된다는 사실을 인정하고 이 문제를 클라이언트와 개방적으로 논의하며, 나아가 비밀보장이 전문적 실천의 평가를 가로막고 실천가의 책임을 모면하게 하는 장치로 이용되는 것은 사전에 방지되어야 한다.

오늘날 비밀보장이 지켜져야 하는 데 대한 합의가 이루어진 내용은 대체로 다음과 같다.

① 언어적 의사소통 내용만이 아니라 비언어적 의사소통 내용과 그에 대한 전문가의 판단까지 포함됨

② 비밀보장의 의무기한은 사례가 종결되거나 대상자가 사망한 이후에도 지속될 수 있음

③ 비밀보장은 절대적이지 않으며, 상황에 따라 다른 가치가 우선시되는 경우가 있음(비밀보장의 의무보다 생명보호의 의무가 우선됨)

④ 비밀보장에 대한 전문가의 의무는 특정한 상황에서 법에 의해 해지될 수 있음(그러나 대상자가 전문가의 법정 진술이나 증언을 적극적으로 원하지 않는 경우, 전문가가 판단하기에 그의 진술이나 증언이 대상자에게 불리하게 작용할 가능성이 높은 경우 법에 명시되어 있는 비밀보장의 의무를 근거로 제출하면서 법원의 소환을 거부할 수 있음. 이와 관련 사회복지사는 비밀보장 관련법에 대해 정확한 지식을 가지고 있을 필요가 있음)

(NASW 윤리강령)

프라이버시와 비밀보장의 몇 가지 예

- 사회복지사는 강제적인 전문직상의 이유가 있는 경우 이외에는 전문서비스 과정에서 취득한 모든 정보에 대해 비밀을 보장해야 한다. 그러나 클라이언트 자신이나 타인에 대한 심각하고 예측 가능하며 즉각적인 위해를 방지하기 위해 정보공개가 필요할 때, 또는 법률이나 규정이 클라이언트의 동의 없이도 정보의 공개를 요구하는 경우에는 이러한 원칙이 적용되지 않는다. 모든 경우에 사회복지사는 소기의 목적달성을 위해 필요한 최소한의 정보만을 공개해야 하며, 목적에 직접적으로 관련된 정보만을 공개해야 한다.
- 사회복지사가 가족, 부부, 집단에 대하여 상담서비스를 제공할 때 각 개인의 비밀보장 권리나 타인과 공유하는 정보의 비밀보장 의무에 관해서 당사자들 간에 합의를 구해야 한다. 그러나 동시에 가족, 부부, 집단상담의 참가자 개개인에 대해서 그러한 합의의 이행이 완전히 보장될 수는 없음을 전원에게 알려야 한다.
- 사회복지사는 프라이버시가 보장되지 않는 어떤 실천현장에서도 비밀정보를 논의해서는 안된다. 또한 공적이나 반공적인 장소, 가령 복도나 대기실, 승강기, 식당 등에서 비밀정보에 관해 논의해서는 안 된다.
- 사회복지사는 법적 절차의 진행 중 법률이 허용하는 한도 내에서 클라이언트의 비밀을 최대한 보호해야 한다. 법정이나 법적 권한을 가진 기관이 사회복지사에게 클라이언트의 동의 없이 비밀정보나 면책정보의 공개를 명령하는 경우 그러한 공개가 클라이언트에게 해가 될 때에는, 사회복지사는 법정에 그 명령을 철회하거나 가능한 한 그 범위를 좁게 한정하거나 또는 그 기록을 일반이 검열할 수 없게 비공개로 유지하도록 요청해야 한다.
- 사회복지사는 클라이언트의 서면정보, 전자정보, 그리고 기타 민감한 정보에 대한 비밀을 보호해야 한다. 또한 클라이언트의 기록을 안전한 장소에 보관하며 그 기록에 접근할 권한이 없는 타인이 이용할 수 없도록 합리적 조치를 취해야 한다.
- 사회복지사는 자문가와 함께 클라이언트에 관해 논의할 때 클라이언트가 비밀정보의 공개에 동의하지 않거나 또는 공개를 해야 할 강력한 필요가 없는 한 신상정보를 누설해서는 안된다.
- 사회복지사는 고인이 된 클라이언트의 비밀도 앞에서 언급한 기준에 따라 보호해야 한다.

3. 정상화

정상화(normalization)는 지역사회보호정책에서 특히 중요하게 등장한 개념이다. 정상화란 말 그대로 발달장애인이든, 정신건강장애인이든 그들 모두 다른 사람들처럼 일상생활에서 그 연령에 맞는 적절한 활동에 참여하고, 교육이나 고용, 여가활동에서도 특별한, 격리된 활동이 아닌 '정상적이고도 다른 사람들과 비슷한' 활동을 누리는 것을 의미한다(Dubois & Miley, 1996 : 363).

탈시설화 이후 신체·정신장애인에 대한 전문직의 사고에 중대한 영향을 미친 이 가치는 장애를 가진 사람들도 비장애인들이 관여하는 모든 정상적인 활동에 동참하고 경험할 권리가 있음을 전제로 하며, 이러한 권리에 대한 인식은 그들 또한 똑같은 인간이자 시민이라는 평등권에 대한 신념에 기초한다. 즉, 사회적으로 격리된 시설에서의 수용보호는 비록 위협으로부터의 보호라는 소기의 목적은 달성할지 몰라도 사회적으로 정상적인 삶의 기회를 박탈함으로써 사회적 낙인과 고립을 강화시키는 부정적인 결과를 가져온다는 것이다.

볼펜버거(Wolfensberger)는 정상화의 가치를 실현하기 위한 주요 과업으로 '사회적 역할의 안정화(social role valorization)'를 제안하였다. 이는 장애인들을 위한 가치 있는 역할을 먼저 창출함으로써 그들 스스로 자부심을 가질 수 있도록 해주고, 나아가 그들 스스로 자신들의 능력과 기술을 충분히 개발할 수 있도록 원조해 주는 것을 의미한다. 정상화 가치의 가장 분명한 목표는 사회적 탈가치의 위기에 처해 있는 사람들을 위해 가치 있는 사회적 역할을 창출, 지지, 방어하는 것이다. 사회적 역할을 안정화시키기 위한 구체적인 전략을 제안하면, 장애인들이 지역사회 내에 숨겨진 상태로 있기보다 드러나야 하며, 그들 자신이 선택을 내리고 그들 상황을 이해할 수 있도록 격려하는 것, 정상적인 상황에서 잘 기능할 수 있다는 자신감을 가질 수 있도록 개인의 능력을 발전시키는 것, 이류 시민이 아닌 가치 있는 사회성원이라는 인식에 걸맞은 지위를 제공하고 용어를 사용하는 것, 장애인이 존중받고 가치 있는 존재로 여겨지도록 사람들의 태도를 변화시키는 것 등을 들 수 있다(Moore, 1993 : 305).

일상적・정상적인 사람의 기회는 주택, 수입, 건강, 교육 그리고 사회적・정서적・성적 관계에 이르기까지 모든 주요한 삶의 영역으로 확대되어야 한다. 이와 관련하여 오브라이언(O'Brien)은 다섯 가지 주요 영역에서의 정상적인 삶의 달성을 제안한 바 있는데, 이는 다음과 같다(Braye & Preston-Shoot, 1995 : 37-38).

- **지역사회에서의 존재** : 사람들은 격리된 지역에서가 아닌 지역사회 안에서 다양한 정상적인 활동을 경험할 권리가 있다.
- **지역사회 참여** : 사람들은 다양한 영역에서의 사람들과 함께 다양한 관계를 맺고 살아갈 권리가 있다.
- **선택** : 서비스 선택의 기회가 확대되어야 한다.
- **능력** : 사람들은 그들이 점유하고 있는 정상적인 지역사회 환경에서 기능적이고도 의미 있는 방식으로 그들 자신의 강점, 기술, 이익을 발달시킬 기회를 가져야 한다.
- **존중** : 서비스는 클라이언트의 명예를 고양시키고, 긍정적인 이미지를 표현함으로써 시민의식을 증대시키는 데 기여해야 한다.

우리는 이러한 정상화의 가치에서 몇 가지 주제를 확인할 수 있다. 사람들을 격리, 분리시키기보다는 통합을, 위기에 초점을 두기보다는 강점과 권리 향상을, 의존보다는 독립을, 이미 알려진 능력을 유지시키기보다는 기술과 능력의 개발을, 온정주의나 보호보다는 자율성 강화라는 주제를 찾아볼 수 있다.

그러나 정상화 원칙도 절대적인 가치는 아니다. 왜냐하면 그것은 '정상적', '사회적으로 가치 있는' 것에 대한 보편적인 합의가 존재한다는 전제에서 출발하기 때문이다. 사회적 합의나 규범이 보편적이지 않은 것에 기반할 때, 정상화 가치는 비판에 직면하지 않을 수 없게 된다. 그리고 장애인에 대한 사회적 낙인이 뿌리 깊고 변화에 대한 저항이 거셀 때 정상화의 이점은 약해지고 최소화될 수밖에 없다(Braye & Preston-Shoot, 1995 : 39-40).

4. 전문적 실천의 윤리적 책임 강화

과거 사회복지사들은 봉사와 희생, 선의에 의한 원조 등으로 사회적으로는 책임을 묻는 경우가 거의 없었다. 그러나 사회복지사들이 전문가로서의 대우를 사회로부터 기대하는 만큼 사회가 사회복지사들에 대해 가지는 윤리적 기대 또한 높아졌다. 사회복지사들의 실천에 대한 불만으로 소송이 급증하기도 했으며, 실천가들 또한 클라이언트와 마찬가지로 정신적 손상이나 결함을 경험할 수 있고, 또 윤리적으로 항상 올바른 행동을 한다고 보기 어렵다는 인식이 높아졌다.

실제 약물남용, 약물의존, 정신질환, 스트레스 등으로 업무를 효과적으로 수행하지 못하는 실천가들에 대한 보고가 증가하고 있으며, 특히 약물과 알코올 남용은 통제력 상실, 약물의 지속적인 사용으로 인한 내성, 주의력 및 기억의 감퇴, 신체적 건강문제 등이 포함됨에 따라 클라이언트가 입게 될 피해가 주목되었다. 이 외에도 비밀보장원칙 침해, 클라이언트 구금, 동의 없이 이루어진 치료, 클라이언트에 대한 폭력, 성적 관계, 부적절한 종결, 인격모독, 명예훼손, 부정직한 말과 행동 등의 비윤리적이고 심지어 불법적인 행위들로 인한 클라이언트 피해가 증가하였다.

일찍이 상담심리학 등 다른 전문직 분야에서는 전문가의 결함을 다루기 위한 다양한 공식적인 절차들과 적극적인 대응방식이 취해지고 있으나, 사회복지 분야에서의 대응은 상당히 늦은 편이라 볼 수 있다. 1984년에 와서야 사회복지사들 자신의 정신적 손상문제를 해결하기 위한 공적 논의가 시작되었는데, 전문가의 손상은 고용과 관련된 스트레스, 가족의 질병이나 사망, 결혼관계, 재정문제, 중년의 위기 등 다양한 원인에 기인된다는 사실이 밝혀졌다. 이를 기반으로 1987년 손상의 문제를 가진 사회복지사들을 돕기 위한 매뉴얼이 개발되었다. 미국사회복지사협회는 약물의존적인 사회복지사들을 위한 전국적 지지집단인 "사회복지사를 돕는 사회복지사들"이란 조직을 구성하였으며(Reamer, 1992), 1992년 NASW 의장은 윤리강령 검토 특별위원회를 구성하고, 손상의 항목을 윤리강령에 새로이 추가할 것을 제안하였다(Reamer, 1995). 그 결과

1996년 아래의 내용을 담은 수정된 윤리강령이 채택되었다.

1996년 개정된 미국사회복지사협회 윤리강령에는 실천가들의 잘못된 실천의 예로서 세 가지 유형을 제시하고 있다. 정신적 손상, 능력부족, 비윤리적 행동에 따른 잘못된 실천이 그것으로, 자신은 물론 동료가 이러한 문제를 가지고 있다고 판단될 때 실천가가 취해야 할 윤리적 의무는 아래와 같다.

2.09 동료의 손상

ⓐ 사회복지실천 동료의 손상이 개인적 문제, 심리사회적 고통, 약물남용 또는 정신건강상의 문제에 기인하여 효과적인 업무실천에 방해가 됨을 직접 알게 된 사회복지사는 가능하다면 그 동료와 함께 의논을 하고 치료를 받을 수 있도록 동료를 지원해야 한다.

ⓑ 사회복지실천 동료의 손상이 업무실천 효과를 방해하고 그 동료가 손상에 대해 적절한 조치를 취하지 않는다고 판단하는 사회복지사는 고용주, 기관, NASW, 인가규제 단체 및 다른 전문직 단체가 수립한 적절한 경로를 통해 조치를 취해야 한다.

2.10 동료의 능력부족

ⓐ 사회복지실천 동료의 무능력에 대한 직접적인 정보를 가지고 있는 사회복지사는 가능한 한 그 동료와 의논하여 구체적 대책을 강구할 수 있도록 동료를 지원해야 한다.

ⓑ 사회복지실천 동료가 무능력한데 이에 대해서 적절한 수단을 강구하지 않는다고 판단하는 사회복지사는 고용주, 기관, NASW, 인가규제 단체 및 기타 전문직 단체가 수립한 적절한 경로를 통해 조치를 취해야 한다.

2.11 동료의 비윤리적 행위

ⓐ 사회복지사는 동료의 비윤리적 행위를 저지하고, 예방하고, 적발하고 시정하도록 적절한 대책을 강구해야 한다.

ⓑ 사회복지사는 동료의 비윤리적 행위에 관한 문제를 다루기 위해 수립된 정책이나 절차를 이해하고 있어야 한다. 사회복지사는 윤리적 고충처리를 다루는 국가, 주 지방의 수속절차 등에 정통해야 한다. 여기에는 NASW, 인가규제 단체, 고용주, 기관 및 다른 전문직 단체들이 제정한 정책이나 절차 등이 포함된다.

ⓒ 동료가 비윤리적 행위를 한다고 판단하는 사회복지사는 가능하다면, 그리고 그러한 논의가 생산적인 경우에 그 동료와 그 문제에 관해 논의하여 해결을 추구해야 한다.

ⓓ 동료가 비윤리적 행위를 한다고 판단하는 사회복지사는 필요에 따라 적절한 공식경로를 밟아서(가령 주 정부의 인가기관이나 규제기관, NASW 조사위원회, 기타 전문가 윤리위원회와 접촉하는 일 등) 행동을 취해야 한다.

ⓔ 사회복지사는 비윤리적 행위를 했다고 부당하게 고발당한 동료를 변호하며 원조해 주어야 한다.

4.04 부정직, 사기, 기만

사회복지사는 부정직, 사기, 기만행위에 가담, 묵인하거나 연루되어서는 안된다.

4.05 손상

ⓐ 사회복지사는 자신의 개인적 문제, 심리사회적 디스트레스, 법적 문제, 약물남용 또는 정신건강상의 문제로 전문적 판단이나 수행을 그르치거나 또는 자신이 전문적으로 책임을 지고 있는 클라이언트의 최선의 이익을 저해해서는 안된다.

ⓑ 자신의 개인적 문제, 심리사회적 디스트레스, 법적 문제, 약물남용, 또는 정신건강상의 문제가 전문적인 판단 및 실천을 방해하게 되면 사회복지사는 즉시 자문을 구하며 전문적 도움을 얻어 적절한 치료적 조치를 강구해야 한다. 즉, 업무량을 조정하고 실천을 종료하거나, 클라이언트와 타인을 보호하기 위해 필요한 조치를 취해야 한다.

CHAPTER 05

사례관리의 주요 구성체계

01 사례관리의 주요 대상

02 사회자원

03 사례관리자

04 사례관리 운영체계

CHAPTER 05

사례관리의 주요 구성체계

사례관리는 도움을 요청하는 대상자, 대상자의 욕구를 충족시켜 주는 사회자원, 이들의 욕구에 맞게 서비스와 자원을 조정, 연계하는 사례관리자, 그리고 사례관리자를 고용하고 있는 기관으로 구성되어 있다. 사례관리체계에 공통된 이러한 구조적 속성들은 사례관리를 가능하게 하는 필수적인 부분이다.

이 장에서는 사례관리 대상자의 현황 및 특성, 사회자원의 구조, 사례관리자의 자격과 역할, 사례관리 수행기관의 특성에 대해 살펴보기로 한다.

1. 사례관리의 주요 대상

사례관리는 탈시설화 이후 지역사회에 거주하는 정신질환자를 중심으로 처음 시행되다가 점차 장기적이고도 포괄적 욕구를 갖는 다양한 인구층으로 급속히 확대되어 왔다. 만성 정신질환이나 약물남용을 대상으로 하는 정신건강 영역은 물론, 복합적 욕구를 갖는 노인, 장애인, 아동, 에이즈 환자, 보호자 등의 영역에서 널리 적용되고 있다.

사례관리실천이 일찍부터 발달된 미국에서는 대상 집단별로 각각의 특성에 맞는 사례관리 기준과 지침이 마련되었다. 「기능손상장애인을 위한 사례관리」(NASW, 1984)를 시작으로, 「노인을 대상으로 하는 사례관리 기준」(NCOA, 1988), 「만성 정신질환자를 위한 사례관리 지침」 등 장애인, 노인, 정신질환자, 만성 노숙인 등 특정 대상 집단별로 사례관리가 전문화되고 있다. 이후 정서장애아를 다루는 사례관리에 관한 문헌이 증대하고 있으며, 이들 아동의 욕구는 장기적인 것으로서 사례관리를 활용하여 가장 잘 조정될 수 있음이 확인되어 있다(Huxley, 1993).

우리나라에서도 2000년대 들어 사례관리의 필요성에 대한 주장과 민간에서의 사례관리 효과성이 점차 확산되자 공공부문에서 사회복지 전달체계가 사례관리를 중심으로 개편되면서 특정 대상 집단별 사례관리 매뉴얼이 지속적으로 개발되고 있다. 2007년 보건복지부 아동권리과 산하 12세 미만의 빈곤가구 아동 대상 「드림스타트사업」, 2008년부터 건강가정지원센터를 중심으로 시행되고 있는 「취약가족 역량강화 서비스지원사업」, 2009년 경기도의 위기가구 대상의 「무한돌봄사업」, 2010년 치매환자와 그 가족을 대상으로 하는 「맞춤형 치매 사례관리」(2010), 2012년 수급권자 및 저소득계층을 대상으로 한 「희망복지지원사업」(2012)과 자활대상자에 초점을 둔 「자활사례관리」(2012) 등등 다양하다.

이러한 대상층은 지역사회 기반 서비스와 장기적 보호를 필요로 하며, 경제적, 보건·의료적, 사회적, 대인적 보호욕구를 포괄하는 전 범위의 서비스를 요구한다는 공통된 속성을 갖는다. 이 장에서는 이러한 특징과 실태를 살펴보기로 한다. 그리고 대상층을 고찰하기에 앞서 이들을 언급하는 용어의 전개상황을 고찰해 볼 것인데, 이는 현재 사례관리의 지향성을 이해하는 데 도움이 될 수 있다.

1) 사례관리 대상자들을 지칭하는 용어의 변화

오늘날 사례관리 대상자는 전통적인 사회복지 용어인 클라이언트(client) 외에도 서비스 이용자(service user), 소비자(consumer)로 언급되기도 한다.

클라이언트라는 용어는 맨 처음 고대 로마시대 귀족에 예속된 신분이 낮은 평민을 의미하는 것이었다. 그러다가 점차 지위가 향상된 평민들이 전문가를 찾아 도움을 청하기 시작하자 과거의 낮은 지위로 폄하되던 사람들을 존중한다는 입장을 나타내기 위해 사용되었다. 이후 이 용어는 모든 인간은 가치와 존엄성을 가지며 이를 존중한다는 의미로서 일반화되었으며, 이에 따라 다양한 전문직 영역에서 널리 수용되어 왔다.

서비스 이용자라는 용어는 임파워먼트 지향적인 실천에서 주로 많이 사용되고 있다. 이용자라는 용어는 주어진 서비스를 제공받는 수동적인 입장보다는 자신들이 필요로 하는 서비스를 요구할 수 있는 권리자로서의 의미를 전달한다. 다시 말해, 서비스 이용자는 지역사회서비스의 개발 및 관리에 적극 동참하고 나아가 통제권을 행사한다는 의미를 갖는다. 이러한 이유로 영국에서는 지역사회보호정책 이후 정부 문서에서 클라이언트라는 용어보다 서비스 이용자라는 용어가 빈번히 등장하고 있다.

다른 한편으로 서비스 이용자는 시장에서의 소비자와 같은 적극적인 권리를 갖는다는 의미에서 소비자라는 용어가 주장되기도 한다. 소비자는 이용자보다 권리 측면에서 한층 높은 의미를 담고 있다. 소비자는 서비스에 대한 불만과 철회를 요청할 수도 있으며, 서비스 거부 운동도 벌일 수 있다. 그러나 소비자라는 개념은 서비스 제공자와의 지속적인 신뢰관계를 반영해 주지 못한다는 점에서 사회복지 전문직에서는 비교적 부적절하게 받아들이고 있다.

서비스 이용자, 소비자 등과 같은 용어들이 사회복지서비스 관련 문헌에서 빈번히 등장함은 궁극적으로 기존의 대상자들을 더 이상 의존적인 존재로만 파악하지 않는 추세를 반영한다. 다시 말해, 주어지는 서비스를 단순하게 수령하는 수동적 수혜자가 아니라 자신의 삶에 가장 적절한 서비스를 선택할 수 있는 주체적 존재로서의 의미를 반영하고 있다.

2) 사례관리 주요 대상

(1) 노인

오늘날 전 세계적으로 가장 빠른 속도로 증가하고 있는 노인인구 집단은 UN의 전망에 따르면 2008년 6억만 명에서 2025년에는 12억만 명으로 2배 이상 증가할 것으로 예상되고 있다(WHO, 2008).

노인인구의 증가는 건강하고 활동적인 노인층의 증가를 가져오기도 했지만, 병약하고 경제적으로 의존적인 노인인구의 증가를 가져왔다. 우리나라의 경우 2011년 실태조사에서 노인의 88.5%가 만성질환을 앓고 있고, 만성질환이 2개 이상인 만성 복합질환자는 68.3%, 3개 이상 비율도 44.3%로 나타났다(정경희 외, 2012).

특히 정신질환의 일종인 치매는 연령 증가와 함께 빠른 속도로 증가하는 것으로 알려져 있다. 구체적으로 세계보건기구가 2012년 발표한 "알츠하이머 질환보고서"에 의하면, 3,560만 명이 치매환자로 추정되고 있으며, 매해 770만 명이 증가하고 있는 것으로 예측된다. 그리고 2030년에는 현재의 2배, 2050년에는 3배 이상 치매환자가 늘어날 것으로 전망하고 있는데, 2050년에는 약 1억 1천 540만 명이 될 것으로 보았다(http://www.alz.co.uk/WHO-dementia-report).

미국의 경우 85세 이상 인구에서 치매 발병률이 50% 이상으로 조사되기도 했으며, 일본의 경우 연령이 5세 증가할 때마다 치매노인의 비율이 약 2배 증가하는 것을 보여주는 조사결과도 있다(Jom, 2000). 우리나라는 2011년 기준으로 65세 이상 노인인구의 약 8.9%에서 2012년 전체 노인인구의 9.18%로 증가했으며, 그 수치는 2012년 53만 명에서 2030년에는 약 127만 명, 2050년에는 약 271만 명으로 매 20년마다 약 2배씩 증가할 것으로 추산된다(보건복지부 보도자료, 2014. 3. 21).

〈표 5-1〉 **치매노인 수 추계**

(단위 : 천 명, %)

구 분	2010	2011	2012	2013	2015	2020
65세 이상 노인 수	5,357	5,656	5,890	6,138	6,624	8,084
치매노인 수	474	507	541	576	648	840
치매유병률	8.7	9.0	9.2	9.4	9.8	10.4

출처 : 보건복지부(2013b).

노인성 질환 및 장애를 갖는 노인 인구수의 증가는 노인 자신만의 문제가 아닌 가족과 지역사회의 문제로 확대된다는 데 그 의미가 크다. 오늘날 가족구조 면에서 소가족화, 핵가족화, 여성취업인구의 증가, 노인독신가구 및 노인부부가구의 증가현상이 두드러지게 나타나고 있어 이들 노인을 돌보는 일이 사회문제가 되고 있다.

고령사회로의 진행과 함께 나타나는 또 다른 중요한 현상 중 하나는 노인 자살이다. 신체적 허약, 치매와 같은 정신질환, 우울증 등의 복수의 병리상태에 처하기가 쉬운 노인들 사이에서 자살비율은 높다. 한국의 노인 자살률은 2010년 기준 인구 10만 명당 80.3명으로 OECD 국가 중에서 가장 높은 편이다. 일례로 일본은 27.9명, 스웨덴은 16.8명, 프랑스는 28.0명으로, 우리나라는 이들 국가에 비해 3배 이상 높음을 알 수 있다(오영희, 2013).

심신이 병약하고 경제적으로 빈곤에 처하기 쉬운 노인들은 사례관리에서 가장 주된 대상이라 해도 과언이 아니다. 복합적 · 만성적 · 기능적 손상을 가진 노인은 사례관리의 전형적인 클라이언트 집단으로 인식되고 있다. 노인들이 경험하는 대부분의 문제는 건강서비스와 사회서비스의 긴밀한 협조관계가 요청되는 것이 많고, 이를 통합조정할 핵심적인 사례관리를 필요로 한다.

(2) 장애인

장애인이란 신체적 · 정신적 장애로 오랫동안 일상생활이나 사회생활에서 상당한 제약을 받는 자를 의미한다. 과거 장애인은 주로 시설보호 대상자였으나 1960년대부터 복지선진국의 경우 장애인에 대한 서비스 전달방식이 정상화와 사회통합을 목표로 함에 따라 지역사회 중심 재활로 전환되었다(변경희 외, 2012). 장애인이 사회에 통합되고 자립적인 생활을 할 수 있기 위해서는 치료서비스뿐만 아니라 교육, 직업훈련, 사회적응 관련 재활서비스 등 다양한 서비스가 복합적으로 제공될 필요가 있다.

장애인구는 사회가 점차 고령화되고, 또 장애에 대한 사회적 인식의 향상으로 장애범주의 확대, 사고, 질환과 같은 후천적 장애 증가에 따라 지속적으로 늘어나고 있다. 지역사회에 거주하는 장애인의 성공적인 사회통합을 위해서는 그들의 복합적 욕구에 대응한 체계적인 서비스 계획, 서비스 연계, 다시 말해 사례관리가 특히 더 중요해지고 있다.

과거 우리나라 장애인 출현율은 1995년 약 2.35%로서 영국의 14%, 미국의 14%, 네덜란드의 9.9% 등에 비교하면 상당히 낮은 편이었다. 그러나 이는 당시 장애인들이 수적으로 적었기 때문이 아니라 장애의 규정에 대한 차이에서 상당 부분 그 원인이 있었다. 호주는 일상생활의 활동에 제한을 받는 경우, 예를 들어 추형, 기형, 에이즈 환자 등을 모두 장애인으로 간주해 왔으며, 일본의 경우는 내부 장기의 장애도 법정 장애의 범위에 포함시키고 있는 데 반해(조흥식, 1998), 당시 우리나라는 장애를 지체·지각·청각·언어장애, 정신지체에 한정하여 규정해 왔던 것이다.

이후 우리나라도 장애의 범주를 확대시켜 왔는데, 1999년 개정된 장애인복지법에서는 장애인의 정의를 '주요 외부 신체기능의 장애, 내부 기관의 장애와 정신지체, 정신질환에 의한 장애로 인하여 장기간에 걸쳐 일상생활 또는 사회생활에 상당한 불편을 겪는 사람'으로 규정하였다. 이에 따라 2000년 1월 뇌병변장애, 자폐성, 정신장애, 신장장애, 심장장애가 기존 유형에 더해져서 장애가 10개 유형으로 확대되었으며, 2003년 7월에는 호흡기장애, 간장애, 안면장애, 장루요루장애, 간질장애 등도 장애유형으로 포함되었다. 현재 우리나라는 외부기관 장애에 해당되는 여섯 가지 유형(지체, 뇌병변, 시각, 청각, 언어, 안면)과 내부기관 장애 여섯 가지(신장, 심장, 간, 호흡기, 장루 요루, 간질장애), 정신적 장애 세 가지(지적, 자폐성, 정신 장애) 등 총 15가지로 유형화되고 있다.

장애범주의 확대와 함께 인구고령화 또한 장애인의 비율을 높이는 데 주요한 원인이 되고 있다. 고령화로 인한 평균수명의 연장은 장애나 질환으로 고통받는 노인인구의 증가를 가져오는데, 호주의 경우 장애인구의 35.2%가 노인인구이다. 전 세계적으로는 가장 급속히 늘어나고 있는 연령대인 80세에서 89세 사이의 노인들 사이에서 장애비율이 매우 높게 나타나고 있다(WHO, 2013 : 89). 우리나라에서는 2011년 장애인 실태조사 결과 전체 장애인의 38.8%인 101만 4천 명이 65세 이상 노인으로 2005년의 32.5%, 2008년의 36.1%에 비해 지속적으로 증가하고 있다. 이는 장애인들의 수명이 과거와 달리 증가하고 있기 때문이기도 하지만, 평균수명의 연장으로 장애를 경험할 수 있는 연령이 늘어나고 있는 데도 영향을 받을 수 있다. 왜냐하면 장애노인의 장애발생 시기는 노년기가 58.7%로, 청장년기 33.1%, 발달기 8.2%에 비해 노년기에 발생되는 비율이 매우 높기 때문이다(김성희, 2013).

이에 따라 우리나라 장애인구는 2000년 3.09%, 2005년 4.59%, 2011년 5.61%로 지속적으로 증가하고 있다(변경희 외, 2012 : 13). 2012년 등록 장애인 수는 2,511천 명으로(한국장애인고용공단 고용개발원, 2013), 1995년에 비해 2배 이상 증가한 것을 보이지만 아직까지 다른 나라에 비해서는 낮은 비율을 나타내고 있다.

① 신체장애인

구체적으로 장애원인별 현황을 보면, 2011년 기준으로 질병, 사고 등 후천적 원인에 의한 장애가 90.5%로 대부분을 차지하고, 선천적 원인에 의한 장애는 4.6%, 출생 시 원인은 0.9%에 불과하다. 특히 후천적 원인 중에서는 질환(55.1%)이 사고(35.4%)보다 더 높게 나타나고 있다(한국장애인고용공단 고용개발원, 2013). 의료기술의 발달 등으로 선천적 원인에 의한 장애는 점차 그 비중이 감소하고 있으나, 퇴행성 질환, 교통사고, 산업재해 등에 의한 후천적 장애는 1985년 81.2%에서 1990년 85.2%, 1995년 88.1%로 꾸준히 증가하고 있다. 특히 교통사고에 의한 장애는 전 연령층에서 발생하고 해마다 증가하고 있으며, 이에 따른 의료비 등 사회적 비용이 1996년 GNP의 2.8%에 달하는 등 크게 증가하고 있다. 이처럼 후천적 장애는 영유아 – 아동 – 성인 – 노년기에 이르는 생애주기에 따른 질병관리와 사고예방이 중요하고, 또 장애 발생 후에도 지속적이면서 적절한 의료재활 및 사회 서비스를 통한 관리체계가 중요한데, 이러한 보호의 연속선을 보장하기 위한 체계가 미비한 것이 오늘날의 현실이다.

교통사고, 산업재해 등으로 인한 중도장애인이 증가하고 인구의 고령화에 따른 거동불편 노인이 더욱 증가하여 장애인의 욕구 또한 양적으로 증대되고 질적으로 다양화되고 있다. 1980년대 이후 장애인들의 욕구를 충족시켜 줄 수 있는 다양한 서비스 프로그램들이 지역사회 내에 개발되기 시작하였다. 현재 장애인에 대한 서비스 정책의 목표는 예방에서 치료, 재활에 이르는 다양한 서비스를 연속적으로 제공하여 지역사회 내에서 자립·자활할 수 있도록 원조하는 데 있다. 모자보건에서부터 노인보건에 이르기까지, 그리고 산업재해와 교통사고 방지를 위한 산업안전 및 교통안전 교육을 강화하고, 장애의 조기 발견 및 조기 치료를 통해 예방하는 것과 더불어 의료비 및 보조장구를 지원하여 치료서비스를 제공하고, 나아가 지역사회 내에 다양한 재활서비스를 개발, 실시하여 각 개인이 가능한 한 최대한의 기능을 회복할 수 있도록 원조하고 있다. 따라서 다양한 서비스의 개발 및 서비스 조정, 연계가 무엇보다 중요시되며, 여기서 사례관리의 역할이 더욱 강조되는 것이다.

② 정신장애인

1960년대 이후 서구에서는 시설의 부정적인 영향에 대한 인식, 약물치료의 발달로 많은 정신장애인들이 지역사회에서 거주하는 것이 가능하게 되었다. 정신장애인들을 위한 새로운 치료방법 및 클로프로마린과 같은 항정신성 약물의 도입은 환자를 지역사회 내에서 보호, 통제하는 것을 가능하게 하여 지역사회 내의 정신질환자 수를 급속도로 증가시키는 중요한 계기가 되었다. 이러한 경향으로 인해 최근 서구에서는 정신질환자들이 지역사회에 잘 적응하도록 돕기 위한 다양한 사회복귀 프로그램, 재활훈련, 주거시설 등을 마련하는 데 노력을 집중하고 있다.

정신질환은 치명률은 크지 않지만 질병으로 인한 장애를 유발함으로써 전 세계적으로 매우 큰 중요성을 갖는 질환이다. 세계보건기구(WHO)에 의하면, 모든 질환으로 인한 장애를 합산할 때 그중 31%가 알코올사용장애, 정신병적 장애, 기분장애, 불안장애 등 정신과적 질환에 의한 것이며, 2030년경에는 이 중에서도 우울증이 질환부담 측면에서 전체 질환 중 가장 심각한 질환이 될 것으로 예상하고 있다(한혜리 · 하유정 · 남지현, 2012 : 67). 현대의 복잡한 사회구조, 기계문명의 발달 및 자동화에 따른 인간성 상실, 인간소외 현상은 현대인들의 스트레스를 증대시키고 사회심리적 적응에 장애를 초래하여 정신장애 인구의 수를 더욱 증대시킬 것으로 예견되고 있다. 세계보건기구에서 2030년경에 정신장애의 한 유형인 우울증이 질병부담이 가장 큰 질환으로 1위를 차지할 것으로 전망하고, 또 2020년에는 10개의 주요 장애원인 중에 다섯 가지를 정신장애가 차지할 것으로 예측하고 있는 점에 비추어(전진아, 2014) 정신장애의 발생률은 현재보다 매우 높아질 것임을 알 수 있다. 이러한 추세로 인해, 최근 각국에서는 정신보건정책의 새로운 방향을 제시하고자 하는 노력이 일고 있다.

그 대표적인 국가로 영국을 들 수 있는데, 영국 보건부는 'No Health without Mental Health'를 발표하였는데, 이는 신체건강과 마찬가지로 정신보건의 중요함을 언급하면서 정신질환에 대한 조기개입과 예방을 새롭게 강조했다(하유정, 2011 : 123).

우리나라의 경우 1985년 정신보건법 제정이 제안되면서 정신장애에 대한 역학조사의 필요성이 제기되어 1989년 처음으로 정신장애의 이환상태와 관리방안에 대한 조사연구가 나왔으나, 그 이전까지는 전국적인 역학조사 없이 총인구의 약 1%를 정신장애인으로 추정하는 정도로 정신장애에 대한 사회적 관심이 미약했다. 그 후 정신장애인 범위에 대한 체계적 조사가 수행되어, 1993년 1년간 정신장애로 인한 의료 이용자들을 중심으로 정신장애인의 수를 추정한 결과, 정신장애의 유병률이 2.7%로, 국민 100명 중 2.7명이 정신장애를 앓고 있는 것으로 조사되었다(황성동, 1996 : 193). 이후 비교적 최근의 조사인 2011년 정신질환 실태 역학조사에서는 주요 정신질환 1년 유병률은 18세 이상 64세 이하 인구의 10.2%로 매년 약 368만 명이 정신질환에 이환되는 것으로 나타나 근 10년간 약 4배 이상 증가했음을 알 수 있다. 이 중 불안장애(6.8%), 기분장애(3.6%), 정신병적 장애(0.4%)의 1년 유병률은 10.8%(약 394만 명)이고, 알코올 사용장애의 1년 유병률은 4.4%(약 158만 명)으로 추정되었다(보건복지부, 2014c). 이에 따라 정신질환 관련 진료건수가 해마다 증가하고 있고 최근 4년 사이 관련 진료비가 2배 이상 증가한 것으로 나타났다(한혜리 · 하유정 · 남지현, 2012 : 68).

정신질환자의 경우 대부분이 복합 정신질환을 갖고 있는데, 우리나라의 경우만 보더라도 19세 이상 한국 성인의 7.7%가 정신질환을 가지고 있으며, 이들 대다수에 해당되는 86.8%가 복합 정신질환을 보고하고 있다(전진아, 2014). 정신장애는 아직까지 완전한 치료는 불가능하며 단지 약물이나 지속적인 관리를 통해 진행상황을 늦추거나 약화시키는 정도만이 가능하다고 인식되고 있다. 따라서 여러 선진국에서는 현재 장기적인 입원치료보다는 단기치료가 선호되고, 정신장애인이 지역사회에 적응하며 재활하도록 지역사회 정신건강이라는 이름하에 가족이나 혈연 중심으로 보호 및 재활에 필요한 제반여건들을 제공하고 있다.

오늘날 서구에서 정신장애인들을 위해 제공되고 있는 지역사회 기반 서비스의 주된 내용은 다음과 같다.

- **외래치료서비스**(outpatient service) : 정신과 진료 중에서 가장 기본적인 서비스로서, 정신치료, 약물치료, 집단치료, 환자나 가족에 대한 교육 등이 이루어진다.
- **응급관리 및 위기개입 서비스**(emergency service and crisis intervention) : 정신병리적 문제가 심각하게 나타나거나 스트레스에 대한 대처가 매우 취약할 때 즉각적인 위기개입을 통해 위기상황을 해결하고 대처기술을 향상시킨다.
- **낮병동**(partial hospitalization, day hospital) : 입원치료를 대신하는 것으로, 하루 중 일정 시간 동안만 병원에서 치료를 받도록 하는 서비스이다. 부분입원은 입원기간을 줄임으로써 정신병상의 수요를 감소시키는 한편, 조기 퇴원을 가능하게 하여 사회성 파괴증상 등의 합병증을 줄일 수 있다. 여기서는 약물치료, 정신치료 외에 일상생활 훈련이나 사회기술 훈련, 작업치료 및 직업훈련 등의 서비스를 제공한다.
- **주간보호서비스**(day care service) : 낮병동과 기본적인 성격은 유사하나 사회복지적인 성격이 강한 일종의 사회복귀시설로서 재활을 보다 강조한다. 낮병동에서 퇴원한 환자들이 대체로 주간보호소에 의뢰된다. 주된 인력은 사회복지사이며 작업치료사, 물리치료사, 자원봉사자들이 참여한다.
- **주거서비스**(residential service) : 주거시설은 지역사회에서 정신질환자들이 살아가는 데 가장 필요한 장소로서, 위탁가정, 그룹홈, 쉘터홈과 같은 장기거주시설과 중간집(half house)과 같은 임시 거주시설로 구분된다.

우리나라에서는 1995년 정신보건법의 제정으로 지역사회 정신보건사업의 근간이 마련되었으며, 그에 따라 많은 지역사회 정신보건시설이 양적으로 확대되어 왔다. 그러나 만성 정신장애인에 대한 치료와 통합이 여전히 효과적으로 이루어지고 있지 않다. 필요한 자원과 서비스를 적극적으로 추구할 능력이 제한되어 있는 정신장애인들에게는 자원 연결, 발굴, 옹호 활동 등 사례관리실천이 무엇보다 중요하다고 할 수 있다.

③ 발달장애인

발달장애는 아동이 출생 후 밟게 되는 정상적 발달이 지연 또는 지체되는 것을 뜻한다. 지적장애인과 자폐성장애인[1]을 포함하는 발달장애인은 인지능력이 제한적이어서 거의 모든 생활영역에서 포괄적인 보호가 필요하고 장기적인 보호를 필요로 하는 대표적인 대상층이다. 발달장애는 자기표현이나 자기결정 등이 어려워 지역사회에서의 자립이 어려운 경우가 많으며, 일상생활활동의 영역이나 직업능력 면에서 타 장애유형에 비해 중증인 경우가 상대적으로 높고 또 대다수가 중복장애를 가지고 있는 경우가 많다.

장애인은 그 범위나 연령층, 원인이 매우 다양하여 하나의 범주로 유형화하기가 힘들다. 이에 따라 장애인 중 특정한 장애유형별로 세분화하여 보호를 제공할 필요성이 제기되어 왔는데, 발달장애인의 경우가 그 대표적인 예이다. 일부 국가에서는 장애인법과 별도로 발달장애인법을 제정하여 시행하고 있는데, 미국의 경우 1963년 독자적으로 발달장애인법을 제정하였으며, 일본에서도 2004년 발달장애자지원법이 제정되었다(전광석, 2013). 우리나라도 최근 기존의 장애인법으로는 발달장애인을 충실히 보호할 수 없고 이들에 대한 특별한 보호 필요성이 제기되면서 발달장애인을 독자적인 보호대상으로 하는 법제정 노력이 이루어져 2014년 4월 30일 「발달장애인 권리보장 및 지원에 관한 법률안」이 국회를 통과하였다. 이 법은 공포 후 1년 6개월이 지난 시점부터 시행될 예정이다. 우리나라에 등록된 발달장애인은 2012년 기준으로 지적장애인 17만 3257명, 자폐성 장애인 1만 6909명 등 총 19만 166명으로, 이는 전체 장애인의 약 7.6%에 해당되는 수치이다(보건복지부, 2012).

발달장애인 중 정신지체[2]인은 정상적인 발달단계의 기능보다 낮은 지적 기능 수준에 있는 사람들을 의미한다. 우리나라에서는 지능지수가 70 이하인 경

1) 우리나라 보건복지부는 최근 자폐성장애를 발달장애로 명명하고 있어, 넓은 의미에서의 발달장애라는 용어와 개념의 혼돈이 있을 수 있다.

2) 최근 정신지체라는 명칭이 갖는 부정적 이미지로 인해 정신지체라는 용어 대신 지적장애라는 용어를 사용하기 시작했다.

우가 해당된다. 미국 정신지체협회의 정의에 따르면, 정신지체는 지적 활동 및 개념적, 사회적, 실제적 적응능력에 있어서 심각한 제한을 갖는, 18세 이전에 나타난 장애이다(백은희, 2004 : 137). 18세 이전에 발생한다는 장애의 특성상 지적장애인은 만 17세 이하에서 가장 높은 발생률을 보이는데, 그 이후 연령이 증가할수록 인원은 줄어든다. 완치의 사례를 찾아보기 어려운 점을 감안해 본다면, 인원이 줄어드는 주요 이유는 지적장애인의 사망에 따른 것이라 볼 수 있다.

이들은 대개 다음의 세 가지 주요 특징들을 갖는다. 첫째, 지적・인지적 기능상에 중요한 손상을 입고 있다. 둘째, 적응적 행동 면, 예를 들면 일상생활기술 면에 심각한 손상이 있다. 셋째, 이러한 손상은 적어도 18세 이전에 일어나야 한다(Gerdtz & Bregman, 1988 : 26).

1960년대 이전에 정신지체인에 대한 사회적 대응책은 시설보호가 유일한 것이었다. 그러다가 1960~1970년대 이후 정신지체인의 대부분이 경증의 교육 및 훈련을 통한 독립된 생활이 가능한 사람들이라는 인식이 증대되자, 이들을 시설이 아닌 지역사회 내에서 보호해야 한다는 주장의 목소리가 높아졌다. 1987년 스코틀랜드의 연구결과에 의하면, 정신지체장애인 병원에 입원하고 있는 환자의 90% 이상이 적절한 주택과 개별적 지지를 이용한다면 그 지역에서 생활해 나갈 수 있는 것으로 나타났다. 이러한 인식의 결과, 정신지체 아동들은 일반 정규학교에서 교육하는 것이 가능하게 되었으며, 지역사회 내의 자신의 집이나 위탁보호 가정, 그룹홈에서 사례관리, 단기보호, 지역사회 기반 서비스 등 다양한 서비스를 제공받으면서 그 연령에 적합한 다양한 활동에 참여하는 것이 장려되었다.

(3) 아동

오늘날 많은 나라에서는 인구억제정책 혹은 출산율의 저하로 인한 아동인구의 감소를 중요한 사회문제로 경험하고 있다. 아동인구의 감소로 아동의 사회적 가치는 높아지고 있는 것과는 달리, 오늘날의 아동들은 이혼으로 인한 가족해체의 증가, 취업모의 증가, 실직 등 아동양육을 저해하는 빈곤가정의 급증, 아동학대 및 아동의 인권침해 사례의 증가 등 아동양육의 사회적 환경은 더욱 더 열악한 현실에 놓여있다.

특히 아동빈곤은 아동의 학업중단율, 10대 자살률, 알코올 중독, 방임, 10대 임신, 비행 등과 상관성이 높을 뿐만 아니라, 전 생애에 부정적인 영향을 끼쳐 성인이 된 이후에도 적절한 생산성을 유지하지 못하고 실업에 처할 위험성을 높인다(구인회, 2003, 김미숙 · 배화옥, 2007 재인용). 비교적 최근까지 아동빈곤은 다른 연령층의 빈곤에 비해 관심을 받지 못했으나, 아동빈곤이 아동 자신의 정서적 건강, 인지발달과 가족에 미치는 부정적인 영향뿐만 아니라 장기적으로는 사회 전체적으로 빈곤의 악순환을 초래하여 사회적 비용을 높이는 중요한 요인이 된다는 점에서 많은 나라들에서 적극적인 대응이 마련되고 있다.

아동빈곤율은 점차 그 정도가 높아지고 심화되고 있는데, EU 국가들의 경우 전체 인구 평균 빈곤율은 16% 수준이지만 아동빈곤율은 19%로 3%p 높은 것으로 나타났으며(김태완, 2010), 1996년의 조사에서는 빈곤선 이하 저소득층 가구의 성인비율이 16%인 데 반해 아동비율은 21%에 달하는 등 EU 국가의 아동들은 성인 및 노인에 비해 빈곤율이 매우 높은 것으로 보고되고 있다(류연규 · 백승호, 2011).

우리나라의 경우 최근 발표된 '아동빈곤의 현황과 정책과제(허 선, 2016)'에 의하면, 기초생활수급자로 지정되지 않은 복지사각지대의 아동빈곤 현황은 2011년 기준으로 약 39~68만 명에 이르는 것으로 추정되었다. 빈곤아동가구의 월평균 소득은 수급가구의 소득보다 더 낮은 것으로 나타났는데, 2008년 기준으로 수급가구는 월 90만 원이었으나 복지사각지대의 차상위 및 저소득 빈곤가구는 월 61~62만 원 수준이었다. 이에 따라 복지사각지대 빈곤아동은 생활수준이나 학업참여율이 낮을 뿐만 아니라, 양육자의 스트레스로 인해 신체적 · 정서적 학대에 노출될 가능성도 높았다.

기존의 빈곤아동에 대한 접근은 사후개입 수준에서 이루어져 왔으나 최근에는 아동의 건강한 성장이 사회비용을 사전에 줄일 수 있다는 인식하에 사전예방적이고 통합적인 접근이 시도되고 있다.

일례로 영국에서는 빈곤아동만을 대상으로 사회적 지원서비스를 제공하기보다 모든 연령층의 아동에 대한 적절한 지원전략을 마련하여 조기예방 차원에서의 접근을 시도하고 있다. 즉, 영국의 아동정책은 「Every Child Matters (2003)」에서 언급하고 있는 "건강", "안전", "즐거움과 성취", "긍정적 기여", "경제적 안녕의 달성"이라는 다섯 가지 지표를 향상시키고, 이를 달성하기 어려운 아동과 그렇지 않은 아동 간의 격차를 줄이는 것을 목표로 하고 있다. 영국에서는 모든 아동을 취약성의 수준과 심각도에 따라 "취약아동", "요보호아동", "보호시스템에 있는 아동", "학대아동으로 등록되어 있는 아동", "학대로 인해 사망한 아동" 등으로 범주화되어 있으며, 이들의 욕구수준에 따라 서비스가 조직화되어 있다. 이러한 범주화의 기본 틀을 디자인하게 된 기본 아이디어는 어떤 문제든지 가능한 한 빨리 파악하여 조기에 개입한다면 문제가 심각해지는 것을 방지하고 통합적인 서비스를 통해 해결하는 것이 가능하다는 것이다. 이러한 패러다임의 변화에 근거해 영국의 아동서비스는 조기개입과 체계적인 협력관계를 지향하고 있다(양소남, 2012). 이러한 접근의 결과 1990년대 말 29%까지 증가한 아동빈곤율이 23% 수준까지 감소한 것으로 나타났다(김태완, 2010).

우리나라도 최근 아동의 건강한 성장과 발달을 도모하여 건강하고 행복한 사회구성원으로 성장할 수 있도록 지원하는, 빈곤가정 아동에 대한 선제적 사회투자 가치의 중요성을 강조하고 있다. 빈곤가정 아동에 대한 사회적 투자는 아동에게는 성장의 기회를 제공하고 빈곤가정의 사회통합에 기여하는 등 미래적 가치 창출을 가능하게 한다는 측면에서 취약가정의 아동과 그 가족에 초점을 둔 통합사례관리, 일명 "드림스타트사업"이 수행되고 있다. 드림스타트사업은 임산부와 만 12세 이하 취약계층 아동 및 그 가족의 복합적인 욕구를 파악하여 보건, 복지, 보호, 교육 등 다양한 자원과 서비스를 종합적으로 지원, 연계하는 맞춤형, 사전예방적 지원사업이다.

(4) 후천성 면역결핍증 환자

에이즈로 잘 알려진 후천성 면역결핍증은 HIV(Human Immuno-deficiency Virus)라는 바이러스에 감염되어 신체 면역체계가 일정 수준 이하로 손상되어 생기는 질환이다. 에이즈는 가장 심각한 보건문제 중의 하나로, 25세 사이에서 44세 사이의 사람들에게 있어 여섯 번째 사망원인이 되고 있다. 전 세계적으로는 약 1,400만 명 이상의 성인과 약 100만 명의 아동들이 에이즈로 고통받고 있는 것으로 추계되고 있다(Dubois & Miley, 1996). 과거에는 주로 동성애자나 약물남용자들 사이에서만 발견되는 병으로 인식되었으나, 최근의 역학조사를 보면 수혈, 모유 수유 등을 통해 여성, 유아, 아동, 청소년들 사이에서 급속도로 확산되고 있는 것으로 나타났다. 에이즈는 이제 천형이나 20세기의 흑사병이 아니라 간염이나 고혈압과 마찬가지로 치료만 잘 받으면 관리가 가능한 만성질환임이 밝혀지고 있지만, 에이즈 환자에 대한 오해와 편견, 차별은 여전히 매우 심각한 수준이다.

우리나라의 경우, 1985년 첫 에이즈 감염자가 보고된 이래 2012년 기준 국내 HIV, AIDS 감염자는 모두 7,788명이다(질병관리본부, 2013). 아래 【그림 5－1】를 보면 1999년 천 명을 넘어선 이후 꾸준히 늘어나고 있는 추세임을 알 수 있다. 최근 개인 건강 차원에서 자진 검진을 받는 사례가 늘어나면서 그동안 드러나지 않았던 에이즈 감염문제가 보다 빈번히 나타나고는 있지만, 여전히 불합리한 사회적 낙인으로 인해 검사를 거부하거나 잠적하고 있어 실제로는 이 수치보다 많은 사람들이 에이즈 감염상태로 지내고 있다.

후천성 면역결핍증에 감염된 사람들 수의 증가는 광범위한 서비스의 개발을 요구한다. 90년대 이전 에이즈 환자는 주로 병원에서 치료와 보호를 받았으나, 점차 에이즈에 대한 이해가 높아지면서 지역사회서비스와 재가서비스를 제공받는 방향으로 전환됨에 따라 지역사회 내에 다양한 서비스들이 개발되었다. 사례관리는 에이즈 환자의 서비스 접근성을 높이고 다양한 서비스를 개인의 욕구에 맞도록 조정하기 위한 수단으로서 강조되었다.

미국의 경우 2002년 말 공식 보고된 에이즈 환자 수는 약 90만 명으로, 이들 중 절반 이상이 집 없이 떠돌아다니는 노숙인이다(양충모 · 박윤형 · 장원기 · 이미영, 2007 : 78). 이 때문에 미국 전역에 에이즈 감염인을 위한 전용쉼터가 마련되어 있으며, 이 쉼터에서는 기본적인 숙식은 물론 상담에서부터 호스피스에 이르기까지 종합적인 서비스를 제공받을 수 있다. 미국사회복지사협회(NASW)는 에이즈에 감염된 사람들을 돌보는 계획 및 조정을 위한 가장 적합한 모델로서 사례관리를 꼽고 있다(Kaplan, 1992).

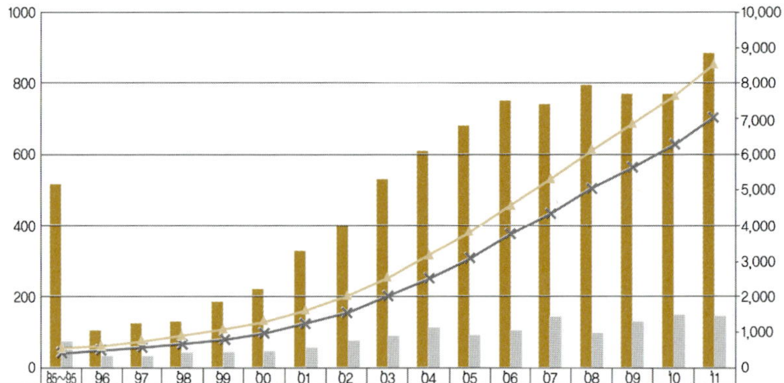

	85~95	96	97	98	99	00	01	02	03	04	05	06	07	08	09	10	11
감염인 수 (New HIV Infection)	517	104	125	129	186	219	327	397	533	610	680	749	740	797	768	773	888
사망자 수 (Death)	76	33	36	46	43	52	58	76	96	114	91	109	149	104	132	149	148
누적 감염인 수 (Cumulative HIV Infection)	517	621	746	875	1,061	1,280	1,607	2,004	2,537	3,147	3,827	4,576	5,316	6,113	6,881	7,654	8,542
누적 생존자 수 (Cumulative Survivors)	441	512	601	684	827	994	1,263	1,584	2,021	2,517	3,106	3,746	4,337	5,030	5,666	6,290	7,030

| 그림 5-1 | 국내 HIV 연도별 발생 및 사망추이

출처 : 보건복지부 보도자료(2012. 11. 30).

에이즈 사례가 처음 서구사회에 발표되었을 때 이 병에 대한 지식이 전혀 없었던 관계로 도덕적 · 성적 문란의 문제로 접근되었다. 이후 여성들 사이에서 발병된 비율이 높아지고 아동들에게 감염된 사례가 늘어남에 따라 도덕적 비난의 문제는 줄어들었지만 오늘날에도 여전히 사회적 편견이 심각하다. 에이즈 환자들은 대개 일반 대중에 대한 두려움, 공포, 희생당했다는 생각, 추방당하지 않을까 하는 두려움, 무력감, 통제력의 상실, 직업 상실, 대인관계 유지의 어려움 등 다양한 심리사회적 문제와 신체기능의 소실 및 형태의 변화라는 문제를 안고 있다. 여기에 덧붙여 주거, 고용, 교육, 치료 등에서 차별을 받기 십상이다. 따라서 이들에게는 광범위한 서비스의 지속적인 제공이 중요하다. 예를 들어, 일반인을 대상으로 하는 공중보건 교육 및 예방, 치료, 재가보호, 에이즈 환자 자녀의 위탁보호, 재활, 말기환자 보호 프로그램, 심리사회적 지지 등 예방에서 치료, 재활, 말기환자 간호에 이르는 다양한 프로그램을 요청한다. 사례관리자들은 에이즈 환자의 심리사회적 욕구를 확인하고, 그들의 죄책감, 분노, 사회적 낙인문제를 다루며, 에이즈에 관한 일반 시민을 대상으로 한 교육 및 홍보, 사회적 고립감을 줄여주기 위한 지지집단 형성, 적절한 지역사회 자원에의 환자 의뢰, 퇴원계획 준비, 에이즈 관련 정책에 영향을 미치기 위한 옹호노력 등 다양한 역할을 수행해야 한다.

(5) 노숙인

노숙, 특히 거리노숙은 주거취약성과 개인의 심리사회적 취약성이 결합되어 심각한 생활상의 위기를 초래하고 나아가 극단적인 사회적 배제의 양상을 나타내는 사회적 문제이다. 거리노숙인은 쉼터나 시설 등을 이용하지 않고 거리에서 생활하는 노숙인으로, 주로 만성 노숙인인 경우가 많다(남기철, 2013).

노숙문제를 다른 나라보다 일찍 심각하게 인식했던 미국은 연방정부 차원에서 만성적 노숙인을 “장애를 가지고 있으면서 1년 이상 지속적으로 노숙생활을 하고 있거나 혹은 지난 3년간 최소한 4번의 노숙생활을 했던 경우”로 정의하고 있다. 1970년대 초 미국사회는 탈시설화로 인해 주립 정신병원에 수용되어 있던 많은 정신질환자들이 지역사회로 돌아왔으나 이들을 보호하고 지원할 수 있는 서비스 체계는 지역사회 내에 준비되어 있지 않았다. 이로 인해 20세기 중반까지는 거의 발견되지 않던 노숙인 문제가 1970년대 후반 들어 급속도로 증가하기 시작했다. 시설에서 퇴소한 정신질환자들의 많은 수가 노숙인으로 전락하였던 것이다(Caton, Wilkins & Anderson, 2007). 미국에서는 탈시설화의 영향으로 노숙인에 대한 정의에서 정신질환적 요인이 중요하게 자리 잡고 있는데, 만성적 노숙에 대해서는 정신건강이나 약물중독의 심리사회적 취약성을 강조하고 있다.

노숙인의 현황이나 실태에 대한 연구는 쉽지 않다. 시설이나 쉼터가 아닌 거리에 노숙하는 사람들의 경우 그 규모를 파악하기가 특히 더 어렵다. 거리노숙인 실태조사에서 사용하는 방식은 주로 일정 시점 집계조사로서, 거리노숙인이 머무르는 장소에서 특정 시간대에 노숙인의 존재를 파악하는 것이다. 미국의 경우, 2007년부터 노숙인에 대한 자료수집이 이루어지고 있는데, 2012년 1월 야간일제조사집계에서 노숙인이 633,782명으로 확인되었다. 이는 2011년 대비 1% 감소한 것이고 2007년 대비 5.7% 감소한 수치이다. 이 중 62%인 390,155명은 쉼터나 과도기적 주거형태를 이용하는 노숙이이고, 나머지 38%인 243,672명은 거리노숙인인 것으로 확인되었다(남기철, 2013 : 15).

IMF 경제위기 이후 실직으로 인한 노숙인이 크게 늘어나 사회적 관심을 받기 시작한 우리나라에서는 아직까지 노숙인에 대한 정확한 공식적인 자료가 제공되고 있지 않다. 다만, 민간 차원에서 2010년부터 자료가 나오기 시작하여, 2011년 이후에는 비교적 체계적인 거리노숙인 집계조사가 이루어지고 있다. 2011년 조사에서는 거리노숙인의 존재가 파악된 전국 351개 구역에 대해 23시부터 새벽 2시 사이에 집계조사가 이루어졌다. 이때 획득된 자료에 의하면, 전국적으로 약 2,689명이 거리노숙인인 것으로 나타났다(남기철, 2013 : 15). 2012년 전국 노숙인 실태조사에서는 크게 거리노숙인 일시 집계조사와 시설이용자 일시 집계조사로 나뉘어 진행되었는데, 전국의 노숙인 수는 모두 13,262명으로, 인구 1만 명당 약 2.73명에 해당되는 규모이다. 이 중 거리노숙인은 1,811명(14%)이고 시설이용 노숙인은 11,451명(86%)이다(이정규, 2013).

노숙인은 주거취약 계층인 만큼 이 문제에 대한 정책적 접근의 핵심에는 주거지원이 놓여 있다. 2011년 노숙인에 대한 사회적 관심이 일기 시작된 지 10여 년만에 「노숙인 등의 복지 및 자립지원에 관한 법률」이 제정되었다. 일명 노숙인복지법의 제정으로 노숙인 종합지원시스템이 구축되었다. 주거지원은 과거 시설입소의 대안으로 각광받고 있는데, 우리나라에서 이루어지고 있는 대표적인 주거지원 프로그램은 임시주거비 지원과 공공임대주택 지원사업이 대표적이다. 전자는 거리노숙인을 중심으로 2~3개월 가량 임시주거비를 지원하여 고시원이나 쪽방 등에 임시거처를 마련하도록 한 다음 이를 거주지로 하여 고용이나 복지서비스와 연계시키기 위한 사례관리를 진행하는 사업이다. 최근 서울지역에서는 희망원룸, 희망고시원 등과 같은 독특한 노숙인 주거지원사업이 이루어지고 있다. 주로 기능수준이 높은, 자활의 준비가 된 경우를 주 대상으로 하고 있음을 알 수 있다(남기철, 2013).

주거지원과 더불어 심리사회적 취약성에 대한 지지는 또 다른 주요한 한 축이다. 정신장애나 정신질환은 노숙의 주요한 요인 중 하나로 밝혀진 바 있다. 폴섬 등(Folsom et al., 2005) 연구에서는 정신분열증 환자의 20%, 쌍극성 장애의 17%, 우울증 환자의 9%가 노숙생활을 하는 것으로 나타났다. 노숙인은 비노숙인들에 비해 정신분열증, 쌍극성 장애, 우울증 등과 같은 심각한 정신질환을 가지고 있는 것으로 조사되기도 했다(Folsom et al., 2005 : 370). 정신질환 노숙인들은 낮은 삶의 질, 공격을 당할 위험, 조기사망 등과 같은 문제를 갖는데, 가장 기본적인 의식주를 포함하여 의료, 주택, 소득 그리고 고용 등 광범위한 사회적 도움을 필요로 한다.

포괄적이고도 통합적인 사회적 서비스 제공을 위해 사례관리는 노숙인에 대한 개입에 핵심에 놓인다. 홋지(Hodge, 1977)는 노숙인에 대한 개입에서 아웃리치와 사례관리의 두 가지 지능을 제시한 바 있다. 아웃리치와 사례관리를 기반으로 하여 미국에서 실시된 가장 큰 전국단위 시범사업은 「Access to Community Care and Effective Services and Supports(ACCESS)」 프로그램이다. 이 프로그램은 1993~1998년 5년 동안 미국 전역의 18개 지역에서 실시되었는데, 주요한 목적은 1년 동안 집중적인 사례관리를 통하여 정신질환 노숙인들의 탈노숙을 돕는 것이었다. 특히 사례관리는 '적극적 지역사회치료' 모델을 적용하였다(민소영, 2003).

캐톤(Caton) 등은 만성적 노숙의 순환고리를 끊는 것이 중요함을 언급하면서 노숙인에 대한 아웃리치적 접근, 보호시설에서 주택으로의 이전을 촉진시키는 서비스, 정신질환 노숙인을 위한 사례관리와 적극적 지역사회치료(ACT)의 효과성을 제안하였다. 주거지원과 관련해서는 다양한 수준의 지지적 주택모델을 제안하였다. 비교적 새로운 유형은 주거우선형으로 과거에는 주거지원을 받기 위해서는 알코올이나 약물 남용 치료를 전제로 한 경우에 한해 입소자격이 주어졌으나, 이 유형은 그러한 선행요건 없이 독립적인 주거공간부터 제공한 뒤 지속적으로 지지서비스를 연계하는 방식이다(Caton, Wilkins & Anderson, 2007). 최근의 정신질환 노숙인에 대한 개입은 적극적 사례관리와 사회적 서비스를 결합하여 주거지원을 행하되, 주거에 대해서는 단주나 정신질환 치료를 전제조건으로 부과하지 않는 것이 추세가 되고 있다.

거리노숙인 특히 만성적 노숙인에 대한 개입에서 아웃리치는 서비스 연계를 위해 가장 중요한 진입로이다. 만성적 노숙인의 서비스 이용 적극성이 매우 낮기 때문이다. 우리나라에서는 비전트레이닝센터 등 재활쉼터에서 자체적인 거리현장 아웃리치, 서울정신건강센터 모바일 팀의 노숙인 정신건강 사례관리, 소위 ACT팀 이라고 불리는 노숙인 위기관리팀 프로그램이 시행된 바 있다(남기철, 2013 : 27).

3) 대상 집단의 공통점

(1) 장애의 특성 : 장기적 · 복합적 장애

오늘날 사례관리의 주 대상층은 사회적 기관에 원조를 요청하러 오던 전형적인 클라이언트와는 다소 다른 특성을 보인다. 그들의 문제는 대개 단기에 쉽게 해결될 수 없는 경우가 많다. 노인은 퇴행적이어서 이전의 상태로의 완전한 회복을 기대할 수 없으며, 정신장애인 역시 '회전문 증상(revolving door syndromes)'을 보이며 완전한 치유는 대개 불가능하다. 학대를 경험한 아동의 심리적 손상은 성인기에 가서도 지속될 수 있다. 장애는 일생 동안 지속될 수 있고 서서히 진전된다. 그리고 이에 덧붙여 그들의 욕구는 복합적이고 다중적이다. 상담이나 일시적인 재정적 원조로는 그들의 욕구를 충족시켜 줄 수 없다. 노인의 경우만 하더라도 그들은 경제적 · 의료적 · 사회적 욕구가 복합적으로 존재하고 있어 다양하고 포괄적인 서비스가 요청되는 경우가 많다. 이러한 인구층의 클라이언트들에게는 이제 더 이상 치료라는 개념이 적합하지 않다. 오히려 그들에게는 일생에 걸친 다중적인 서비스 체계가 요청된다.

(2) 사회적 기술의 결핍

정신장애인이나 노인, 정신지체인 등은 대개 일상생활 기술이 결핍되어 있으며, 정보의 결여, 낮은 자존심의 문제를 안고 있다. 시설에 입소되었다가 지역사회로 복귀한 정신장애인의 경우 대개 독립된 생활을 하는 데 중요한 기술을 습득하고 있지 못한 경우가 많다. 정신장애인들은 지역사회 내에서 친구를 어떻게 사귀는지, 사회적 서비스를 얻기 위해서는 기관과 어떻게 협상해야 하는지 등에 대한 정보가 결여되어 있다. 정보의 결여는 대처능력의 제한과 관련되어 있는데, 장애나 손상이 클수록 외적 자원에 대한 접근은 제한되어 있다.

(3) 요청되는 서비스의 특성

대체로 이들 대상층의 문제나 장애, 기능상의 손상이 장기적이기 때문에 제공되는 서비스도 장기적이어야 한다. 그리고 앞서 살펴보았듯이 그들의 욕구가 상당히 광범위한 영역에 걸쳐 있기 때문에 다양한 자원을 필요로 한다. 광범위한 영역의 서비스는 단일의 실천가만으로는 제공이 힘들다. 광범위한 영역에 걸쳐 있기 때문에 다양한 자원을 필요로 한다. 광범위한 영역의 서비스는 단일의 실천가만으로는 제공이 힘들다. 인간은 심리 · 사회 · 신체 · 영적 차원의 총체적인 존재이기 때문에 이와 관련되는 다양한 학문분야의 전문적 서비스가 필요하다. 사례관리자는 여기서 중요한 조정역할을 수행할 수 있다. 이들 클라이언트들의 대부분은 과거와는 달리 시설이 아닌 지역사회 내에 거주하고 있기 때문에 서비스 또한 시설 중심이 아닌 지역사회 기반의 서비스여야 한다. 사례관리의 주 대상층에 적합한 서비스는 지역사회에 기반을 둔 장기적이면서도 다양한 종류의 것임을 짐작할 수 있다.

2. 사회자원

사회자원은 사례관리체계의 중요한 구성요소임에도 이에 대한 논의가 충분히 이루어지지 않은 편이다. 사회자원의 중요성은 사례관리의 핵심적 기능 중 하나가 서비스 혹은 자원을 클라이언트에게 연계해 주는 것임을 보아도 쉽게 짐작될 수 있다.

앞서 살펴본 만성적·다중적·복합적 요구를 가지는 사례관리 대상층들의 욕구를 충족시키기 위해서는 다양한 자원의 확보와 동원이 필수적이다. 자원이 충분한 사회가 거의 없는 관계로 기존 자원의 효율적 관리, 통합자원 관리를 통한 다양한 기관들 사이의 공유가 현실적인 대안이다. 최근 우리 사회에서도 공공과 민간 부문 복지자원의 긴밀한 연계와 조정, 통합자원관리망의 구축 등이 추진되어 왔다.

사례관리자는 클라이언트를 도울 수 있는 많은 지역사회 자원에 대해 가능한 한 충분히 인식하고 있어야 한다. 예를 들어, 이용 가능한 지역사회 자원, 이용 가능한 시간대, 자원이 위치하는 곳, 자원으로 도울 수 있는 정도 등에 관한 지식을 갖추고, 이를 쉽게 접근 가능한 형태로 자원정보 파일을 만들어야 한다. 때로는 지역사회 내에 자원이 결여되어 있어 사례관리자 자신들이 클라이언트를 위한 자원을 창출해야만 할 때도 있다. 기존 자원에 대한 지식, 새로운 자원의 창출과 더불어, 사례관리자는 클라이언트를 위한 새로운 자원을 상위 기관에 요청해야 한다.

자원의 동원은 곧 문제해결과 직결된다 할 수 있을 정도로 사례관리에서 중요한 위치를 차지하는데, 많은 연구들에서 클라이언트의 최적의 지역사회 적응은 광범위한 지역사회 자원과 서비스를 성공적으로 이용하는 것에 관련되어 있음을 보여주고 있다. 따라서 사례관리자는 클라이언트의 욕구에 관련된 공식적 기관이나 조직의 자원, 그리고 비공식적 자원, 예를 들어 지역사회 자원과 자연적 원조자들을 동원할 수 있으며, 나아가 그 자신을 자원으로서 제공할 수 있어야 한다.

오늘날 사회자원에 관한 논의를 현재의 사회복지 상황과 연결해서 제시해 보면 다음과 같다(白澤政和, 1992 : 110-111).

① 사회복지의 동향은 시설중심에서 대상자가 거주하는 지역사회를 기반으로 강조점이 바뀌고 있다. 지역사회에서의 적응적 생활은 가시적인 것뿐만 아니라 비가시적인 사회자원을 총괄해야만 가능하다. 즉, 유・무형의 서비스를 망라하여 물질적・정신적・사회적・환경적・인적 자원뿐만 아니라 사회제도적 자원 등의 발굴, 관리, 활용이 중요하다.

② 사회복지 대상자의 요구가 다양화・고도화되고 있으며, 대상자에게 사회 자원이 일방적으로 할당되던 시대에서 대상자가 사회자원을 선택하는 시대로 접어들고 있다. 오늘날 대상자의 요구는 종전의 최저의 수준에서 획일적으로 제공되던 사회자원만으로는 더 이상 충족시킬 수 없게 되었다. 이 같은 추세에 대비하여 사회자원의 범위를 확대해야 하며, 질적 충실을 기해야 한다. 그 결과로서 서비스의 공급주체가 점차 다원화・다양화되고 있다.

③ 고령화사회의 와상노인이나 치매노인, 시설에서 퇴소한 정신질환자 수의 증가는 가족이 중심이 된 비공식적 지지와 공적 서비스가 돌봄의 책임을 어떻게 분담할 것인가 하는 중요한 과제를 제시했다. 사실 이 양자의 관계에 관해서는 아직도 불명확한 상황에 있어 어떤 연속성을 보이지 못하고 있다. 앞으로 사회자원들 간의 관련성에 대한 명확화가 절실히 요청되고 있다.

④ 지역복지를 추진하기 위해서는 개별 원조수준, 지역에서의 조직수준, 정책수준 각각에 관련되는 사회자원망을 형성해야만 한다. 그러기 위해서는 각각의 사회자원의 내용이나 특징을 명확히 하여 그것들의 공통적인 가치를 찾아내야 한다.

⑤ 사회복지 원조방법에 대한 관심은 대상자의 심리적인 측면의 원조보다는 대상자의 환경조정, 즉 간접적 서비스를 지향하고 있어 대상자의 환경에 대한 명확한 준거 틀이 필요하게 되었다.

1) 사회자원의 분류

사회자원은 학자에 따라 다양하게 분류되어 왔다. 수요자에게 자원을 생산, 전달, 제공하는 역할을 담당하는 공급주체에 따른 분류, 신체적·사회적·경제적·정서적 욕구 등 대상자의 욕구에 따른 분류, 물적·인적·사회적 자원 등 제공되는 자원의 형태에 따른 분류가 가장 대표적이다.

(1) 공급주체에 따른 분류

일반적으로 흔히 이용되는 분류는 공급주체를 중심으로 분류하는 방법이다. 공급주체란 일반적으로 사회복지 자원을 대상자에게 직·간접적으로 전달하는 주체를 의미한다. 대체로 사회자원 및 서비스의 공급주체로는 비공식적 부문, 공적 부문, 민간부문으로 구분된다.

① 비공식적 부문

비공식적 부문은 가족이나 친척, 친구, 이웃 등이 중심이 된 것으로, 전통적으로 개인의 기본적인 욕구를 가장 가까이에서 충족해 주었던 원조주체이자 사회적 지지망이다.

② 공적 부문

공적 주체는 중앙정부 및 지방자치단체로 대표되는 국가와 공기업, 공공기관, 공공단체 등을 포함한다. 공공부문에 의해 제공되는 자원의 유형에는 사회보험, 공적부조 및 공공복지서비스, 공공요금 감면 등이 대표적이다. 공적 주체는 사회복지전담공무원 등에 의해 서비스와 급여를 직접 제공해 주기도 하지만, 대체로 서비스를 민간에 위탁하여 운영하게 하는 간접적 제공방식을 취한다. 공공부문은 서비스를 직접 제공하기보다 서비스를 구매하고 계약하고 제공자를 선정하며, 서비스 제공에 대한 관리감독을 수행하는 데 주된 역할을 수행하는 형태로 나아가고 있다. 예를 들면, 지방자치단체는 지역에 사회복지서비스를 제공하기 위해 민간서비스 공급기관과 위탁계약을 맺어 서비스를 제공하는데, 이때 공공부문에 해당하는 지방자치단체는 서비스 제공기관에 대한 오리엔테이션 및 훈련을 담당할 뿐 아니라 그들의 서비스에 대해 지도, 점검하는 역할을 수행하고, 나아가 평가에 기반해서 매년 재계약 여부를 결정한다.

③ 민간부문

민간부문은 민간에 의해 운영되는 모든 조직을 의미하며, 이윤추구, 보다 정확히 말하면 수익을 목적으로 사업에 재투자하는지 여부에 따라 비영리 부문과 영리 부문으로 구분된다.

먼저 비영리 민간부문(non-profit sector)은 때로 제3섹터라고도 불리며, 시민단체, 공익재단, 종교단체, 사회복지법인 등 비정부조직과 비영리단체를 포함한다. 비영리 민간부문은 모금과 후원, 자원봉사활동 등을 통해 수요자에게 자원과 서비스를 제공한다. 알츠하이머 환자 협회, 금주단체와 같은 몇몇 자원 조직은 오늘날 매우 전문화되어 있다. 이들 조직은 특별한 상황에 처해 있거나 문제를 가진 사람들을 한데 모아 경험을 공유하고 고도의 서비스를 제공하는 역할을 담당한다.

영리 민간부문(profit sector)은 시장과 기업을 중심으로 하는 상업부문을 의미한다. 상품 및 서비스의 판매를 통해 수익을 얻는다. 영리부문은 공적 부문과의 계약을 통해 서비스를 제공하는 형태를 취하기도 한다. 영리부문의 대표적 예로는 소규모 시설보호(residential care)나 요양원 보호(nursing-home care)를 들 수 있다.

이와 같은 다양한 공급주체에 의한 사회자원의 장점을 살려 대상자의 욕구를 충족시켜 주는 것이 사례관리의 중요한 기능 중의 하나가 되고 있다.

(2) 대상자의 욕구에 따른 분류

대상자의 욕구라는 관점에서 사회자원을 분류하는 것은 인간이 사회생활을 해나가는 데 필요한 사회자원 유형을 검토해 보는 것이다. 사회생활상의 욕구에 관해서는 학자에 따라 다양하게 표명되고 있다. 가장 대표적인 분류는 매슬로우(Maslow)의 다섯 가지 욕구 구분, 즉 기본적 · 생리적 욕구, 안정의 욕구, 소속과 애정의 욕구, 승인 · 존경 · 지위의 욕구, 자기실현의 욕구를 들 수 있다. 한편 칸(Kahn, 1973)은 경제적 안정 욕구, 신체적 · 정신적 건강 욕구, 취업 욕구, 주거보장 욕구, 교육욕구, 지역사회에서 개별적 삶을 유지하고자 하는 욕구로 분류하기도 하였다. 이러한 욕구는 생활수준의 향상과 더불어 생존적이고 기본적인 욕구에서 일상생활에서 도움을 얻으려는 것(가사원조, 간병, 의료 관련 서비스 등), 사회심리적 문제해결을 위한 것(상담, 정서적 지지, 결연 등), 자기 발전적인 것(사회참여, 여가활동, 교육욕구)의 순으로 발전하는 경향이 있다.

그러나 오늘날 지역사회에 기반을 둔 많은 서비스들은 다음의 욕구형태에 따라 분류되는 경향이 많다.

① **기본적 · 도구적 일상생활 활동의 욕구**(ADL, IADL : 식사 준비, 세탁, 쇼핑, 청소, 세수, 목욕, 옷 갈아입기, 이동하기, 대소변, 행정업무 대행 등) : 이러한 욕구를 충족시켜 주는 공식적 서비스로는 개인수발서비스, 가정봉사원서비스, 이동목욕서비스, 식사제공서비스 등이 포함된다.

② **신체적 · 정신적 건강보호의 욕구**(맥박, 체온, 호흡 측정, 투약, 주사, 치료, 의료보호, 요양보호, 실금관리, 정신치료, 보장구 제공 등) : 일반 의사진료서비스, 정신의료서비스, 가정 간호보조원 서비스, 방문간호서비스, 물리치료서비스, 작업치료서비스, 언어치료서비스, 발 치료 전문 서비스[3] 등이 있다.

③ **상담 및 정서적 지지, 사회적 접촉의 욕구**(질병, 장애에 대한 대처능력 향상, 사회적 접촉, 위기관리 욕구 등) : 사회복지사, 상담사 혹은 건강 관련 전문가의 상담서비스, 말벗 등의 자원봉사자를 통한 우애서비스, 결연사업서비스, 전화확인서비스 등이 있다.

④ **정보 및 조언에 대한 욕구**(이용 가능한 서비스와 혜택에 대한 정보획득의 욕구) : 재가보호서비스를 제공하는 전문가, 라디오, TV 등의 대중매체, 비영리 조직의 팸플릿 등으로부터 제공받는 정보서비스 등이 포함된다.

3) 다리나 발에 이상이 있어 보행에 어려움이 있으면 자연히 집 안에만 머물러 있게 되어 관심의 범위가 제한받게 되고 장보기 등 일상생활이 곤란하며, 운동 부족, 체중 증가 등으로 인한 정신건강의 손상을 초래한다는 인식은 발 치료 서비스의 중요성을 부각시켰다(최은영, 1996).

⑤ **비공식적 보호자에 대한 지지욕구**(환자 보호자의 신체적 · 심리적 · 경제적 욕구) : 주간보호서비스, 단기보호서비스, 보호자 지지집단, 상담서비스, 재정적 지원 및 보상, 세제혜택 등이 포함된다.

(3) 제공되는 자원의 형태에 의한 분류 : 물적 · 인적 자원, 사회적 자본

① 물적 자원

물적 자원은 대상자에게 현금, 현물, 바우처, 프로그램, 자원봉사, 대여/ 감면 등의 형태로 제공된다. 현금은 주로 급여의 형태로 제공되며 장학금, 학비지원, 의료비나 생계비 지원, 기초노령연금 등을 예로 들 수 있다. 현물은 실물로서의 물품이 제공되는 경우를 의미하며 연탄지원, 김장김치 지원, 가전제품 지원 등이 있다. 바우처는 정부가 지불을 보증하는 일종의 이용권으로, 대상자가 바우처를 통해 원하는 재화나 서비스를 직접 선택, 구입하여 이용하면, 추후 그 비용을 정부가 서비스 제공자에게 지불하는 방식으로 이루어진다. 바우처는 소득지원의 한 형태지만, 현금급여와 다른 점은 구매할 수 있는 상품이나 서비스의 양, 종류, 범위가 제한되어 있다는 것이다. 프로그램은 시설이나 기관에서 제공하는 다양한 교육 및 여가, 훈련과정을 일정한 형태로 제공하는 것을 의미한다. 대여나 감면은 지방자치단체 개별사업으로 각종 자금을 대여하거나 이용료를 감면하는 것을 뜻한다.

〈표 5-2〉 **물적 자원의 유형**

유 형	주요 내용
현 금	현금 또는 현금성 지원에 해당하는 급여 • 장학금, 학비지원, 교육비 지원, 의료비 지원, 생계비 지원 등
현 물	실물로서 물품이 제공되는 경우 • 연탄지원, 김장김치 지원, 가전제품 지원, 식자재 지원, 독거노인 밑반찬 배달 등
바우처	일정 용도 안에서 대상자가 원하는 재화나 서비스를 선택하여 구매할 수 있게 하는 이용권 • 노인돌봄바우처, 장애인 활동지원바우처, 저소득층에게 전기, 연탄, 도시가스 등 난방비를 지원하는 에너지바우처, 문화향유 기회가 적은 취약계층에게 제공되는 문화바우처 등
대여/ 감면	지방자치단체 개별사업으로 각종 자금을 대여하거나 이용료를 감면

출처 : 보건복지부(2016a), p. 86 재구성.

② 인적 자원

인적 자원은 국가나 사회, 조직의 발전에 기여하는 지식, 기술, 태도, 역량 등 개개인이 가지고 있는 능력과 품성을 포괄하는 개념이다. 이 개념이 등장한 초기에는 주로 개인의 생산적 노동력을 의미하였으나, 최근에는 창의성, 애정, 배려심 등 개개인이 가지고 있는 품성과 태도를 포함하는 포괄적인 의미로 받아들여지고 있다.

③ 사회적 자본

사회자본은 사회적 관계로부터 출현하는 자원으로서, 미래 보상이 기대되는 관계에 대한 투자로서 간주될 수 있다. 이 개념은 1980년대 이후 등장했으며, 대표적인 학자로는 부르디외(Bourdieu, 1986), 콜만(Coleman, 1988), 퍼트남(Putnam, 1993) 등이 있다.

부르디외는 사회적 자본을 한 개인이나 집단이 사회적 관계망을 통해 얻을 수 있는 축적된 자원의 총합으로 보았으며, 콜만은 사회적 자본을 물질적 자본이나 인적자본과 대비하면서 신뢰와 연관 지어 설명하였다. 그에 따르면, 물질적 자본은 만질 수 있는 구체적 형태의 물체로서, 인적 자본은 개인이 가지고 있는 기술이나 지식 등을 의미하는 반면, 사회적 자본은 사람들 사이에 내재해 있는 신뢰로서 지역사회의 역량을 강화시킬 수 있는 일련의 자원들로 보았다. 퍼트남은 사회적 자본을 보다 포괄적으로 정의한 학자로서, 사회적 네트워크, 규범, 신뢰와 같은 구성요소로 이루어진 것으로, 구성원의 상호 이익을 위한 조정과 협동을 촉진시키는 기능을 하는 것으로 보았다. 포르테스(Portes, 1998)는 이를 좀 더 쉽게 풀어, 물적 자본이 은행계좌에 있다면, 인적 자본은 사람들의 머리 속에 있으며, 사회적 자본은 사람과 사람 사이의 사회적 관계 속에 있다고 언급했다.

사회적 자본은 지역사회에서의 다양한 관계형성을 통해 내외적 협력기반을 구축하여 공공선을 창출하는 기능을 한다. 예를 들어, 네트워크, 규범, 신뢰 등을 통해 공동의 선을 위한 협력을 촉진시킬 수 있다. 사회적 자본의 구성요소에 대해서는 신뢰, 참여, 사회규범, 네트워크, 협력, 봉사활동 등 다양하게 제시되어 왔지만, 신뢰, 참여, 네트워크, 호혜성 등은 거의 공통적으로 언급되고 있다. 사회자본의 양은 사람들이 동원할 수 있는 집단이나 네트워크 유형, 그들의 기여 정도와 성격, 다른 사람들을 신뢰하는 정도, 문제해결을 위해 함께 일하는 협력과 상호성의 규범 확립 정도 등을 통해 파악될 수 있다.

사회적 자본을 창출하고 발달시키는 세 가지 단계를 소개하면 다음과 같다 (Mathbor, 2016 : 361).

첫째, 사회적 자본 활동은 공동체 내에서 연대를 통해 시작된다. 사회적 통합, 응집력, 연대감, 네트워킹, 쌍방 의사소통, 지속적인 상호작용, 성원 상호간의 지지와 협력, 리더십의 강화 등은 연대구축에 유용한 특성들로, 이는 레크리에이션 활동, 종교 및 영성 모임, 정치적 연대, 경제활동, 심리사회적 지지 등을 통해 배양될 수 있다.

둘째, 사회적 자본 형성의 다음 수순은 다른 지역사회(공동체)로 손을 뻗어 나가는 것이다. 이 지점에서 개인이나 집단은 욕구충족을 위한 연합이나 협력 활동에 동참하기 시작한다.

셋째, 재정 지원처, 공적 기관, 예를 들어 정부조직, 외국자원조직, 과학인 단체 등과 연대가 형성되어 있는 공동체들끼리 연결이 이루어진다.

2) 자원 관리 및 활용의 현황

서비스 대상자의 욕구나 요구의 수준은 다양화되고 고도화되는 데 비해 이에 상응하는 자원의 양이나 다양성은 부족한 것이 현실이다. 최근 우리나라에서 "전국 지방자치단체 사례관리 전문요원 역량강화를 위한 전문교육"에 참여한 대상자를 중심으로 이 문제와 관련된 조사가 수행된 바 있는데, 자원발굴, 관리 및 활용, 자원연계 등에 관련된 현실적인 문제점들이 제시되었다(정영철, 2012).

먼저 자원발굴과 관련하여, 자원 자체가 부족한 사회에서는 발굴이 사실 무의미하다. 또한 자원발굴 과정에서 발생하는 업무량의 증가문제가 있으며, 이를 전담할 인력을 확보해야 하는 별도의 부담이 장애가 된다.

둘째, 자원 관리 및 활용과 관련해서는 자원의 지속성 결여가 가장 큰 문제로 지적되었다. 특히 서비스 기관별로, 또는 전담 직원별로 자원이 개발되고 관리되다 보면 그 직원이 다른 지역이나 기관으로 이동될 때 자원 제공이 지속되지 않기가 쉽다.

셋째, 자원연계와 관련된 문제로는 연계대상 기관 및 담당자와의 정보공유 및 협력의 부족문제가 있으며, 연계 시 관리자의 승인절차가 복잡한 문제 등이 있다.

넷째, 시스템과 관련해서는 통합시스템의 부재로 인한 중복지원, 사각지대 등이 여전히 존재하는 것 등이 문제로 지적된다.

3. 사례관리자

사례관리자는 사례관리체계를 구성하는 핵심적인 요소이다. 클라이언트와 서비스 체계를 연결시키는 그들은 다른 서비스 제공자들과 협력하여 클라이언트에게 수직적(시간적 차원), 수평적(하나의 기관을 넘어서는) 보호의 연속성을 보장해 주고, 나아가 클라이언트가 가장 높은 수준의 사회적 · 경제적 · 신체적 통합을 달성하도록 보장하는 1차적인 책임자이다.

1) 사례관리자들이 수행하는 주요 활동들

사례관리자들은 다음과 같은 다양한 과업들을 수행할 수 있다.

- 실천가, 기관, 클라이언트 간의 신뢰와 신의를 발달시킨다.
- 클라이언트의 상황, 환경에 대한 이해를 한다.
- 클라이언트를 위한 개입계획과 자원동원에 클라이언트를 적극 참여시킨다.
- 클라이언트의 선호를 파악하고, 가능한 대안들에 대한 정보를 제공한다.
- 클라이언트의 선호, 친지의 소망, 전문가의 조언들 간의 갈등을 조정, 협상한다.

2) 사례관리자에 관련된 주요 쟁점들

사례관리자에 대한 중요한 이슈를 정리해 보면 다음과 같다.

(1) 핵심기능

사례관리자의 중심적인 역할에 관련된 문제로, 사례관리자는 단순한 중개자냐, 클라이언트의 옹호자냐 아니면 제한된 자원의 통제역할을 수행하는 문지기(gatekeeper)냐 하는 것이다. 중개자로서의 기능은 클라이언트 욕구와 기존의 자원 간의 연결역할을 의미하고, 옹호자로서의 기능은 사례관리자가 대상자의 욕구를 상세히 사정하고 그들이 질적 서비스를 제공받을 수 있도록 원조하는 적극적인 역할을 강조하는 것이라면, 자원통제자로서의 사례관리자는 서비스에의 접근을 제한하는 등 제한된 자원을 가장 효율적 방법으로 할당하는 역할을 강조한다.

일반적으로 옹호자와 자원통제자의 역할은 상호 모순되는 것으로 인식된다. 후자가 서비스의 이용을 통제하는 반면, 전사는 클라이언트가 가장 많은 서비스를 제공받을 수 있도록 원조하는 것이다. 사례관리가 출발하던 초기에는 건강 및 사회보호 영역에서 의료비용 증대에 따른 비용절감, 특히 시설보호 비용을 줄이는 것이 핵심적인 관심사였다. 재가보호서비스의 개발 당시 많은 국가에서는 재가보호가 시설보호에 비해 비용이 덜 든다는 인식이 일반적이었다. 다양한 지역사회 기반 서비스의 조정에는 자원통제자로서의 역할이라는 의미가 강하였으나, 사례관리가 점차 다양한 분야에서 적용, 확대되어 감에 따라 질적 보호의 시금석으로 간주되었고, 그에 따라 옹호자로서의 기능을 점차 중요한 핵심기능으로 수용하는 경향으로 발전되고 있다.

(2) 전문분야

두 번째로 자주 제기되는 문제는 과연 누가 사례관리자가 되는가이다. 사례관리자는 프로그램에 따라 다양한 형태를 취한다. 일부는 전문적으로 훈련된 사람을 요구하나, 일부는 전문가의 슈퍼비전하에 있는 준전문가도 충분히 수행되는 것으로 인식되기도 하며, 극단적으로는 자원봉사자나 가족에 의해 수행되기도 한다.

사례관리의 적용영역이 확대되어 감에 따라 사례관리자는 사회복지사, 상담심리사, 간호사, 교육자 등 다양한 학문분야의 사람들이 되고 있다. 최근 정신질환자, 노인, 장애인 등 다양한 만성질환 인구수가 증대하고 있는데, 이러한 대상층의 욕구는 보건과 사회적 서비스가 겹치는 공유영역에 속하는 것이 대부분이기 때문에 간호 및 사회복지 전문가의 활용이 증대하고 있다. 미국의 경우 사례관리자의 3/4이 사회복지사이며, 1/4은 간호사, 작업치료사, 물리치료사, 의사, 재활상담원 등이 담당하고 있는 것으로 조사된 바 있다. 그리고 캐나다에서는 사회복지와 보건부가 한 팀을 이루어 사례관리를 실시하고 있는데, 보건복지부는 클라이언트의 건강이라는 관점에서, 사회복지사는 사회생활 지지라는 관점에서 관여하고 있다.

다른 전문직과 비교해 사회복지사들이 사례관리자를 수행할 때의 장점을 제시하면 다음과 같다.

① 사례관리가 사회복지사들에 의해 수행될 때 간호사나 다른 분야의 전문가에 의해 제공될 때에 비해 클라이언트를 위한 옹호활동에 보다 많이 관여하는 특징이 있다.
② 사회복지사들이 속해 있는 기관은 대개 지역사회 중심 서비스를 제공하는 핵심기관으로서 기능하는 경우가 많다.
③ 사회복지사들은 강점기반, 인간과 환경 간의 상호작용에 초점을 두는 관계로 클라이언트의 다중적인 문제를 사정하고 지지체계를 개발, 향상시키는 일에 잘 훈련되어 있다. 순수하게 개인적 차원에서 사정하기보다 사회적·대인관계적 관점에서 문제를 평가하는 데 능숙하다.
④ 사회복지사는 다른 전문가들에 비해 서비스 이용자들의 참여를 강조한다. 권위적 접근을 취하기보다는 문제 사정, 계획, 서비스 제공 전 과정에 걸쳐 서비스 이용자들과의 동반자적 관계를 지향하며, 궁극적으로는 개인의 자율성, 독립성을 강조한다.

그러나 사회복지사는 이러한 장점으로 인해 사례관리를 수행하는 데 유리한 지위에 있음에도 불구하고, 심리치료나 상담과 같은 직접적 실천기술과 행정적 전략의 통합에 대한 능력이 보다 많이 요청되는 도전에 직면하고 있다. 그리고 사례관리자로서의 사회복지사 역할에 대한 대중의 이해를 높이기 위한 증거기반 실천사례들을 널리 알리는 것도 중요한 과제이다(NASW, 2013).

(3) 교육 및 자격 기준

사례관리가 발달하던 초기에는 사례관리자의 교육 및 자격에 대한 이견이 존재했다. 사례관리가 고도의 전문적 기술을 요하는 관계로 석사학위 이상의 소지자여야 한다는 관점도 있었던 한편, 일반주의 실천의 일환으로 보는 관점에서는 학사학위만으로도 사례관리자로서의 기능수행에 문제가 없다는 관점도 있었다.

■ 미국의 사례관리자

미국의 사회복지실천 영역에서는 사례관리가 별도의 전문자격으로 인정되고 있다. 1997년 미국사회복지사협회(NASW)는 회원을 대상으로 조사한 결과 60% 이상이 사회복지사 자격증 외에 여타의 다른 전문 자격증에 관심이 있음을 보고하였다. 이후 1998년 조사에서는 70% 이상의 회원들이 전문 자격증이 필요하다는 응답을 하여 그 비율이 증가했으며, 그들이 가장 우선적으로 필요하다고 손꼽은 자격증은 사례관리였다. 왜냐하면 사례관리는 100여 년에 걸친 사회복지실천 역사에서 핵심요소였기 때문으로, 미국 사회복지사들은 다양한 분야에서 제공하는 사례관리 자격증이 아닌 사회복지실천 전문직에서 부여하는 사례관리 자격증의 필요성을 주장했다. 이에 따라 미국사회복지사협회는 사례관리를 별도의 전문자격증으로 개발하기 시작했다.

최근에는 사례관리자의 전문성에 대한 요구가 점점 높아지자 일반 실천가와 구분하여 상급 사례관리자(advanced case manager)를 두고 있다. 상급 사례관리자는 보다 복잡한 과업을 수행할 수 있는 능력을 소지하고 있는 사람으로, 그들의 전문적 능력은 위기개입, 아웃리치, 사정, 상담과 같은 임상적 기술뿐만 아니라, 비공식적 지지체계 및 공식적 서비스 조직체와의 협력, 연계, 옹호, 교육 등 전반에 걸쳐 발휘된다. 이들은 보다 복잡한 일에서 더 큰 자율성을 인정받는 대신에 책임감은 더 크다. 자율성은 사례관리자가 업무를 조직하고 수행하는 데 있어서 자율적으로 판단하고 결정하는 정도를 의미한다면, 책임감은 광범위한 과업을 수행하는 것에, 복잡성은 일의 어려움 정도에 관련된다(Raiff & Shore, 1993 : 16).

오늘날 사례관리자의 교육 및 자격과 관련해서는 어느 정도 기준이 마련되고 있다. 사례관리의 모호성을 해결하고 국가적 준거 틀을 제공하기 위해 사례관리 기준이나 사례관리 모델법(Case Management Model Act)의 제정이 그 예이다. 사례관리 모델법은 미국에서 연방정부 및 주 정부 수준에서 실행되어야 하는 포괄적인 사례관리 프로그램의 핵심요소들을 정립한 것이다.

사회복지실천 영역에서는 보편적으로 수용되는 사례관리 정의도 없고, 또 결정적인 하나의 모델이 없다는 점을 인정하면서, 사례관리자로서의 역할뿐만 아니라 사례관리의 본질을 명확하게 하기 위해 사례관리 기준(NASW Standards for Social Work Case Management, 2004년 제정, 2008년 개정)을 마련하였으며, 미국사례관리협회(CMSA : Case Management Society of America)에서는 사례관리 실천기준(Standards of Practice for Case Management)을 1995년에 도입한 후 2002년, 2010년 개정을 하였는데, 이는 다양한 현장에서 사례관리자에게 공통적으로 요구되는 기본적 지식과 기술을 확인해 주고 있다.

사례관리 역할과 목표의 성공적 수행은 사례관리자의 역량과 능력에 있다고 해도 지나치지 않다. 사례관리의 초장기에는 사례관리의 역할에 기초하여 전문가뿐만 아니라 준전문가, 심지어는 가족과 같은 비전문가들도 사례관리자가 될 수 있는 것으로 이해되어 왔으나, 전문적 사례관리 단체가 형성되고 사례관리가 서비스 전달체계의 핵심으로 자리잡혀 가게 됨에 따라 사례관리자에 대한 전문 자격기준에 대한 규정이 제공되고 있다. 사례관리 기준과 사례관리 모델법에 규정되어 있는 사례관리자의 자격요건은 다음과 같다.

■ Case Mangement Model Act[4)]

사례관리자는 별도의 자격증을 정하고 있지 않으며, 사회복지, 간호, 의학, 심리사회, 직업 등 건강 및 휴먼 서비스 분야에서의 학사 또는 석사학위 소지자이거나 사례관리 과정에서 3년 이상 슈퍼비전을 받은 경험이 있는 자를 의미한다. 사례관리 슈퍼비전을 줄 수 있는 슈퍼바이저는 적어도 다음의 자격 중 하나를 가진다.

- 건강 및 휴먼 서비스 분야에서의 학사학위 이상 소지자
- 사례관리자로서의 자격
- 적어도 5년 이상의 사례관리자로서의 경험

■ NASW Standards for Social Work Case Management

- 사회복지실천 사례관리자(Certified Social Work Case Manager)의 자격기준
  - 미국사회복지사협회(NASW) 정회원
  - 학사 또는 석사학위 소지자
  - 학부 졸업 후 1년 이상의 전임직 경력(1500시간, 주당 30시간 이상 클라이언트 수준에서 이루어지는 사례관리 과업 수행)
  - 사례관리 수행 시 슈퍼비전 필수
- 학부 졸업 후 처음 2년간은 직접적인 클라이언트 수준에서의 사례관리 15시간마다 1시간 이상
- 2년이 지난 이후에는 30시간마다 1시간 이상. 5년 차 이상부터는 필요할 때 자문이나 슈퍼비전받으면 됨
- 석사의 경우, 처음 2년간은 30시간마다 1시간 이상. 2년 차 이상부터는 필요시만 자문이나 슈퍼비전받으면 됨
- 모든 사례관리자는 3년마다 90시간 보수교육 의무

4) 사례관리모델법은 미국의 연방정부 및 주 정부에서 수행되는 포괄적인 사례관리 프로그램의 핵심요소들을 확인하고 있다. 미국 사례관리협회는 정책결정가들로 하여금 건강보호 비용을 절감하고, 케어조정을 향상시키며, 질과 더 나은 임상적 결과를 높이는 데 관련된 법률과 규정을 개발하는데 이 법을 참조, 활용하도록 장려하기 위해 이 법을 마련한 측면이 강하다.

■ 일본의 사례관리자(개호지원전문원)

일본에서는 다양한 실천현장에서 사례관리가 수행되고 있지만, 특별히 개호보험제도하에서 일을 하는 경우의 사례관리자는 법적으로 개호지원전문원으로 규정되고 있다. 사회복지 전문직 이외의 많은 전문가들이 개호보험제도가 도입, 시행되면서 케어 매니지먼트 역할을 담당하고 있다. 이들은 개호보험법에 의하면, 클라이언트로부터의 "상담에 응하고, 이들이 직면하고 있는 심신상태에 따라 재가서비스나 시설서비스를 적절히 이용할 수 있도록 시정촌, 재가서비스 사업자, 개호보험시설 등과 연락, 조정을 행하며, 나아가 이들의 자립적 일상생활에 필요한 원조에 관한 전문지식과 기술을 보유한" 자를 의미한다(동법 제79조 제2항 제2호). 사례관리자의 자격요건은 아래의 기본 요건과 함께 실무연수 수강시험에 합격한 후 소정의 실무연수를 수료한 자로서, 기본 요건은 구체적으로 다음과 같다(정재욱, 2006).

① 기본 요건

- 통산 5년 이상의 경력을 요하는 관련 업무분야
  - 의사, 간호사, 약제사, 보건사, 사회복지사 등을 비롯한 21종류의 직종
  - 노인복지시설 등에서 상담원조 업무에 종사하는 자
  - 노인복지시설 등에서 개호업무와 관련하여 사회복지사 임용자격
  - 홈헬퍼 2급 상담의 자격자
- 통산 10년 이상의 경력을 요하는 업무분야(보건의료복지 분야 전문가가 아닌 경우)
  - 노인복지법에서 규정하고 있는 노인거택개호사업(방문간호 등)

② 자격시험

이 시험은 1998년 처음 시작되어 2008년 현재 총 1,473,414명이 시험에 응시하여 461,650명이 합격하였다. 합격률이 제1회 때는 44.1%였으나 회를 거듭할수록 합격률이 떨어져 2008년에는 20% 초반에 머물고 있다. 1998년부터 2008년까지의 직종별 합격률을 보면, 개호복지사가 31.2%, 간호사 및 준간호사가

31.0%, 상담 관련 종사자가 10.4%, 보건사 5.1%, 사회복지사 4.5%, 약제사 3.9%, 의사 3.1% 등의 순으로 나타났다(오세영, 2009 : 264-265).

③ 실무연수

일본은 케어매니저의 자질과 전문성을 높이기 위하여 연수제도와 5년마다 자격을 다시 취득해야 하는 갱신제를 시행하고 있다. 실무연수를 수강할 수 있기 위해서는 먼저 자격시험을 통과해야 한다. 예를 들어, 보건의료복지시설에서 10년 이상의 실무경험이 있는 사람은 이론시험 합격 후 개호지원전문원 실무연수 35시간을 이수해야 한다.

■ 한국의 사례관리자

우리나라에서는 공공부문의 경우 2010년 사회복지통합관리망의 개통과 동시에 '사회복지통합서비스 전문요원'이 사례관리 업무를 담당해 왔으나, 2013년 희망복지지원단 중심의 통합사례관리사업이 본격화되면서 기존의 '사회복지통합서비스 전문요원'이 '통합사례관리사'로 명칭이 변경되었다. 현재 희망복지지원단에서는 사례관리 업무를 담당하는 복지공무원과 사례관리 전담인력인 통합사례관리사가 있다. 사례관리 담당공무원은 최소 5년 이상 근무경력의 사회복지직 7~8급 공무원(민간에서 사례관리 업무를 3년 이상 담당한 경력이 있는 공무원의 경우는 배치 가능) 중에서 배치하며, 통합사례관리사는 지방자치단체의 여건에 따라 현장경험과 자격을 고려하여 배치할 것이 권장된다. 2016년부터는 통합사례관리사 1인당 연 3회 이상 외부교육을 필수 이수하도록 함으로써 질적 관리를 강화하는 방향으로 가고 있다.

채용기준

- 사회복지사 1급 자격증을 취득한 후 사회복지 분야 근무경력이 2년 이상인 자
- 사회복지사 2급 자격증을 취득한 후 사회복지 분야 근무경력이 4년 이상이고 상담 관련 자격증*을 보유한 자
  * 상담 관련 자격증에 심리치료 관련 자격증을 포함하되, 자격증 적합 여부는 지방자치단체가 자격증 관련 증빙서류를 확인하여 판단할 것
- 정신보건사회복지사 2급 이상 자격증을 취득한 후 관련 사회복지 분야 또는 보건분야 근무경력이 2년 이상인 자
- 간호사 면허증을 취득한 후 관련 사회복지 분야 또는 보건분야 근무경력이 2년 이상인 자

※ 신규채용 인원의 50% 이상은 정신보건사회복지사와 간호사로 채용 권고

출처 : 보건복지부(2016a).

민간기관의 경우 각 기관별로 자체 지침을 마련해 둔 기관이 있기도 하지만[5] 전반적으로 민간기관에서 보편적으로 적용될 수 있는 사례관리자의 자격에 대한 규정이나 지침이 마련되어 있지 않다. 다만, 우리나라 사회복지실천 현장의 사례관리자 특성을 통해 사례관리자의 자격이나 경력에 대해 유추해 볼 수 있다.

2010년 서울복지재단에서 발표한 「사례관리서비스 표준화 및 원가측정 방안 연구」 결과에 따르면, 사례관리자는 적어도 3년 이상의 경력이 요구된다고 생각하는 사람들이 45.8%로 가장 많은 비율을 차지했으며, 그 다음으로 2년 이상(25%), 1년 이상(15.5%), 5년 이상(11.7%), 4년 이상(1.9%) 순으로 나타났다. 이를 통해 볼 때 현장에서는 적어도 3년 이상은 되어야 사례관리자로서의 역할을 수행할 수 있다고 보는 사람들이 과반수 이상임을 알 수 있다.

---

5) ○○종합복지관에서 자체 규정하고 있는 「사례관리서비스 지침」에는 사례관리 담당자를 3유형으로 구분하고 관련 자격과 권한을 명시하고 있다.
- 책임사례관리자 : 최소 5년 이상의 사례관리 실무경력이 있는 사회복지사로서 개별서비스 계획을 수립할 수 있는 능력을 가진 자. 독립적인 사례관리자로서 권한이 주어지며, 다른 사례관리자를 슈퍼비전할 수 있다.
- 선임사례관리자 : 사례관리 실무경력이 2년 이상인 자. 독립적 사례관리자로서 권한이 주어진다.
- 사례관리자 : 사례관리 실무경력이 2년 미만인 자. 슈퍼바이저의 지도에 따라 사례관리자로서 활동하며, 결정 권한 및 책임은 슈퍼바이저가 가진다.

사례관리자가 이수해야 할 교육시간에 대한 의견은 이론교육의 경우 10시간 이상이 35.9%로 가장 높은 비율을 차지하였으며, 그 다음으로 20시간 이상이 32.4%, 30시간 이상이 19.5%를 차지했다. 그리고 실습교육의 경우에는 20시간 이상이 35.9%, 10시간 이상이 30.5%, 30시간 이상이 18.7%로 나타났는데, 대체로 이론은 10시간, 실습은 20시간에 대한 의견이 가장 많은 것을 알 수 있다.

사례관리자로서의 업무를 수행한 경력은 평균 44.0개월(약 3.66년)로, 1~3년 미만(38.1%)이 가장 많고, 그 다음으로 5년 이상(26.2%), 3~5년 미만(25.0%), 1년 미만(10.8%)의 순으로 나타났다. 그리고 사례관리자들의 조직 내 직위는 49.1%가 팀장 또는 과장급이었으며, 그 다음으로 일선 사회복지사가 37.4%를 차지했다.

현재 우리 사회에는 사례관리 전문가 양성과정이나 보수교육이 체계화되어 있지 않다. 2014년까지는 대부분의 대학에서 사회복지실천론 교과목 내에서 한 장(chapter)을 할애하여 간략하게 일반주의적 실천방법론 수준에서 소개되어 왔다. 정순둘(2009)의 조사에 의하면, 한국사회복지교육협의회에 소속된 4년제 대학 62개교 중 25개교에서만 사례관리가 개설된 것으로 나타나 현재 활동하고 있는 우리나라 사례관리자의 2/3는 대학에서 사회복지학을 전공하였지만 사례관리에 대한 전문적인 교육을 받지 못했음을 알 수 있다(김미숙 · 우국희 · 양소남 · 이주연 · 이정현, 2011 : 203 재인용). 그러다가 최근 사례관리가 전 영역에서 주요한 전략이자 서비스 전달방법으로 인식되면서 사회복지교육협의회에서는 2015년 사례관리를 정규 법정교과목으로 포함시켰다.

(4) 조직형태

이는 사례관리가 한 사람의 전문적 실천가에 의해 수행되는가 아니면 하나의 팀으로 기능하는가의 문제이다. 사실 사례관리자는 한 명의 개인이기도 하지만 팀을 이루는 집단이기도 하다.

일반적으로 사례관리팀을 이루는 구성원들로는 사회복지사, 간호사, 정신의학자, 카운슬러, 재활치료사 등이 있다. 팀일 경우 소속된 모든 개개인이 사례관리자가 될 수도 있고, 다양한 전문가들 중에서 한 명이 사례관리자로서 리더가 될 수 있다. 골드스트롬과 맨더세이드(Goldstrom & Mandersheid)의 연구에서 사례관리자들의 62%가 팀을 이루어 활동했음을 보고했다. 팀 접근은 통찰력, 정서적 대처기술, 가족과 동료를 다루는 기술 면에서 효과적일 뿐 아니라, 실천가들의 소진(burn out)을 덜어준다. 반면 책임소재가 불분명하다는 단점과 서비스 조정을 위해 사례관리자들이 자주 모여야 하는 등의 비효율적인 측면도 있다. 이에 비해 개별적 실천은 클라이언트에게 신뢰성을 부여하고, 지속적인 보호를 책임질 수 있다는 장점을 갖지만, 클라이언트의 다중적인 욕구를 충족시키는 데 많은 시간과 노력이 요구된다는 단점도 있다(Siefker, Farret, Genderen & Weis, 1998). 이렇듯 사례관리자가 개인으로 활동하는 것과 팀의 성원으로 활동하는 것 중 어느 것이 더 낫다고 단정 지어 말하는 어렵지만, 오늘날은 대체로 사례관리를 팀 활동으로 인식하는 경향이 보다 많아지고 있다.

사례관리자가 사례관리실천의 중심적인 위치를 차지하는 만큼, 사례관리자와 관련된 이상의 문제들은 결국 사례관리 그 자체의 문제라고 할 수 있다. 그러나 이러한 이슈들에 대한 논의는 사례관리의 적절한 지향점과 모델을 개발하는 데 적지 않은 도움을 주고 있다.

4. 사례관리 운영체계

오코너(O'Connor, 1988)에 따르면, 사례관리는 사례관리실천(case management practice)과 사례관리체계(case management system)로 구분되는데, 사례관리실천은 직접적인 실천을 언급하며, 사례관리체계는 실천이 일어나는 행정적 구조, 기관 간의 관계망을 언급한다. 사례관리체계는 "개별 기관단위형 사례관리체계"와 "지역사회 중심의 네트워크형 사례관리체계"가 대표적이다.

개별기관형 사례관리는 한 기관의 사례관리자가 클라이언트의 욕구에 따른 서비스를 조정, 연계하는 전문적인 책임을 지는 일종의 전통적인 실천모델이다. 즉, 하나의 독립기관에 개별 클라이언트 및 그들 가족에게 사례관리를 제공하는 형태로 대상자의 욕구를 사정하고 욕구충족에 필요한 서비스를 부서간 협력 또는 학제 간 전문가 팀 협력을 통해 제공하는 유형을 의미한다. 이에 반해 네트워크형 사례관리체계는 지역사회 단위별로 사례관리 거점기관을 선정하여 이들 거점기관에서 해당 지역주민에게 필요한 서비스를 연계, 조정하는 책임을 담당하게 하는 유형이다. 거점기관은 지역 내에 사례관리를 전담하는 별도의 조직체로 설치된 경우도 있지만, 기존의 지역 내 서비스 제공기능을 담당해 왔던 기관이나 협의체 중에서 한곳을 선정하여 거점기관의 기능을 담당하게 하는 경우도 있다(홍선미, 2010).

미국의 경우 탈시설화 이후 지역사회 기반 서비스 전달에 다양한 기관들이 참여함에 따라 이들 서비스 공급기관들을 조정, 관리할 핵심기관의 필요성이 증대되었다. 서비스의 통합, 조정을 효율적으로 달성하기 위해 지역사회 내 하나의 기관에서 사례관리를 책임지도록 하였는데, 이러한 기관은 일명 그 지역사회 내의 사례관리 핵심기관(core agency)으로 기능하였다. 일례로 1970년대 말 정신질환자 사례관리 책임을 지역수준의 한 특정 기관에 부여하였는데, 이때 핵심 사례관리 기관은 지역의 특성에 따라 주립 병원, 가족복지기관, 주립 정신의학센터, 지역사회정신건강센터, 그리고 지역사회서비스 기관 중에서 지정되었다(Intagliata, 1982). 노인의 경우에는 지역노인기관(Area Agencies on Aging)을 설치하여 관할지역의 서비스 계획, 조정, 지원을 총 책임지도록 하였다. 1992년 미국 전역에 존재하는 700여 개의 지역노인기관은 2만 5,000여 개에 달하는 서비스 제공기관을 산하에 두면서 필요한 각종 서비스, 예를 들어 물리치료, 직업재활치료, 언어치료 등과 같은 전문치료서비스와 개인수발, 가사지원서비스 등 각종 재가서비스를 공급하였다(최은영, 1996).

우리나라의 사례관리 운영체계는 사례관리가 도입되던 초창기에는 개별 기관단위 유형의 사례관리가 주된 형태였으나, 최근에는 지역사회 자원의 한계, 사례관리 전문인력의 제한, 서비스의 중복 등의 문제가 노정되면서 점차 지역사회 중심의 네트워크형 통합적 사례관리 유형이 증가하고 있다. 네트워크형 사례관리의 특징은 지역사회를 한 단위로 하여 서비스를 통합, 조정, 재배치함으로써 수요자에게 개별 기관을 넘어서는 원스톱 서비스가 제공하도록 한다는 데 있다. 네트워크형 사례관리는 한 기관이 서비스를 제공할 때보다 안정적이고 연속적인 서비스를 제공할 수 있다는 장점이 있다(홍선미 · 하경희, 2009).

공공부문에서는 지방자치단체별로 사례관리만을 전담하는 별도의 조직, 기구를 설치하여 운영하는 형태를 취하는 것이 일반적이다. 최근 대표적으로는 희망복지지원단, 드림스타트센터, 무한돌봄센터 등이 시・군・구에 설치되어 사례관리를 전담하는 기구로서 운영되고 있다. 이들 기관들은 지역 내 자원 및 서비스 등을 총괄관리하며 대상자별 서비스 제공계획을 수립하여 통합적 서비스를 제공하고, 모니터링 및 사후관리를 실시한다.

드림스타트(아동통합서비스지원기관)

0세(임산부)~만 12세의 취약계층 아동 및 그의 가족을 대상으로 보건, 복지, 보육 및 교육, 사례관리 등 필요한 서비스를 종합적으로 지원하고 모니터링하는 맞춤형 통합서비스로서, 아동의 건강한 성장과 발달을 도모하고 모든 취약계층 아동에게 공평한 출발기회를 보장하여 궁극적으로는 빈곤의 대물림에서 벗어날 수 있도록 지원하는 데 그 목적이 있다. 드림스타트 센터는 지역사회서비스 기관의 네트워크 구심점으로서 지역사회 내 서비스를 조정하고 통합하는 사례관리를 필수 사업으로 하고 있으며, 2007년 16개 센터를 시작으로 2015년 229개소가 운영되고 있다. 인력 구성은 공공과 민간 인력으로 구성되는데, 전담공무원(팀장 6급 이상 공무원)과 보건, 복지, 보육(교육) 분야별로 채용된 아동통합서비스전문요원으로 이루어져 있다.

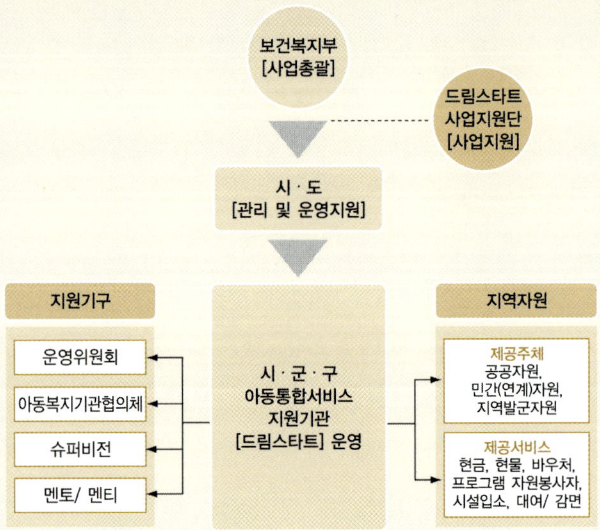

| 그림 5-2 | 사업추진체계도

출처 : 보건복지부(2016b).

무한돌봄센터

2009년 경기도가 경제위기 상황에서 복지사각지대를 해소하고 보다 신속히 위기가정을 포괄적으로 지원하기 위해 도입한 제도이다. 2008년 금융위기로 촉발된 경기침체 상황에서 정부의 지원기준에 해당되지 않아 지원을 받지 못하여 어려움을 겪고 있는 '위기가정'에 대해 경기도가 별도의 예산을 편성해 생활안정을 지원하고 있다. 이를 위해 경기도 내 시·군별 무한돌봄센터를 설치하도록 한 후 직접적인 사례관리를 수행하는 지역별 무한돌봄 네트워크팀을 지원하게 하고 있다. 현재 중앙에서 이루어지고 있는 희망복지지원단 업무와의 유사성 및 중복가능성이 있다.

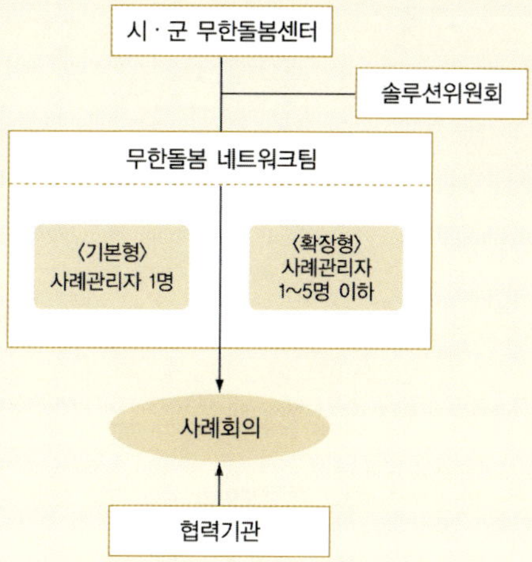

[그림 5-3] 무한돌봄 네트워크팀 조직도

출처 : 경기도 무한돌봄센터(2016).

사례관리 기능이 기존의 조직 내에 편입되어 있는 경우 자원 동원이나 연계, 옹호가 효율적으로 이루어지지 못할 가능성이 높은 만큼, 독립된 부서로서 자체 조직체계를 갖출 필요성이 있다. 이에 대한 인식이 높아져 민간에서도 네트워크형 사례관리체계가 시도, 전개되고 있다.

민간의 네트워크형 통합사례관리의 실례 : 안산 통합서비스 네트워크센터

지역 내 민간기관 간의 네트워크를 활용하여 지역 기반 사례관리를 수행해 온 대표적인 형태이다. 빈곤·위기가족에 대한 통합사례관리를 위한 기관 간 네트워크는 다음과 같다.

- **네트워크센터** : 중심기관
- **통합사례관리 수행기관(10개 기관)** : 종합사회복지관, 정신보건센터, 여성·아동·청소년 복지기관 등
- **통합사례관리 협력기관(17개 기관)** : 지역사회복지협의체, 동사무소, 보건소 등
- **서비스 제공기관** : 이들 기관과 연계하는 지역사회복지 관련 서비스 제공기관들

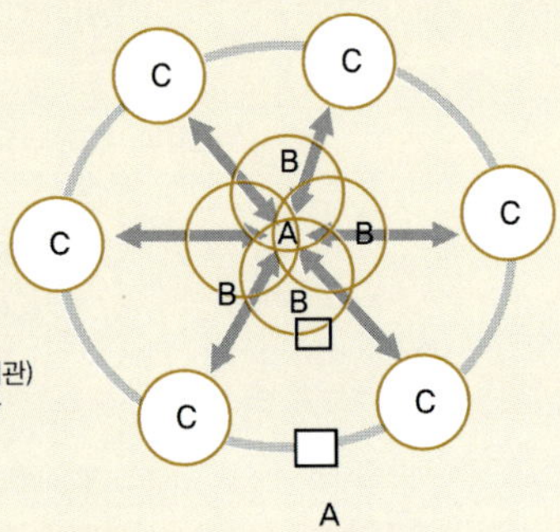

| 그림 5-4 | 안산 통합서비스 네트워크 관계도

출처 : 홍선미·하경희(2009).

사례관리 핵심기관은 그 지역 내의 서비스 통합을 1차적으로 책임지기 때문에 상당한 서비스 조정권한이 부여되어 있다. 이러한 권한에 기반하여 그 기관은 대상자의 욕구를 사정하고, 기관 간의 연계를 협상하며, 필요한 모든 서비스를 제공하기 위해 기관 간의 합의를 이끌어 낼 뿐 아니라 새로운 서비스 요소를 개발하기도 한다. 그러나 무엇보다 사례관리 기관이 이러한 기능을 효과적으로 수행할 수 있기 위해서는 각 서비스 기관들로부터의 협조, 서비스나 자원 개발에 대한 책임 및 권한을 지역사회로부터 분명히 부여받는 것이 매우 중요하다. 사례관리 기관이 지역사회로부터 적절한 권위와 권한을 제공받는다면 기관의 중심인물인 사례관리자 다른 서비스 제공자들의 협력을 이끌어 내는 데 보다 유리한 위치를 차지할 수 있을 것이다.

CHAPTER 06

사례관리의 주요 관점

01 생태체계적 관점

02 임파워먼트 관점

03 사회적 지지 관점

CHAPTER 06

사례관리의 주요 관점

1. 생태체계적 관점

사회복지실천은 클라이언트 개인, 가족, 집단, 조직, 공동체 등 다양한 체계와 관계한다. 또한 이들 체계를 둘러싸고 있는 환경과의 관계에 초점을 두며, 이는 사회복지실천의 핵심 초점인 "환경 속의 인간"이란 개념으로 설명된다. 환경 속의 인간은 사회복지실천이 오랜 역사 속에서 지속적으로 해결해 온 중심과제이면서 동시에 사회복지실천을 타 전문직과 구별 짓는 주요한 기능이었다.

그러나 사회복지실천은 "환경 속의 인간"이라는 개념적 틀을 일찍부터 가지고 있었음에도 인간과 환경 양자 간의 관계보다는 개인, 환경을 별개로 접근하거나 주로 개인에 대한 개입을 중심으로 이루어져 왔다. 즉, 사회복지실천은 오랫동안 개인에만 초점을 두고 개인을 변화시키는 방법 및 기술 개발에 집중해 왔으며, 환경에 대한 관심, 환경을 변화시키는 문제는 간과해 왔다. 사회복지실천에서 환경에 대한 관심이 상대적으로 발전되지 못한 데는 다음의 이유가 있었다.

첫째, 환경에 대한 관심 결여는 사회복지사들이 함께 일해온 정신의학자들의 영향이 컸다. 특히 아브라함 플렉스너(Abraham Flexner)로부터 사회복지실천은 전문직이 아니라 단순히 자원과 인간을 연결하는 중개자로서 기능한다는 비판을 받은 이후 환경적 요소인 자원을 중개하거나 연계하는 활동, 자원 관리 및 조정 활동은 전문직에 걸맞은 높은 수준의 기술을 요하지 않는 것으로 인식되었다. 그 결과 환경에 개입하는 방법은 실천에서 상대적으로 관심을 덜 받게 되었다.

둘째, 환경에 대한 과학적 지식이나 이론의 발달이 개인을 설명하는 심리 이론에 비해 뒤늦게 발달되어 사회복지 전문가들이 응용할 수 있는 이론이 부족했다. 즉, 환경과 인간 간의 관계, 나아가 환경에 대한 이해의 폭을 확대시켜 준 일반체계 이론과 생태학 이론은 1980년대 들어서야 사회복지 전문직에 소개되고 본격적으로 적용되었다.

1980년대 사회복지실천에 본격적으로 도입된 생태체계적 관점은 1960년대의 일반체계 이론과 1980년대 발달된 생태학 이론이 접목되어 발달된 것이다. 일반체계 이론은 복잡한 사회적 실체를 "체계"라는 이해 가능한 구성물로 축소시켜 인간체계가 작동하는 방식과 다른 체계와의 상호작용 방식을 설명해 줌으로써 인간 행동의 다양성에 대한 지식을 확대시켜 주었다. 생태학은 특히 인간과 그들 환경 간에 이루어지는 역동적인 상호적응 과정에 대한 이해의 폭을 넓혀주었다. 여기서는 인간과 환경에 대한 기존의 이러한 이분법적 한계를 극복하고 양자 간의 상호관계를 이해하는 데 지대한 영향을 끼친 생태체계적 관점을 주요 핵심개념들을 중심으로 살펴보기로 한다.

1) 체계(System)

체계란 상호의존적이며 상호영향을 주고받는 부분들로 구성되어 있는 그 자체로서의 하나의 전체를 의미한다. 사회복지실천에서의 체계는 다양한 형태와 크기를 갖는다. 가족, 팀, 집단, 지역사회조직, 클럽, 이웃, 공동체 등은 모두 다양한 수준의 사회체계들이다.

하나의 전체로서의 체계는 모두 더 큰 체계의 부분이다. 이는 체계가 다른 체계의 하위체계이자, 동시에 그 자체의 하위체계를 갖는 더 큰 상위체계임을 의미한다. 체계가 크면 클수록 그것을 구성하는 하위체계들은 더 많아진다.

체계와 체계는 구조적으로 경계(boundary)를 통해 분리된다. 경계는 어느 정도 침투성이 있어 환경과의 에너지 및 정보, 자원의 상호교환이 가능하다. 침투성의 정도에 따라 경계는 체계를 개방적이거나 폐쇄적이 되게 할 수 있다.

어떤 체계든 완전히 개방적이거나 완전히 폐쇄적이지 않다. 개방체계와 폐쇄체계의 기본적 차이는 환경과의 상호교류에 있다. 폐쇄체계는 환경으로부터 고립되어 있으며, 체계 안으로 에너지와 자원이 적극적으로 유입되지 않는다. 폐쇄체계는 엔트로피를 증가시켜 궁극적으로 체계의 기능이 정지되고 해체되는 수순을 겪는다. 반면 개방체계는 외부세계와 자원을 지속적으로 교류하여 안정상태를 유지해 나가는 체계이다.

체계의 작동방식은 투입, 전환, 산출, 피드백, 엔트로피 다섯 가지의 개념으로 설명될 수 있다. 투입(input)은 말 그대로 체계가 환경으로부터 에너지와 자원, 정보를 받아들이는 것으로, 이를 통해 체계는 성장과 생존이 가능해진다. 전환(throughput)은 투입된 물질이나 에너지를 활용하는 단계이며, 산출(output)은 체계가 환경에 적극적으로 반응한 결과를 뜻한다. 이는 다시 다른 체계의 투입으로 작용되기도 한다. 피드백(feedback)은 체계를 안정시키거나 또는 변화시킬 수 있는 긍정적·부정적 정보의 환류이며, 엔트로피(entropy)는 바깥으로부터 더 이상 에너지나 정보가 유입되지도 않고, 교환되지 않아 그 자체의 에너지를 고갈시킨 상태를 의미한다(Grief & Lynch, 1983).

2) 총체성(Holism)

생태체계적 관점에서 가장 중요한 개념 중 하나는 총체성이다. 인간 또는 환경, 그 어느 것에 대한 완전한 이해를 획득하기 위해서는 양자 간의 상호관계를 이해해야만 한다. 전통적 관점에서도 물론 '인간-환경의 복합체'[1)]라는 인식이 없었던 것은 아니지만, 과거에는 전체를 이해하기보다는 부분의 이해 그 자체가 주된 목적이었던 데 반해, 생태체계적 관점은 부분으로의 분리는 불가능하며 부분의 이해는 전체에 대한 이해를 통해서만 의미가 있음을 강조한

1) 전통적으로 사회복지실천은 "환경 속의 인간"이라는 동시적 이중초점을 "person-in-environment"로 표기해 왔다. 여기서 "in"의 사용은 person과 environment가 모두 상이한 이론적 구성물로서, 상이한 방법으로 관찰되어야 함을 반영한다. 하이픈(-)은 두 종류의 지식체계가 별개로 존재한다는 것을 나타낸 것이므로, 생태체계 관점에서는 분리 불가능한 성질을 나타내기 위해 하이픈(-) 대신 콜론(:)이란 기호의 사용을 제안하기도 했다. 즉, '인간 : 환경'이란 표현은 분리할 수 없는 둘 사이의 관계, 즉 총체성을 상징적으로 나타내는 것이다(Rothman & Sager, 1997). 따라서 최근에는 P : E로 표기되기도 한다.

다. 이는 "전체가 각 부분의 합보다 더 크다"는 정의로 표현되는데, 그 이유는 상호작용에 의한 영향이 있기 때문이다.

총체성이란 체계의 모든 부분이 밀접히 관련되어 있어 한 부분에서의 변화는 그들 모두에서의 변화를 초래하며, 나아가 전체 체계에서의 변화를 초래함을 의미한다. 이 규칙은 체계의 경계를 넘어서, 체계가 환경에 반응하여 변화하는 방법뿐만 아니라 환경이 체계에서의 변화에 반응하는 방법을 설명해 준다.

3) 상호교류(Transaction)

사회복지실천의 중심 초점은 "인간", "환경" 그 각각이 아닌 인간과 환경이 만나는 장소, 즉 그 둘 사이의 "공유영역(interface)"에서 일어나는 현상이다. 생태체계적 관점에서는 공유영역에서 일어나는 현상을 "상호교류"로 개념화한다. 상호교류는 일종의 호혜적인 상호작용으로, 인간이 '지속적으로, 반복하여' 그들의 환경을 형성하고, 또 환경에 의해 개인의 삶이 형성되어 가는 순환적 과정을 의미한다.

여기서 순환적 과정이라는 의미는 문제의 원인과 결과, 다시 말해 어디가 문제의 출발점인지를 단순하게 설명할 수 없음을 지적한다. 한 사람이 다른 사람의 행동의 원인이 아니라, 모든 사람이 서로와 관련되는 방식에서 상호적으로 작용한다는 것이다. 따라서 생태체계적 관점에서는 '왜' 그런 문제가 일어났는가를 묻는 것은 의미가 없으며, 오히려 '현재 무슨 일이 일어나고 있으며(현재의 교환), 그 일을 어떻게 다루어 나갈 것인지'를 질문하는 것이 바람직하다.

또한 상호교류라는 용어는 상호작용(interaction)이라는 용어보다 훨씬 풍부한 의미를 함축하고 있는데, 단순히 주고받는 관계가 아닌 상호 호의적인 관계, 긍정적인 관계가 전제되어 있다. 생태체계적 관점에서는 모든 체계의 상호작용을 인간과 환경 상호 간에 이득이 되는 편안한 균형을 찾고 유지하기 위한 것으로 이해한다. 캐럴 저매인(Carel B. Germain, 1979)은 상호교류의 이러한 성질을 '최적의 적합성(goodness-of-fit)'으로 표현하였다. 모든 상호교류는 인간과 환경 간의 최상의 적합성을 끌어내는 방식으로 이루어진다는 것이다. 이러한 차원에서 생태체계적 관점은 개인과 환경의 취약한 기능적 영역보다는 강점과 자원에 보다 관심을 갖게 된다.

4) 적응(Adaptation)

생태학은 일반체계 이론의 한 형태로서 인간과 환경 간의 지속적인 상호교류의 결과에 대해 진보적이고 적응적인 관점을 취한다. 이 관점은 인간의 성장, 발달, 잠재력에 관심을 가지며, 개인의 잠재력 표현을 지지하거나 저해하는 환경적 속성에 관심을 갖는다(Germain, 1979).

적응은 생태학적 관점의 핵심 개념으로 상호교류의 결과이다. 생태체계적 관점에서 볼 때, 인간과 환경은 전체를 구성하는 부분들이기 때문에 양자 간의 상호교류는 적응적 균형상태를 지향한다. 여기서 적응은 무조건적인 순응을 의미한다기보다는 행동지향적인 적극적 성질을 갖는다. 순응은 현상 그대로를 인정하고 받아들여 현재의 환경이 아무리 부적합한 면이 있다 하더라도 그것에 맞추는 데 반하여, 적응은 최적의 적합성(goodness-of-fit)을 위해 자신을 변화시키거나, 자신의 물리적 환경을 변화시키거나 혹은 환경과 자기 자신을 모두 변화시키는 방법을 통해 적응적인 균형상태를 추구해 나가는 것을 의미한다. 생태체계적 관점에서 볼 때 인간은 완전히 강력한 존재도, 무력한 존재도 아니다. 인간은 우리 자신의 삶을 형성하는 사건을 창출하는 데 적극적인 역할을 수행한다.

적응에 영향을 미치는 주요한 힘으로 관계성, 능력, 자기 지향, 자기 존중을 들 수 있다. 이러한 개념은 환경적 속성이 아닌 순전히 개인적인 속성이라고 생각되기 쉬우나, 개인의 잠재성은 환경과의 상호 의존성 속에서 개발, 발현되는 것인 만큼 인간과 환경 간의 상호교류의 결과라고 볼 수 있다(Germain, 1991 : 25-27).

먼저 관계성(relatedness)이란 다른 사람과의 객관적 관계가 아닌 애정관계를 형성하는, 인간에게 내재된 능력을 의미한다. 대부분의 사람들은 친밀성으로 특정되는 소수의 사람들, 즉 친척이나 친구, 이웃, 가족, 직장동료 등의 사람들과 관계망을 형성해 놓고 있으며, 이러한 관계망은 정서적 지지, 정보 등을 제공할 뿐 아니라 생활 스트레스로부터 보호하는 긍정적 지지체계로 작용한다.

능력(competence)은 환경과의 경험을 통해 개발되는 인간의 내재된 능력으로 환경에 영향을 미치고 환경을 통제할 수 있다는 일종의 자신감을 의미한다. 자신감은 환경 속에서의 성공적인 경험에 대한 만족감에서 비롯되기 때문에 격려와 지지를 통해 성공적인 경험을 보장해 주는 것이 무엇보다 중요하다.

자기 지향(self-direction)은 자율성과 유사한 개념으로, 내적 충동이나 외적 압력으로부터 어느 정도 자신의 독립성을 유지하는 능력을 언급한다. 이는 결국 자신의 삶이나 환경에 대해 어느 정도 통제력을 행사할 수 있다는 인식으로 타인의 권리와 욕구를 존중하면서 자신의 결정과 행동에 대해 책임질 수 있는 능력을 포함한다.

자기 존중(self-esteem)은 자기 개념의 가장 중요한 차원으로, 자신이 가치 있고 중요한 존재라는 인식과 관련된다. 이는 관계, 자신감, 자기 지향의 경험을 통해 획득되는 자신에 대한 긍정적인 감정이나 느낌을 의미한다.

5) 스트레스 - 대처(Stress-coping)

생태체계적 관점에서 스트레스는 환경적 사건이 아니라 인간 : 환경 간의 상호관계를 의미한다. 같은 내용의 스트레스도 사람마다 상이하게 경험한다는 사실만 보더라도, 스트레스는 객관적으로 주어진 외적 사건이 아니라 환경적 속성과 개인적 특성이 상호작용한 결과로서 인식된다.

앞서 적응이 인간 : 환경 간의 긍정적인 상호교류의 결과를 의미하는 반면, 스트레스는 긍정적인 관계를 의미하기도 하면서 동시에 부정적인 관계를 표현한다. 즉, 모든 생활상의 스트레스가 부정적인 결과를 가져오는 것은 아닌데, 이를 이해하기 위해서는 먼저 스트레서(stressor)와 도전(challenge)을 구분하여

이해하는 것이 중요하다. 스트레스로 경험되는 생활상의 문제는 불안, 죄책감, 분노, 무력감, 우울, 좌절, 낮은 자존감 등과 같은 부정적인 감정을 수반하는 반면, 도전으로서 경험되는 스트레스는 성공에 대한 예감, 생기발랄함, 자신감 등으로 경험된다.

스트레서와 개인적 능력 간에 불일치가 인식되면, 스트레서를 다루어 이전의 인간 : 환경 간의 적응적 적합상태로 돌아가기 위한 적응적 노력이 일어나는데, 이를 대처라고 한다. 대처는 적응이나 스트레스와 마찬가지로 상호 교류의 결과로서, 크게 두 가지 주요한 기능을 갖는다. 문제해결 기능과 문제해결을 저해하는 부정적 감정을 조정, 통제하는 기능이 그것으로, 이 두 기능은 상호 연쇄적으로 이어진다. 즉, 성공적인 대처는 부정적인 감정을 어느 정도 봉쇄함으로써 가능하게 되고, 그러므로 희망이 유지되고 문제해결이 시작될 수 있는 것이다. 문제해결이 진전됨에 따라 자아상이 증진되며, 현실 지각이 조금씩 보다 명료해지는데, 이로써 부정적인 감정이 보다 더 많이 규제되고 감소된다(Germain, 1991 : 21-22).

2. 임파워먼트 관점

1) 개념의 이해

지난 30여 년간 임파워먼트는 매우 대중적인 용어가 되었다. 그러나 그 의미가 여전히 명확하게 전달되고 있지는 못하다는 평가를 받고 있다. 메리엄 웹스터(Merriam-Webster) 사전은 임파워(empower)를 "가능하게 하는 것(enabling), 영향력이나 자기실현을 촉진시키는 것"으로 정의하면서, "가능하게 함이란 수단, 지식 및 기회를 제공하는 것"으로 정의하고 있다(Shellman, 2014). 핀더휴그스(Pinderhughes, 1983)는 임파워먼트를 자신의 삶에 영향을 미치는 파워와 능력으로 정의했으며(Bransford, 2011 : 35), 사회복지실천에 임파워먼트 개념을 도입한 바바라 솔로몬(Barbara B. Solomon, 1976)은 임파워먼트를 "자기 삶의 조건들에 대한 통제감을 더 많이 획득하기 위해 개인적, 대인 간, 정치적, 경제적 수준에서

파워를 증대시키는 과정"으로 규정했다(Boehm & Staples, 2004).

임파워먼트에 대한 개념정의가 다양하다 할지라도, 일부 공통성, 공유된 특성은 존재한다.

첫째, 임파워먼트는 가장 기본적인 의미에서 개인의 통제감(sense of control)을 내포하고 있는데, 여기에는 자신의 행동이 바람직한 결과를 초래할 것이라는 믿음이 기반이 된다. 이는 자기효능감(self-efficacy)과도 연결되는 것으로, 자기효능감은 어떤 결과를 달성하기 위해 주어진 과업이나 행동을 성공적으로 수행할 수 있는 그 자신의 능력에 대한 믿음이라고 할 수 있다.

둘째, 통제감은 필요조건이기는 하지만 임파워먼트를 충분히 특징짓기에는 불충분하다. 또 다른 요소로는 동기적 성격(단지 할 수 있기 때문에 할려고 함을 의미하는 것은 아니다)이 있어야 한다. 따라서 임파워먼트는 개인의 유능감과 행동을 취하려고 하는 의지와 소망 간의 연계를 언급한다. 임파워된 개인이라고 하면 자신과 다른 사람의 삶에 영향을 미치는 결정에 참여하고자 하는 의지와 능력을 가지고 있는 것으로 특징지워질 수 있다(Shellman, 2014 : 21).

셋째, 임파워먼트는 과정이자 동시에 결과이다. 임파워먼트란 용어를 널리 알린 교육학자 파울로 프레이리(Paulo Freire)는 임파워먼트를 과정이자 결과로 보았다. 그에 따르면, 교육적 개입의 목적이 비판적으로 사고할 능력과 스스로 자율적으로 행동할 능력을 향상시키는 것일 때 이때의 임파워먼트는 과정이 된다. 자기효능감이 그 과정의 결과로서 일어날 때 임파워먼트는 결과물이다. 그러나 임파워먼트가 결과라고 할지라도 그것은 임파워되었다, 되지 않았다라는 이분법적 개념이 아니다. 그것은 연속선상의 변수로서, 위치나 지점이라기보다는 방향에 더 가깝다. 이러한 의미에서 임파워먼트 기반 개입은 과정과 결과 요소 모두를 포함하는 것이라 볼 수 있다(Anderson & Funnell, 2010 : 278).

2) 다양한 수준에서의 임파워먼트

파워는 대체로 첫째, 자신이 필요로 하는 것을 획득할 수 있는 능력, 둘째, 다른 사람의 생각·감정·행동·신념에 영향을 미칠 수 있는 능력, 셋째, 가족, 조직, 지역사회, 나아가 전체 사회 내에서의 자원배분에 영향을 미칠 수 있는 능력을 의미한다(Larriane, DeLois & GlenMaye, 1995 : 535). 여기서 우리는 임파워먼트의 다양한 차원을 생각해 볼 수 있다. 임파워먼트는 개인적·대인적·구조적 차원을 모두 가진다.

개인적 차원의 임파워먼트는 능력, 강점, 성취, 변화를 초래할 수 있는 능력에 대한 개인의 인식이나 감정을 의미하며, 대인관계에서의 임파워먼트는 다른 사람에게 영향을 미칠 수 있는 능력을, 구조적 차원에서의 임파워먼트는 구조적 변화를 통해 자원을 공평하게 재분배하고 사회적 자원에 대한 접근을 증대시키고, 권력의 장벽을 제거하며, 새로운 기회구조를 창출하는 능력을 의미한다.

사회복지실천에서는 임파워먼트를 이러한 능력의 의미뿐만 아니라 접근(approach)으로 받아들인다. 과거 임파워먼트를 특정 사회구조와 관련하여 여성이나 소수민족과 같은 차별적인 위치에 있는 사람들에 대한 원조의 한 방법으로 받아들였다. 오늘날은 사회구조적인 차별을 받고 있는 사람들뿐만 아니라, 노인이나 아동, 나아가 생활 스트레스를 받는 사람들에게도 매우 유용한 접근방법으로 인식되고 있다. 개입방법으로서의 임파워먼트는 협력, 신뢰, 공유된 권한, 소집단 활용, 클라이언트 견해의 존중, 클라이언트 강점 확인, 클라이언트의 의식 고양, 자조집단의 활용, 옹호활동 등에 기반한 원조활동으로 규정된다(Larriane, DeLois & GlenMaye, 1995 : 535).

임파워먼트는 방법이자 과정인 동시에 사회복지실천의 목적이다. 목적으로서의 임파워먼트는 개인, 가족, 지역사회가 그들 상황을 개선하기 위해 어떤 조처를 취할 수 있을 정도로 개인적, 대인 간, 정치적 힘을 증대시키는 것을 의미한다.

이렇듯 임파워먼트가 이론, 관점, 목적, 개입방법 등 다양한 차원에서 이해되고 있어 개념 규정이나 활용이 쉽지 않으나, 이러한 정의들 속에서 우리는 임파워먼트의 주요한 특징을 찾아낼 수 있다. 즉, 임파워먼트 관점에 기반한 실천은 과거의 일반적인 사회복지실천과 비교해 다음과 같은 점을 강조한다는 점에서 중요한 차이가 발견된다. 먼저 문제가 아닌 강점에 대한 강조, 전문가 중심의 실천이 아닌 클라이언트의 참여와 협력적 동반자 관계의 중시, 클라이언트 권익을 위한 전문가의 옹호활동에 대한 강조가 그것이다.

이 접근은 강점, 클라이언트와의 동반자 관계, 옹호라는 개념으로 전통적인 문제해결 모델을 세련시킨다. 이 접근은 결함보다는 강점을, 문제확인보다는 해결 추구를, 처방에 따른 치료보다는 능력 향상을, 전문가의 전문적 능력보다는 협력적 동반자 관계를 강조한다. 따라서 임파워먼트 접근은 사정(클라이언트 체계를 기술하는 방법), 개입(변화를 창출하기 위해 행하는 것), 과정(정보수집, 작업조직, 변화전략 수행방법)에 영향을 미친다. 이 접근은 일관되게 클라이언트는 강점을 가지고 있고, 환경은 잠재적 자원을 보유하고 있으며, 클라이언트를 변화 과정의 모든 국면에서 완전한 동반자로서 참여하도록 한다는 전제하에 운영된다.

3) 임파워먼트 실천과 관련된 오해들

임파워먼트를 실천하는 과정에서 일반적으로 갖기 쉬운 오해들은 아래와 같다(Anderson & Funnell, 2010 : 278).

■ 클라이언트는 임파워되기를 원하지 않는다

클라이언트들이 그렇게 보일 때는 지금까지 살아온 환경에서 클라이언트들은 스스로 임파워될 수 있는 기회를 경험해 보지도 못했고, 또 지속적인 실패 경험을 했기 때문에 또 다른 실패의 경험을 추가하지 않기 위한 방어적 태도일 수 있다. 자신의 삶에 대한 통제력, 자기효능감, 능력감 등을 갖고 싶어 하지 않는 사람은 아무도 없다.

■ 임파워먼트는 클라이언트가 스스로 모든 것을 하는 것을 의미한다

임파워먼트 실천에서 실천가의 역할은 중요하다. 실천가는 비전을 제시하고, 지역사회 성원들 사이의 이해에 대한 대안적 방법을 발달시키는 촉진제로서 봉사한다. 사례관리자는 온정주의적 입장을 취하기보다는 권력, 사회적

거리, 통제 등의 문제에 주의 깊은 관심을 기울이면서 개인의 권리, 강점, 능력을 최대화시키는 접근을 모색한다. 가능한 한 그들은 억압적인 사회적 상황을 영속시키지 않는 방식으로 그들 경험을 활용하되, 그들의 기술과 자원은 전문성 강화보다는 오히려 상호성을 증대시켜 주는 한도 내에서 활용되어야 한다.

- 클라이언트를 임파워시키지 못할까봐 걱정이 된다/ 나는 클라이언트를 임파워시키기 위해 헌신적으로 일한다

사회복지사의 역할은 사람들을 임파워시키는 것이 아니다. 시몬(Simon, 1990)이 주장했듯이, 사회복지사들은 다른 사람들을 임파워시킬 수 없다. 파워는 사회복지사들이 분배해 줄 수 있는 성질의 것이 아니다. 사회복지사들이 아니라 도움을 구하는 사람들이 실천에서 의미 있는 변화를 가져올 수 있는 파워를 소유하고 있다. 사회복지사는 한 사람의 자원일 뿐이다. 사회복지사는 그들의 강점을 드러내 주고 유용한 방법으로 접근할 수 있도록 원조하는 것이다(Saleebey, 2006 : 97).

4) 임파워먼트 접근의 특성

(1) 강점에 대한 강조

임파워먼트 접근은 생태체계적 관점을 통합하고 있으면서 강점을 지향한다. 클라이언트 체계의 능력을 신뢰하고, 현재적 또는 잠재적 능력 위에서 해결책을 모색하며, 환경적 자원을 활성화한다. 이 접근은 클라이언트 체계가 가지고 있는 다양한 강점을 인정하고, 따라서 문제를 해결하기 위한 해결책도 다양하게 존재함을 인식한다. 이러한 관점은 클라이언트를 자원으로서 보게 하며, 나아가 클라이언트로 하여금 자신들을 자원으로 바라보도록 돕는다.

사회복지실천은 초창기 도덕적 결함 모델, 특히 1930년대 정신분석 이론과의 결합으로 오랫동안 인간의 문제를 이해하는 데 중요한 변수로서 약점, 결함, 병리를 강조해 왔다. 제1차 세계대전 후 사회복지실천 전문직은 주로 정

신분석 이론과 의료모델에 기반한 실천의 시대에 있었다. 이러한 접근들은 사회복지실천 전문직에 여러모로 도움을 주었다. 이 모델은 사회복지실천이 전문직의 지위를 획득하도록 도왔으며, 퇴역 군인과 그들 가족에 대해 정신의학적 서비스를 제공함으로써 사회의 인가를 받게 하였다. 그리고 결정적으로 이론적·기술적 실천 기반을 확립할 수 있도록 하였다. 대신에 의료모델은 개인의 결함, 실패, 부적절성을 강조하였다.

그러나 사회복지실천 역사에서 개인의 강점에 대한 인식이 전혀 없었던 것은 아니다. 1958년 사회복지실천위원회에서는 사회복지실천의 주된 목적을 개인, 집단, 지역사회의 잠재력을 찾아 최대한 강화시키는 것이라고 규정한 바 있으며, 1980년대 저매인과 기터만(Germain & Gitterman)은 강점을 무시하고 개인의 병리에 초점을 맞추는 것의 위험성을 지적하기도 했다. 이렇듯 사회복지실천 철학과 가치는 잠재력, 능력, 강점을 강조해 왔고, 따라서 사회복지실천가들도 이를 잘 지켜왔다고 기대할 수는 있지만, 사회복지실천의 주된 양식은 클라이언트의 약점과 결손에 초점을 두고 있었다고 볼 수 있다(Hwang & Cowger, 1998 : 25). 말루치오(Maluccio, 1981)의 지적처럼 사회복지실천가들은 클라이언트의 강점을 과소평가해 왔으며, 클라이언트들이 자신들에 대해 가지는 것보다 훨씬 부정적인 인식을 클라이언트에 대해 가지고 있었다. 사회복지실천가들이 약점이나 병리가 아닌 강점을 가지고 일해야 한다는 원칙을 일관되게 존중해 왔다 할지라도, 워커들은 거의 클라이언트의 역기능, 병리에 초점을 두는 사정을 행해오고 있다(Rapp, 1998 : 5).

강점은 단순히 약점의 대립되는 개념, 절대적인 개념이 아니라 상황과의 관련성 속에서 파악될 수 있는 개념이며, 개인에게만 적용되는 특성이 아니라 환경에도 적용되는 개념이다. 한 상황에서 강점으로 표현된 것이 다른 상황에서는 그 반대일 수도 있다. 강점을 강조하는 것이 문제나 약점의 존재를 무시하는 것은 아니다. 오히려 문제나 병리, 약점을 인식하는 것만큼 가능성, 잠재력, 강점을 인식하지 않는다는 것이다.

(2) 참여 및 동반자 관계

임파워먼트 접근은 클라이언트와 실천가의 역할을 새롭게 정의하게 한다. 임파워먼트는 사회복지실천가와 클라이언트 체계 간의 상호 신뢰라는 협력적 관계를 확립하고 유지시킨다. 실천가와 클라이언트 간의 관계에는 권력, 권위, 통제의 문제가 나타날 수 있지만(Goldstein, 1973), 양자는 동등하게 그들 관계를 규정하고, 그들 각자의 기여를 최대화함으로써 권한과 권위의 문제를 해결해야 한다.

협력적 동반자로서의 의미는 궁극적으로 클라이언트의 적극적 참여를 뜻한다. 실천가와 클라이언트는 관심영역을 함께 규정하고, 측정 가능하고 달성 가능한 실천목표를 수립해 나간다. 클라이언트를 동반자로서 바라보는 실천가는 클라이언트가 가진 경험과 능력의 가치를 인정한다. 주로 가능하게 하는 자, 변화매개자로서 규정되는 실천가들은 다양한 방법으로 클라이언트가 그들 목적을 달성하는 데 필요한 정보와 상황을 제공해 준다. 실천가들은 전문성을 발휘하는 사람이기는 하나, 그 상황에 대해 가장 잘 아는 유일한 사람은 아니다. 오히려 클라이언트가 그들 상황과 그들 능력을 가장 잘 아는 사람일 수 있다. 실천가가 클라이언트를 그들 자신의 상황에 관한 한 전문가로서, 그리고 변화과정의 동반자로서 규정할 때, 실천가와 클라이언트는 보다 평등한 관계에서 그들의 역할을 재규정 짓게 된다.

클라이언트를 동반자의 지위로 끌어올리고, 그들의 전문성과 능력을 확산시키는 것 자체가 능력을 발휘하게 하는 것이다. 이러한 동반자 관계는 사회적 관계 혹은 우정과는 다르다. 이는 사회복지실천의 목적, 전문적 기준, 윤리강령을 반영하는 전문적 관계이다. 이들 관계는 인간의 존엄성 및 가치를 존중하는 사회복지실천의 기본적 가치를 구현한다. 클라이언트의 완전한 참여를 격려하며, 클라이언트를 자원으로서 활용하기보다 권리와 책임을 지닌 진정한 동반자로서 신뢰한다. 과정에의 적극적 참여는 클라이언트 자신이 해결책을 발견하는 것뿐만 아니라 그들 자신의 변화에 대한 책임을 지게 한다.

임파워먼트란 사람들이 그들 스스로 어떤 일을 해냈다는 자신감을 갖도록 직접 결정과정에 참여하고 직접 행동하는 것을 촉진시키는 과정과 관련된다. 참여 없이 계획을 수립하는 실천가는 오히려 클라이언트들의 힘을 빼앗는 것과 같다. 사람들이 스스로를 옹호할 입장에 있을 때 그들은 변화를 수행할 힘뿐만 아니라 변화를 지속시킬 수 있는 힘을 갖는 것이다. 클라이언트들이 그들의 욕구에 대해 직접 협상하고 교섭할 수 있을 때 그들은 무력감을 덜 느끼며 보다 힘을 얻은 것처럼 느낀다. 이러한 경험을 체험한 클라이언트들은 사회문제의 희생자가 될 가능성이 적으며, 오히려 그들 자신의 미래 방향을 설정하는 보다 적극적인 인물이 된다(Parsons et al., 1994 : 217).

그러나 현실적으로 임파워먼트를 실천하기란 매우 어렵다. 왜냐하면 임파워먼트는 다른 사람을 위해 수행할 수 있는 성질의 것이 아니기 때문이다. 임파워먼트는 다른 사람에게 힘을 부여해 주는 것이 아니다. 힘과 권력을 부여한다는 것은 역설적으로 힘이 있는 자와 없는 자 간의 위계를 암암리에 내포하기 때문이다. 오히려 임파워먼트는 본래 자기 반성적인 행동으로 권력, 자기결정을 추구하는 사람에 의해서만 주도될 수 있다. 이때 다른 사람은 단지 이 과정을 측면에서 도와줄 수 있을 뿐이다. 진정한 의미에서의 임파워먼트를 추구하기 위해서 실천가는 단지 그들 스스로 자신들의 삶의 질을 향상시킬 수 있도록 온화한 관계, 자원, 절차적 방법 등을 제공해 주어야 한다. 즉, 임파워먼트에 기반한 실천에서 전문가는 단지 클라이언트가 그들 목적을 달성하는 데 필요한 정보와 상황을 마련해 주는 역할을 수행하며, 클라이언트는 전문가와 동등한 동반자적 입장에서 협력하는 역할을 담당한다(Dubois & Miley, 1996 : 213-215). 실천가는 클라이언트의 관점, 견해를 존중하고, 그들의 기여를 긍정적으로 인정하는 자세를 가져야 한다.

(3) 대화방법의 강조

대화는 실천가와 클라이언트 체계 간의 상호 신뢰 및 협력적 관계를 확립하고 유지시켜 주는 데 기반한다. 대화과정에서 클라이언트는 상황에 대한 그들의 인식을 제공하고, 그들의 강점을 드러내 보인다.

임파워먼트 지향적인 대화는 전통적인 치료적 대화와 다음의 두 가지 방법에서 다르다고 할 수 있다. 첫째, 대화의 목적은 클라이언트가 그들의 일상적 경험을 개인적인 말이 아닌 사회적인 말로서 표명하고, 이해하고, 재규정하는 것을 돕는 데 있다. 프레이리(Freire)에 따르면, 동등한 개인들 사이에서의 대화를 통해 세상을 이해하고 통찰하게 되며, 세상을 명명하고 부르는 것을 통해 세상을 재구성하고 발달시킬 기회를 획득하게 된다(Hage, 2005). 둘째, 전통적인 치료가 개인의 기능 및 대인 간 기능 향상에 초점을 두는 경향이 있는 반면, 임파워먼트를 지향하는 대화는 보다 큰 사회·정치적 환경을 다루고, 권력과 지배의 문제를 타 경험들과 더불어 검토될 수 있도록 한다. 대화를 통한 개입은 사람들로 하여금 그들의 개인적·집단적 이야기들을 드러내게 하고, 그들이 그러한 이야기들에 부여하는 의미를 탐구하게 하며, 사회적·정치적 관점을 통합시키는 보다 복잡하고 새로운 관점을 발달시킨다.

임파워먼트를 촉진시키기 위한 대화기법은 여성운동 및 여타 민주화 운동에 그 기원을 두고 있다. 보다 최근에는 가족치료와 사회복지실천에서도 이 접근이 중요하게 적용된다. 대화를 용이하게 하는 전략은 계약단계 및 조사과정에서 활용되는 핵심적인 사회복지실천 기술에 그 기반을 두고 있다. 즉, 공감, 신뢰, 상호 존중, 적극적·비판적 경청 등이 그것이다. 이에 덧붙여 실천가는 참여관찰자가 되어야 한다. 프레이리는 그의 대화전략을 '질문의 페다고지'라고 명명했는데, 이는 사람들로 하여금 그들 자신의 대답을 찾고, 좀 더 나아가 질문을 형성하도록 격려하는 것이다. 이 기법을 활용하는 실천가는 클라이언트에게 왜 그러한 일이 일어났는지, 그들의 공통된 경험에서 어떤 유형을 발견할 수 있는지, 그들 상황에 기여하는 사회환경적 요인들은 무엇인지를 질문한다. 이러한 것들을 질문하는 과정은 대안적인 견해가 출현할 수 있는 여지를 만든다. 지배적인 문화적·사회적 해석들에 대해 도전함으로써 그들 자신의 독특한 정체성과 역사를 반영하는 새로운 해석들을 발달시키는 것이다.

(4) 전통적 접근과 임파워먼트 접근의 차이

임파워먼트는 개인, 가족, 지역사회를 기존과는 다른 방식으로 접근할 것을 요구한다. 왜냐하면 임파워먼트 접근에서 가장 중심이 되는 개념인 강점은 앞서 맥퀘이드와 에렌라이히(McQuade & Ehrenreich)의 지적처럼 약점의 대립되는 개념이 아닌 전혀 다른 차원의 개념이기 때문이다. 살리베이(Saleebey, 2006)는 클라이언트의 강점을 이해하기 위해서는 먼저 전문가적 관점이 아닌 클라이언트 자신의 이야기를 들을 수 있는 준비가 되어 있어야 함을 지적했다. 가장 중요한 출처는 클라이언트 개인의 문화적 이야기이기 때문이다. 강점에 초점을 두는 접근은 적어도 다음과 같은 전제에서 출발한다.

첫째, 임파워먼트 접근의 관심은 삶의 질, 삶의 만족, 성취 등이다. 문제를 해결하는 것은 이러한 목적을 달성하는 데 필요한 일시적인 단계이지 충분조건은 아니다. 문제의 성공적인 해결 그 자체가 목적은 아니며, 문제해결보다는 성취에, 단순한 생존보다는 번창에, 대처보다는 꿈과 희망을 갖는 것에 보다 많은 관심을 갖는다.

둘째, 관점의 변화는 우리의 눈을 과거에서 미래로 돌리게 한다. 의료모델에 초점을 둔 개입과정은 언제, 왜, 어떻게 클라이언트 체계가 잘못되기 시작했는지 과거를 탐색했다. 반대로 임파워먼트 지향적인 사회복지실천가들은 미래의 성장을 위해 이용될 수 있는 자원을 발견하기 위해 현재를 탐색한다. 인생은 움직이지 않고 고정되어 있는 것이 아니다. 클라이언트와 사회복지실천가들이 함께 일을 시작해 나갈 때 이미 변화는 일어나고 있다. 사회복지실천 변화과정에서 이들 동반자들은 현재 상황과 미래의 방향에 영향을 미칠 수 있을 뿐이다. 그들은 과거의 사건을 변경시킬 수 없다. 일어난 것은 이미 일어난 것이다. 앞으로 다가올 것이 문제가 될 뿐이다. 아무도 시간을 되돌려 놓지 못한다. 우리의 삶은 현재진행형이다. 과거에 매달리면, 현재 일어나고 있는 사건을 보지 못한다. 대안으로 미래를 향한다면, 우리가 가지고 있는 것, 배운 것, 다가올 도전을 맞는 데 이용 가능한 추가적 자원들을 통합할 기회를 가진다.

셋째, 임파워먼트 개념은 클라이언트를 부르는 호칭 자체에서도 변화를 가져온다. 실천가들이 그들 클라이언트를 부르는 용어는 그들 역할에 대한 기대를 형성하고 관계의 성질을 규정짓는다. 병리, 결함을 강조하는 접근은 환자, 수혜자라는 용어를 종종 사용해 왔는데, 이는 수동적으로 서비스를 제공받는 존재로 클라이언트를 인식하게 하였다. 사람들이 싫어하는 비인격적인 명칭으로 불리는 클라이언트들은 회복, 변화를 위한 어떤 잠재력도 가지고 있지 않은 이미지로 인식된다. 이러한 명칭은 클라이언트 존엄성에 영향을 미치고, 그들의 생각을 형성한다. 부정적인 명칭은 부정적인 기대를 낳는다. 경멸적 명칭은 범주적 의미를 부여하며, 잠재력을 보지 못하게 하고, 서비스 전달 및 사회정책을 위한 계획에 제한을 가한다. 이 때문에 강점에 대한 강조는 새로운 명칭을 개발하게 한다. 이 관점은 병리적 용어를 사용하기보다는 클라이언트를 주체적 행동가, 동등한 권리를 가진 사람으로 인식하며, 소비자, 서비스 이용자라는 용어 사용을 선호한다. 소비자, 이용자라는 용어 속에는 전문가가 제공하는 서비스의 단순한 수혜자라기보다는 제공받는 서비스에 대한 통제권을 가진 보다 주체적인 존재라는 인식이 내포되어 있다.

〈표 6-1〉 **전통적 문제해결 과정과 임파워먼트 과정 비교**

전통적 문제해결 과정	임파워먼트 과정
• 문제(욕구, 결함, 증상, 병리) 중심	• 강점(소망, 열망, 재능, 기술, 지식) 중심
• 문제를 부정적으로 인식	• 문제를 도전, 기회로 적극적으로 인식
• 분석적	• 총체적
• 전문가적 관점 중심, 질문식 인터뷰	• 클라이언트 관점 중심, 대화를 통한 정보수집
• 초점은 과거와 현재 중심	• 초점을 지금, 여기에 두고 미래 중심
• 수직적 관계	• 협력적 동반자 관계 중시
• 클라이언트를 수동적 수혜자로 인식, 전문가에 의해 통제됨	• 클라이언트를 적극적 권리행사자, 소비자, 서비스 이용자로 인식
• 최종 목적은 문제해결	• 최종 목적은 삶의 질 향상

출처 : Dubois, B., & Miley, K.(1996), p. 214; Rapp, C.(1998). 재구성.

5) 임파워먼트 실천의 원칙

임파워먼트 실천의 주요 원칙은 다음과 같다(Lee, 2001 : 60).

원칙 1. 모든 억압은 파괴적이다.

사회복지사와 클라이언트는 이에 도전해야만 한다. 다른 집단의 경험을 부정하는 억압의 편협한 관점은 불화, 분열, 파워의 상실을 초래한다. 우리는 억압들 사이에서 선택할 필요는 없다. 오히려 우리의 전문성을 공유하고 억압에 대항하여 연합할 필요가 있다.

원칙 2. 사회복지사는 억압의 상황에서 총체적 관점을 유지해야 한다.

다초점적 비전을 갖는 것은 총체적 관점을 유지하는 데 필요하다. 우리는 숲과 나무를, 넓은 장면과 개별적 그림을 동시에 볼 수 있어야 한다.

원칙 3. 사람들은 그들 스스로 임파워하고 사회복지사들은 그들을 도와주어야 한다.

자기결정의 원칙을 넘어 자기 임파워먼트의 원칙은 임파워먼트 과정에서 클라이언트의 권리와 책임을 강조한다.

원칙 4. 비슷한 배경의 사람들은 임파워먼트를 위해 서로를 필요로 한다.

이 원칙은 임파워먼트 과정에서 집단의 파워와 집단을 통해 사람들을 원조하는 사회복지사의 역할에 초점을 둔다.

원칙 5. 사회복지사들은 클라이언트와 상호호혜적 관계를 확립해야 한다.

우리는 각 행위자의 독특한 인격체, 사람들이 서로를 돕는 방법에 가치를 두어야 한다. 그러므로 존엄하고 가치 있는 두 명의 완전한 인격체는 함께 역경과 억압에 대항하는 입장에 서게 된다.

원칙 6. 사회복지사는 클라이언트로 하여금 그들 자신의 말로써 표현하도록 격려해야 한다.

억압받는 사람들은 압제자의 언어로 생각하고 말하도록 학습되어 왔다. 클라이언트는 그들 자신의 현실을 자신들의 용어로써 재명명하고 재창조하는 일을 할 필요가 있다. 사회복지사는 의사소통 과정에서 공평성의 규칙을 준수하여야 한다. 이는 클라이언트로 하여금 그들 자신의 목소리를 자유롭게 찾을 수 있게 한다.

원칙 7. 사회복지사는 희생자가 아니라 승리자로서 클라이언트에 대한 초점을 유지하여야 한다.

클라이언트는 억압받기로 스스로 선택한 것은 아니다. 그들은 내면화된 억압을 집어던질 수 있고 또는 그들에게 강요된 억압에 도전할 수 있다. 희생자의 역할을 내다 던지기 위해 클라이언트는 필요한 자원을 획득하고 행동할 수 있도록 도움을 받아야 한다.

원칙 8. 사회복지사는 사회적 변화에 지속적으로 초점을 맞추어야 한다.

원칙 7이 개인적 · 정치적 변화에서의 클라이언트 역할의 중요성을 언급한 것이라면, 이 원칙은 구조적 변화, 정의, 자유를 향한 클라이언트와 실천가 양자의 역할에 맞추어져 있다. 실천가는 클라이언트를 억압의 더 큰 구조적 문제들에 연결하고 사회변화를 향한 협력을 이루어 내야 한다.

3. 사회적 지지 관점

1) 정 의

사회적 지지는 학자들에 따라 다양하게 정의된다. 코브(Cobb, 1976)에 의하면, 사회적 지지는 사랑받고 있고 보호되며 존중되고 가치 있는 존재이며, 상호 의무와 의사소통의 망에 소속되어 있다고 믿도록 하는 정보이다. 겔레인(Gelein, 1980)은 사회적 지지를 개인의 심리적 · 신체적 통합을 유지시켜 주는데 중요한 역할을 수행하는 지속적인 유대의 유형으로 정의했으며, 모스(Moss, 1973)는 소속됨, 수용됨, 사랑받음, 모든 사람에게 필요로 되는 존재라는 주관적 감정으로서 정의했다(Gallo, 1983 재인용). 보다 최근에는 사회정서적 차원에서 지지를 개념화한 코브(Cobb)의 정의를 확대하여 도구적 원조와 평가적 지지가 포함되기도 하였다. 캐플란(Caplan, 1983)은 사회적 지지를 긴장되는 생활 속에서 모든 일에 잘 대처할 수 있도록 타자로부터 제공되는 피드백으로 정의하였는데, 이는 정서적 제어력을 증진시키고, 지침을 제공하며, 정체감과 수행에 관한 피드백을 제공하는 역할을 수행한다. 즉, 의미 있는 타자는 위기 시에 심리적 자원을 동원하여 정서적 부담을 경감하도록 돕고, 과업을 분담해 주며, 나아가 금전, 물질, 도구, 기술 및 인지적 지도를 제공하는 데 기여한다는 것이다.

이러한 정의들을 종합해 볼 때 사회적 지지는 사회적인 환경 내에서의 긍정적인 상호작용을 일컫는 것으로, 사람들이 서로에게 정서적 격려, 충고, 정보, 구체적 원조 등의 다양한 도움을 제공해 주는 것을 언급한다고 볼 수 있다. 따라서 사회적 지지망은 지속적으로 상호 보호하면서 일상생활에서 삶에 대한 대처능력을 강화시켜 주는 사람들로 구성된 집단 사이의 상호 연관된 관계의 집합체로 정의될 수 있다.

2) 사회적 지지망 유형

(1) 기능별 유형

일반적으로 사회적 지지는 기능에 따라 크게 네 가지 형태로 구분될 수 있다. 정서적 지지, 정보적 지지, 도구적 지지, 평가적 지지가 그것으로, 먼저 정서적 지지는 존중, 좋아함, 신뢰, 관심의 표현 및 경청 등을 포함하며, 정보적 지지는 충고, 제안, 지침, 관련 자료의 제공 등을 포함한다. 도구적 지지는 보다 구체적인 형태의 원조, 즉 돈이나 시간, 다른 자원의 제공으로 구성되며, 마지막으로 평가적 지지는 정보적 지지의 하위범주로 고려될 수 있는데, 주로 피드백이나 사회적 비교, 개인의 행동과 그 결과에 대한 자기 평가 등을 포함한다.

(2) 출처별 유형

지지는 다양한 출처에서 제공될 수 있다. 리트와크와 셀레니(Litwak & Szelenyi,

1969)는 자연적 원조망의 대표적 유형을 친척, 친구, 이웃으로 구분한 후, 친척은 영속성이라는 특징 때문에 장기적 도움을 필요로 하는 과업에 적합하며, 이웃은 대면 접촉, 반응속도의 신속성을 특징으로 하고, 친구는 자연적 관계망에서 가장 유대가 약하나 자유 선택과 애정이라는 특징을 갖는다고 하였다.

골란(Golan, 1980)은 지지의 근원을 네 가지로 구분하고 있는데, 자연적 원조체계(가족, 친척, 친구, 이웃), 상호 원조체계(자조집단, 지지집단), 다른 전문가 원조망(성직자, 교사, 변호사, 의사), 그리고 전문가 원조체계(사회복지사, 정신분석가, 임상심리학자)로 구분하였다.

패거해슨(Farguharson)은 공식・비공식적 관계가 현실에서 명확히 구분되기보다 하나의 연속된 단일선상에 놓여 있다고 보고, <표 6−2>와 같이 공식적인 정보에 따라 지지체계를 연속선상에 표시할 수 있다고 보았다. 이때 구분의 기준은 자아 또는 사회적 상황에 대한 1차적 관심, 원조관계의 지속성, 상호적 또는 일방적 원조, 장기간 지속 대 단기간의 변화, 기능적・사회적・지역적 동료관계 혹은 비동료적 관계 등이다(Germain, 1991).

〈표 6-2〉 원조의 연속선에 대한 모델

자연적 원조	상호 부조	자조집단	동료 원조자	비동료 원조자	전문가

보다 많은 훈련
사회적 거리의 증가
보다 높은 공식성과 구조
공식적인 결합의 강화

출처 : Germain, C.(1991), p. 65 재인용.

클라이언트들이 빈번히 접촉하는 비공식적 지지망의 대표적인 유형인 가족, 친구, 이웃, 교회의 특징을 구체적으로 살펴보면 다음과 같다.

① **가족** : 가족은 비록 멀리 떨어져 있을지라도 교통수단이나 통신수단에 의해 그들의 연결은 지속된다. 따라서 가족은 관계의 영구성이 그 특징이라 할 수 있으며, 질병이나 재정적 문제와 같은 장기적 과업에 대한

원조 시에 적절하다.

② **친구** : 가족의 영속성, 이웃의 대면적 · 일상적 접촉은 결여되어 있지만, 친구와의 우정은 자유롭게 선택된 애정의 연대감을 형성한다. 친구는 직장, 종교, 놀이 집단과 같은 다양한 집단 속에 위치하며, 그러한 각각의 집단은 감정적 지지를 제공해 주는 잠재적 연대감의 출처가 된다.

③ **이웃** : 이웃이 갖는 중요한 특징은 근접성이다. 이웃은 응급상황이나 노인의 경우 정기적인 안전 여부를 점검하는 데 도움이 된다. 이웃은 또한 외부세계와의 접촉기회를 제공해 주기도 한다. 이웃과의 관계 정도는 클라이언트가 그들 이웃을 어느 정도로 잘 알고 지내는지, 그 지역에 얼마나 오래 살고 있는지, 개인적 특성 등에 따라 달라진다.

④ **종교단체** : 종교단체는 클라이언트에게 정신적 · 물질적 · 정서적 지지를 제공해 준다. 특히 이는 주거지, 보호서비스 등의 제공과 같은 단기적 위기 시에 효과적으로 반응할 수 있다. 대개 이 단체는 공식적 조직과 비공식적 지지체계의 혼합된 측면을 가지고 있다.

3) 사회적 지지망 개입

(1) 사회적 지지망 사정

먼저 클라이언트의 사회적 관계망에 관한 정보를 체계적으로 수집한다. 실천가는 사정단계에서 클라이언트의 기존 자원 혹은 잠재적인 자원에 관해 질문하고, 사회적 지지에 대한 욕구와 지지망의 제공능력 간에 어떤 불일치가 존재하는지, 클라이언트의 행동에 영향력을 갖는 관계망 성원과의 관계 등을 규명해야 한다.

비겔(Biegel, 1984)은 개인의 사회적 지지망 사정과 관련된 다음의 세 가지 질문을 제공했다. 첫째, 클라이언트 지지망의 강점은 무엇인가(지지망이 제공해 주는 자원과 제공방법), 둘째, 클라이언트 지지망의 약점은 무엇인가(지지망에 의해 충족되지 못하는 욕구가 있는가), 셋째, 클라이언트가 더 강한 지지망을 갖지 못하도록 하는 장애가 있는가 등이다.

이러한 질문에 답을 구할 때 사용할 수 있는 유용한 사정도구가 있다. 실천가는 생태도(eco-map), 가계도(genogram), 사회적 관계망 지도(social network map), 사회적 관계망 격자(social network grid) 등을 활용하여 클라이언트의 사회적 지지망에 대한 체계적인 사정을 수행할 수 있다. 특히 사회적 관계망 지도와 사회적 관계망 격자는 관계망의 크기, 구성, 관계망 성원이 다양한 형태의 지지를 제공해 주는 정도, 관계망 내의 관계성질 등에 관한 정보를 수집할 수 있게 해준다. 이러한 사회적 관계망 사정도구는 클라이언트의 사회적 환경 내에 존재하는 스트레스 요인, 긴장, 지지자원, 이들 자원에 대한 클라이언트의 주관적 인식 등에 관한 정보를 체계적으로 수집, 확인하는 데 도움이 된다.

(2) 사회적 지지망 개입수준 결정

사회적 지지망 개입은 다면적 접근의 특성을 지니고 있는 것으로, 일정한 포괄적인 준거 틀을 좇아 진행해 나가는 것이 필요하다. 이는 대체로 클라이언트의 스트레스 수준, 사회적 관계망의 지지제공 능력, 이용 가능한 공식적 서비스의 존재 등에 따라 달라진다. 대표적인 지지개입 전략을 소개하면 다음과 같다(Florand et al., 1981).

첫째, 개인적 관계망 전략(personal network strategy)은 클라이언트가 가족, 친지, 이웃, 서비스 제공자 등과 현재 맺고 있는 관계 혹은 잠재되어 있는 관계에 초점을 두고서 그것을 강하게 하거나 소원해진 관계를 활성화시키거나 새로운 관계를 수립하도록 원조해 나가는 것을 의미한다.

둘째, 자원봉사자 연계 전략(volunteer linking strategy)은 자원봉사자를 육성하여 기존의 사회적 지지원이 제한된 클라이언트에게 연결시켜 주는 것을 언급한다.

셋째, 상호 원조 관계망 전략(mutual aid network strategy)은 사회적 고립을 줄이고 자원을 공유할 목적에서 공통의 문제, 관심, 배경을 가지고 있는 개인들의 조직화를 도모하는 방안을 의미한다.

넷째, 인근 지역 원조자 전략(neighborhood helpers strategy)은 비공식적으로 이미 중요한 원조역할을 수행하는 이웃 주민들을 지지, 협력하게 함으로써 지역에서의 서비스 개선을 도모해 나가는 것을 언급한다.

다섯째, 지역 활성화 전략(community empowerment strategy)은 서비스의 개선을 계획하고, 욕구충족을 위한 기존의 자원을 확인하기 위해 지역사회 내의 비공식적인 여론지도자들 사이의 연결을 발달시켜 나가는 것을 포함한다. 즉, 지도자를 중심으로 특별위원회, 토론집회 등을 열어 지역 내 서비스의 개선을 도모해 나가는 것이다.

(3) 사회적 지지망 개입

사회적 지지망 접근을 적절하게 전개해 나가기 위해서 실천가는 전문직으로서의 다양한 역할을 수행할 필요가 있다. 그러한 역할은 일정하게 규정된 것은 아니나, 비겔(Biegel)은 <표 6-3>과 같이 이를 11가지 조항의 역할로 분류한 바 있다.

〈표 6-3〉 **사회적 지지망 개입에서의 실천가 역할**

역 할	원조방식						
	개인 네트워크	가족 보호자 지원	사례 관리	인근 지역 원조	자원봉사자 연계	상호 원조 자조	지역의 활성화
1. 대변자(옹호자)						○	○
2. 조정자			○				
3. 조언자		○		○	○	○	○
4. 직접 서비스 제공자	○						
5. 촉진자		○		○	○	○	○
6. 주창자, 개발자		○		○	○	○	○
7. 네트워크 상호 간의 연계자	○	○	○	○			○
8. 네트워크 내부 간의 연계자	○		○	○			○
9. 관리자			○	○			
10. 자원제공자		○				○	
11. 슈퍼바이저					○		

출처 : Biegel, D. et al.(1984), p. 41.

사회적 지지 개입과 관련된 전문적 활동을 언급하면 다음과 같다(Blythe, 1983).

① 관계망을 이용할 수 있도록 클라이언트를 준비시킨다

지지망에 대한 욕구를 가장 많이 가지고 있는 사람들은 대체로 관계망 성원과 효과적으로 접촉하지 못하는 경우가 많다. 사회적 지지망은 그러한 관계를 유지하고 추구하는 필요한 기술을 충분히 가지고 있는 사람에게 도움이 된다. 따라서 실천가들은 지지망 성원과 상호작용하는 클라이언트를 관찰함으로써 그의 의사소통 기술을 사정해야 한다. 클라이언트와 함께 공식적인 지지망 모임에 동행하는 것은 집단구성원과 절차에 친숙하게 하는 한 가지 방법이 되기도 한다. 필요하다면 실천가는 역할놀이를 통해 다른 사람과 효과적으로 의사소통하는 방법을 가르쳐 줄 수도 있다. 특히 실천가가 지지집단을 이끌 경우, 의사소통 기술을 습득하는 데 많은 시간을 할애해야 한다. 즉, 새로운 성원의 이야기를 경청하고 피드백을 주고받고, 다른 사람을 방해하지 않으면서 자신의 의견과 감정을 표현하는 방법을 가르쳐 주는 것에서 집단이 시작되는 것이 바람직하다.

② 비공식적 · 공식적 원조자를 지지, 교육한다

비공식적 · 공식적 원조자들은 클라이언트를 도움으로써 개인적 만족감을 얻기도 하는 한편, 좌절감과 소진을 경험하기도 한다. 때로 그들은 자신들이 직면한 문제를 논의할 기회를 필요로 하기도 하고, 클라이언트를 지지하는 데 대한 외부의 인정을 얻고 싶어 하는 경우가 있다. 실천가들은 이러한 그들의 만족감과 좌절감을 모두 이해하고 인식해야 한다. 또한 그들은 지지망 성원이 클라이언트의 욕구를 보다 잘 이해하고, 클라이언트의 요구에 잘 반응할 수 있도록 교육시킬 필요가 있다.

③ 공식적 지지망을 개발한다

클라이언트가 자조집단, 소비자 집단 혹은 다른 조직화된 집단에 참여하도록 격려한다. 이러한 지지체계는 비슷한 유형의 문제를 경험하고 있는 다른 클라이언트의 친지나 보호자들과 상호작용할 수 있는 기회를 제공할 뿐만 아니라, 전문가와의 관계와는 다른 이해, 격려 등을 경험하게 한다.

CHAPTER 07

사례관리 과정과 주요 과업

01 인테이크 단계와 주요 과업

02 사정단계와 주요 과업

03 계획단계와 주요 과업

04 계획의 실행

05 모니터링 및 재사정

06 평가 및 종결

CHAPTER 07

사례관리 과정과 주요 과업

사례관리는 학자에 따라 단계가 다양하게 제시되고 있지만, 내용 면에서는 큰 차이가 없이 비슷하게 나타나고 있다. 대표적인 예로, 화이트(White)는 전형적인 사례관리 과정을 사례발견, 사정, 보호 및 서비스 계획, 모니터링, 사후추적, 재사정의 6단계로 기술했으며(Netting, 1992), 로스만(Rothman, 1991)은 기관에의 접근(의뢰 및 아웃리치), 사정 및 목표 설정, 개입계획 또는 자원확인, 클라이언트 연결, 모니터링 및 재사정, 결과평가의 6단계를 제시했다. 그리고 영국의 챌리스와 데이비스(Challis & Davies, 1989)는 사례관리의 핵심기능을 중심으로 사례 발견, 사정, 계획 및 서비스 배정, 모니터링 및 재사정, 종료의 5단계로 구분하고 있는 한편, 영국 정부 사회서비스청(Social Service Inspectorate, 1991)은 일곱 가지 핵심 과업으로 이를 구분하고 있다. 이 중 로스만의 6단계와 영국 사회서비스청의 7단계의 내용을 도식화하면 |그림 7-1|, |그림 7-2|와 같다.

두 그림에서 볼 수 있듯이 사례관리실천은 일직선상에 놓인 하나의 과정이라기보다는 순환적인 시간연속 과정 속에서 이루어지는 것임을 알 수 있다. 이 책에서는 이러한 내용을 참조하여 일반적으로 수용되는 사례관리의 단계를 인테이크, 사정, 계획 수립, 실행, 점검 및 재사정, 평가 및 종결로 나누어 살펴보고자 한다.

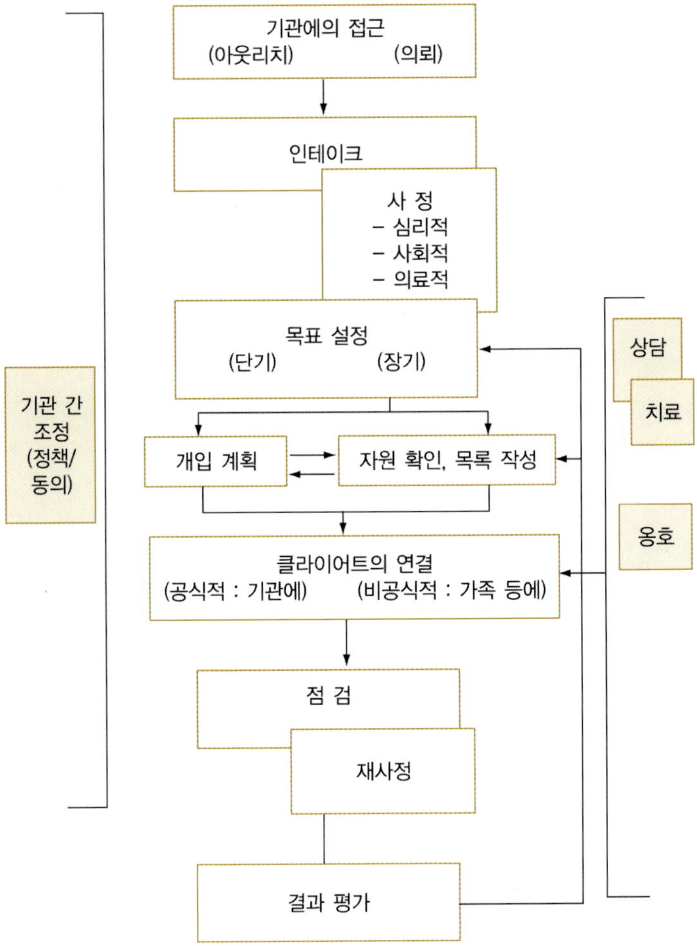

|그림 7-1| 로스만의 사례관리 개입 모델

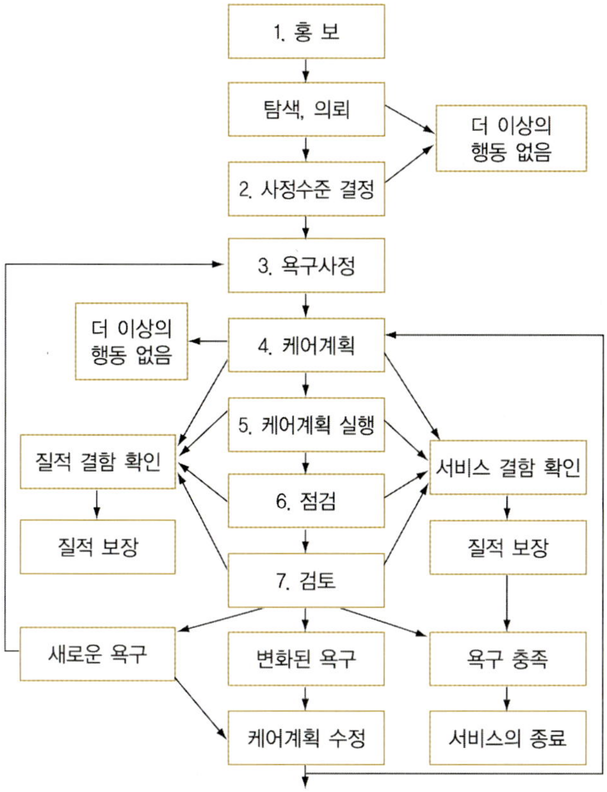

┃그림 7-2┃ SSI의 사례관리 모델

1. 인테이크 단계와 주요 과업

1) 인테이크의 개념과 특성

여기에서의 인테이크 개념은 단순히 서류를 접수하는 단계만을 의미하지 않는다. 아웃리치(outreach), 의뢰(referral), 스크리닝(screening) 과정을 모두 포함하는 포괄적인 개념으로 이해되어야 한다.

인테이크 단계의 목적은 클라이언트를 확인하고 등록하는 것이다. 도움이 필요한 대상의 문제와 욕구를 확인하고 기관에서 서비스를 제공할 수 있는지 여부를 판단하고 결정한다. 아웃리치나 의뢰를 통해 접촉한 사람 모두가 클라이언트가 되는 것이 아니라 인테이크라는 과정을 통해 사례관리서비스를 제공할 수 있다고 판단되면 잠재적 클라이언트가 비로소 클라이언트가 되어 서비스를 받게 된다(우국희·성정현·좌현숙·장연진·최승희, 2015).

이 과정에서 사례관리자의 과업은 원조를 필요로 하는 클라이언트의 장애나 욕구를 개략적으로 파악하고, 또 사례관리를 통해 제공해 줄 수 있는 원조의 내용을 클라이언트에게 상세히 설명하여 클라이언트가 그러한 원조를 수령할 것인지의 여부를 확인하고 계약하는 일이 중심이 된다.

2) 사례관리자의 주요 과업

(1) 사례 발굴 및 문제 확인

인테이크는 사례 발견, 다시 말해 욕구상태에 있는 자를 확인하는 것에서부터 시작된다. 현재 욕구상태에 있거나 잠재적 욕구상태에 있는 자를 확인하는 방법으로는 다른 서비스 기관으로부터의 의뢰, 클라이언트의 자발적 기관방문, 아웃리치 등의 여러 가지 통로가 있을 수 있다. 기존에는 교회, 가족, 지역사회, 경찰, 학교, 타 기관 등으로부터의 의뢰를 통해 클라이언트를 의뢰받는 형태를 주로 취해 왔지만, 사례관리에서는 다양한 서비스 체계의 통합, 조정으로 더 많은 클라이언트들에게 서비스를 제공할 수 있게 됨에 따라 지역사회 내 잠재되어 있는 클라이언트를 적극 발굴하여 서비스를 제공받도록 격려하는 아웃리치 방법이 더욱 강조되고 있다(Rothman, 1991).

사례관리자의 아웃리치 역할은 기관이 새로운 클라이언트를 얼마나 수용할 수 있는지 기관역량에 직접적으로 관련된다. 사례량이 많거나 시간제한적인 사업의 경우 아웃리치 활동은 제한되거나 축소될 수밖에 없을 것이다. 그러나 사례관리 주 대상층의 특성이 자발적 방문이 어렵고, 서비스를 어떻게 받는지에 대해 잘 알고 있지 못할 뿐만 아니라 심지어 도움이 필요함에도 외부의 도움 자체를 거부하는 경우가 많은 점을 고려한다면 아웃리치 활동은 매우 주요한 요소이다. 특히 서비스 정보에 대한 접근이 어려운 개인들, 예를 들어 에이즈 환자나 치매노인, 정신장애인 및 그들을 돌보는 가족의 경우, 사회가 그들에게 부여한 스티그마 때문에 외부에 노출되기를 꺼린다. 그들이 갖는 노출, 학대에 대한 두려움, 무력감은 종종 서비스 추구 자체를 포기하게 만든다. 이러한 경우 사례관리자는 보다 적극적인 아웃리치 방법을 추구해야 한다(Vourlekis & Green, 1992).

아웃리치를 수행하기 위해서 사례관리자는 지역사회에 대한 인구학적인 정보와 욕구를 사전에 알고 있어야 하며, 가정방문, 관찰, 외부정보 등을 통해 잠재적인 클라이언트에게 다가가야 한다. 사례관리자는 사무실에 앉아 동기부여가 되지 않은 클라이언트를 기다리지만은 않는다. 기존의 의뢰형태가 욕구의 진정한 범위를 반영해 주지 못할 경우, 잠재적 이용자의 욕구를 확인하려는 노력이 더욱 요청된다. 이로 인해 사례관리는 기존의 실천에 비해 기관이 소유하고 있는 정보가 잠재적 이용자에게 충분히 도달할 수 있도록 하는 데 적극적이다. 즉, 이용 가능한 서비스 및 자원의 형태, 서비스 제공기준, 기관 간 또는 기관 내에서 이루어지는 의뢰절차, 사정 및 검토 절차 등에 관한 정보를 가능한 한 쉽게 접근할 수 있는 형태로 제시해 주고, 또 클라이언트의 자격권한, 선택권, 도움을 구하는 방법 및 장소에 관해서도 명확히 알려주는 것이 중요하다.

잠재적 클라이언트를 확인하는 경로는 다음과 같다.

- 프로그램을 이용하고 있는 클라이언트와 그들 가족을 활용한다. 이들은 유사한 문제나 관심을 가진 잠재적 클라이언트에게 진실한 정보를 제공해 주는 사람으로 평가될 수 있다.
- 교회, 신문, 노인센터, 동사무소 등지에 팸플릿이나 광고문을 배포한다. 이러한 기관들은 지역사회 주민이면 누구나 쉽게 접근할 수 있는 장소이다.
- 특정 집단을 위한 반응적인 스크리닝 서비스를 제공하거나 욕구확인을 위해 지역사회 소비자 집단이나 대표자를 만나 자문을 구한다.
- 지역 내 병원이나 약국, 은행 등 공적 일을 담당하는 기관의 사람들로부터 그들 고객 중 취약자들에 대한 정보를 얻는다.
- 클라이언트 의뢰체계와 상시적인 네트워크를 형성하고 정기적이고 구조

화된 회의를 한다.

- 쪽방촌이나 고시촌과 같은 주거환경이 위험하거나 취약한 지역사회 조사를 통해 잠재적인 클라이언트를 확인한다.

(2) 초기 정보수집을 통한 스크리닝

의뢰, 자발적 방문, 아웃리치 등을 통해 클라이언트와 초기 접촉이 이루어지면, 사례관리자는 클라이언트에 관한 기본적인 정보를 수집해야 한다. 스크리닝은 사례관리가 필요한 클라이언트의 욕구가 평가되는 과정으로, 사례관리자는 전문적 판단을 활용하여 욕구상태에 있는 사람과 응급한 위기상태에 있는 사람을 구분하여야 한다.

초기 정보를 수집하는 단계에서 실천가가 주의해야 할 사항은 첫째, 수집되는 정보가 아주 필수적인 부분으로 제한되어 있어야 한다는 점이다. 그렇지 않은 경우, 잠재적 클라이언트가 처음부터 지쳐 떨어져 나갈 위험이 있으며, 그 이후의 본격적인 사정과정과 중복될 수도 있기 때문이다. 둘째, 클라이언트가 인테이크 인터뷰에서 가질 수 있는 태도, 즉 도움을 받는 것에 대한 부정적인 감정이나 비현실적 기대를 다룰 준비가 되어 있어야 한다. 실천가가 제공할 수 있는 것과 없는 것, 역할 부분에 대한 명확한 입장을 설명해 주는 것이 도움이 될 수 있다. 초기 정보수집의 목적은 욕구의 긴급성, 욕구의 복잡성을 확인하여 서비스 제공 결정을 가능한 한 빨리, 민감하게 내릴 수 있도록 하는 데 있음을 항상 인지해야 한다.

이렇게 해서 수집된 정보를 토대로 스크리닝 절차를 거치게 되는데, 스크리닝은 클라이언트들이 사례관리서비스를 받을 적절한 자격이 있는지, 서비스 이용에 해당되는 적절한 특성을 갖추고 있는지, 적극적으로 참여할 의지가 있는지의 여부를 파악하는 것으로, 기관 프로그램에 대한 일종의 문지기(gatekeeper)로서 작용한다. 스크리닝 절차를 통해 클라이언트가 사례관리에 적절하지 않다고 판단되면 지역사회 내의 다른 자원에 의뢰하게 된다. 원조 여부의 결정은 가능한 한 빠른 시일 내에 이루어져야 하며, 최대한 3일을 넘기지 않는 것이 바람직하다는 지적도 있다(Rothman & Sager, 1997).

〈표 7-1〉 인테이크 기록 양식의 예

이 름		성 별	남 · 여
주거지		결혼 여부	미혼 · 기혼
의뢰처		연령/ 교육수준	세/
주거지역		담당자/ 날짜	

▷ 과거에 일한 경험 :

▷ 과거에 치료받은 내용 :

▷ 경제상태 :

▷ 현재 문제 및 유발사건과 기대하는 결과 :

▷ 이전의 서비스 수급 여부 :

▷ 위기 시 접촉인물 :

▷ 인터뷰 당시 행동이나 태도 :

스크리닝 판정 및 사유	
판정결과	( ) 잠재적 대상 ( ) 의뢰 대상 ( ) 정보제공 대상 ( ) 서비스 거부 ( ) 종결
판정사유	

2. 사정단계와 주요 과업

1) 사정의 목적과 내용

스크리닝을 통해 클라이언트가 사례관리서비스를 받을 자격이 있다고 판단되면 사정이 이루어진다. 이는 개입, 치료양식을 선택할 목적으로 클라이언트의 문제와 상황을 세밀히 검토하는 절차이다. 미국사회복지사협회에서는 사정을 "사례관리자가 클라이언트의 목적, 강점, 도전을 확인하도록 돕는 지속적인 정보수집 및 의사결정 과정에 클라이언트(때로는 클라이언트 체계의 다른 구성원들을)를 관여시키는 과정"으로 정의했는데, 일반적으로 사정은 클라이언트와 그의 가족이 사례관리자와 함께 클라이언트가 직면하고 있는 어려움, 욕구, 선호, 강점과 자원 등을 발견하고, 공유하고 확인해 나가는 과정을 뜻한다(김상곤 · 정연정 · 박호준 · 김태윤, 2010).

사정은 그 다음 단계인 계획수립에 직접적으로 관련된다. 사정은 욕구를 파악하는 데 그치지 않고 사례관리서비스 제공수준과 그 성격을 결정짓는다. 즉, 사정을 통해 제공될 서비스의 양과 질에 대한 청사진이 마련되는 것이다.

사례관리서비스 수준 결정의 예

욕구사정 후 클라이언트에게 적절한 사례관리 개입유형이 결정되는데, 우리나라 현장에서 보편적으로 구분되는 사례관리 클라이언트 유형은 다음과 같다.

- **위기사례** : 위기 안정화를 주요 목적으로 하며 현재 클라이언트 삶을 위협하는 요소를 제거하거나 보호장치를 마련함으로써 위기를 안정화하는 것에 초점을 두는 사례관리 개입유형
- **일반사례** : 클라이언트 욕구를 충족시키기 위한 수단이 사례관리 수행기관 내부를 중심으로 확보 가능한 수준의 사례를 의미
- **통합사례** : 클라이언트 욕구충족이 기관 내부의 자원만으로는 부족하고 지역사회의 다양한 자원의 동원, 조정을 통해서만 가능한 경우를 의미

출처 : 서울시 복지재단(2013).

- **단순형** : 복합적인 문제와 만성적인 욕구가 있으나 그 심각성의 수준이 낮은 경우로 복지서비스 담당자에게 의뢰하여 서비스 중심으로 관리가 이루어짐
- **일반형** : 복합적인 문제와 만성적인 욕구가 있으나, 그 심각성의 수준이 보통인 경우로 사례관리자가 직접 담당하여 보통 1인당 20~40사례 수준
- **집중형** : 복합적인 문제와 만성적인 욕구가 있고, 그 심각성의 수준이 높은 경우(높은 위험성과 긴급을 요하는 위기상황)로 사례관리자가 담당하며, 1인당 10~20사례 수준

출처 : 박미은(2015).

- **사례관리 가구** : 1개월 이상의 중장기적 개입이 필요한 가구로서 다양한 서비스가 집중적으로 제공될 필요가 있는 경우
- **서비스 연계 가구** : 욕구가 단편적이어서 1개월 미만의 단기적 개입 또는 단순서비스 연계를 통해 문제해결이 가능한 경우

출처 : 보건복지부(2016a).

사정은 클라이언트의 욕구와 자원을 전 범위에 걸쳐 다차원적으로 파악하고, 앞으로 이루어질 개입이 어느 정도로 효과적인지를 결정짓는 데 중요한 역할을 담당한다. 사정단계와 이후 이루어지는 계획단계의 차이는 사정이 해결되어야 할 문제와 서비스의 목적을 확인하는 데 초점을 둔 것이라면, 계획은 이들 욕구를 충족시킬 수 있는 적절한 수단의 실제적 선택에 초점을 둔다(Challis & Davies, 1986). 즉, 사정은 문제의 명확화에 초점을 맞추며, 계획은 서비스 제공자와 교섭하거나 상호 역할을 조정하는 등 클라이언트의 욕구를 충족함에 적절한 수단을 구체적으로 선택하는 것에 초점을 맞추는 것이다. 그러나 현재 사례관리체계에서는 사정과 계획이 상호 의존적으로 이루어지며, 이 둘은 모니터링과 재사정로 이어지는 하나의 지속적인 과정 속에서 이해되고 있다.

다차원적 욕구의 충족을 강조하는 사례관리체계는 사정과정에 대해 훨씬 중요한 비중을 부여하고 있다. 사정에 포함될 요소는 다양하지만, 대체로 다음과 같은 공통된 요소를 갖는다(Moxley, 1989).

① 클라이언트의 문제와 욕구를 명확히 한다

사례관리자는 클라이언트와 그의 가족이 호소하는 어려움뿐만 아니라 클

라이언트의 욕구를 파악해야 한다. 이때 현재 욕구는 물론 미래의 욕구를 확인하는 것이 중요하다. 사례관리 대상층은 대부분이 장기적 욕구를 갖는 경우가 많기 때문에 미래의 욕구도 상당히 중요하다. 클라이언트의 욕구는 신체적 · 심리정서적 · 경제적 · 사회적 · 영적 · 환경적 욕구 등 다양한 영역에 걸쳐 있을 수 있다.

욕구는 클라이언트, 그들을 돌보는 보호자, 관련 기관 등에 의해 똑같은 방식으로 규정되지 않을 수 있다. 그러므로 사례관리자는 이들 간의 합의 정도에 대한 목표를 미리 세워두어야 한다. 그러나 가장 비중을 두어야 하는 것은 물론 클라이언트의 견해이다. 만약 이들 간에 합의가 어려운 경우는 합의과정의 문제점 등을 기록해 두어야 하며, 특히 클라이언트와 그들의 보호자 간에 중요한 불일치가 존재하는 경우에는 때로 보호자의 욕구를 사정하는 것이 적절할 수 있다. 욕구사정 결과를 기록할 때는 사실과 그 사실에 대한 실천가 자신의 견해를 구분해서 기록해 두는 것이 중요하다(Social Service Inspector, 1991).

클라이언트의 욕구, 문제에 관련된 포괄적인 정보수집의 전략을 제시하면 다음과 같다(Moxley, 1989).

- **클라이언트 자신의 진술** : 실천가는 클라이언트에게 자신의 욕구를 기술하고 감정 및 사고를 표현하며, 자원을 확인하도록 질문한다.
- **사회적 관계망 성원이 제공한 정보** : 실천가는 클라이언트의 욕구와 자원을 확인하기 위해 클라이언트에게 있어 중요한 사람들과 인터뷰한다.
- **클라이언트 환경에 대한 직접적 관찰** : 실천가는 클라이언트의 집을 방문하여 현재의 환경을 직접적으로 관찰한다.
- **이전의 서비스 제공자와 접촉** : 클라이언트가 허용한다면 실천가는 과거 서비스를 제공해 주었던 사람을 인터뷰하여 이전 서비스의 성격과 그 결과를 알아본다.
- **기관의 기록 검토** : 실천가는 과거 클라이언트에게 서비스를 제공해 주었던 기관의 기록을 검토한다.

② 욕구에 대응하는 클라이언트의 능력과 강점을 평가한다

여기에서의 초점은 클라이언트의 결함이나 단점이 아닌 강점과 능력에 놓여 있다. 사례관리에서 사정은 클라이언트의 능력상의 문제를 평가하는 것뿐만 아니라 클라이언트의 강점 또한 인식되고 평가되어야 하는데, 클라이언트가 지닌 개인적 자질, 특성, 재능, 능력, 자부심, 희망 등은 이후 사례관리 계획단계에서 주요한 자원으로 활용될 수 있기 때문이다.

먼저 사례관리자는 클라이언트의 욕구 중에서 외부의 도움을 받지 않고도 충족될 수 있는 것을 확인해야 한다. 건강, 발달상태, 정신건강, 교육 등 클라이언트 능력상태에 대한 정보를 수집하기 위해 다양한 진단도구가 활용될 수 있다.

시설에서 퇴소한 사람, 만성질환자 등에 대한 최근의 개입은 과거 병력, 생의학적(bio-medical) 사정, 기능수준에 대한 사정을 강조한다. 비슷한 진단을 받은 사람들이라도 그들의 능력은 아주 다를 수 있기 때문에 기능적 사정이 점차 중요한 전략이 되고 있다. 심리적·정서적 기능을 측정하는 도구의 대표적인 것으로는 DSM－5, 한국판 간이정신상태 검사(MMSE-K)가 있으며, 장애인이나 노인 등의 신체적 기능수준은 주로 일상생활의 기능(ADL : Activities of Daily Living) 수준으로 평가된다. 사례관리자는 이러한 점을 참고하여 기관 및 클라이언트의 특성에 적절한 기능사정 도구를 활용할 수 있어야 한다.

〈표 7-2〉 일상생활 기능 평가의 예

영 역	항 목	0 혼자 가능	1 조언만으로 충분	2 약간의 원조 필요	3 많은 도움 필요	4 전적으로 의존
일상생활 동작영역	옷 갈아입기					
	목욕하기					
	식사하기					
	잠자리에서 자세 바꾸기					
	옮겨 앉기					
	걷기					
	화장실 사용하기					

수단적 일상생활 수행능력 영역	전화 사용하기					
	물건사기					
	식사준비					
	집안일					
	빨래하기					
	약 챙겨 먹기					
	금전관리					
	대중교통 수단 이용하기					

③ 클라이언트의 비공식적·공식적 지지원의 보호제공 능력을 평가한다

클라이언트의 가족과 친구가 그의 욕구를 충족시켜 줄 수 있는가? 이들 외에 클라이언트에게 다른 비공식적 자원, 예를 들어 이웃이나 클럽 친구, 동료 등이 있는가? 1차 집단은 어떤 원조를 제공해 줄 수 있는가?

비공식적 관계망에 대한 사정은 관계망 자원의 수, 그들 각자의 이름과 위치, 관계의 질, 관계망이 이미 제공하고 있는 서비스의 종류, 보호자의 책임 정도, 관계망의 효과적인 대처전략, 보호자의 능력(예를 들어, 수입, 고용상태 등), 보호자의 부담 등에 관한 정보를 통합한다.

사례관리자는 또한 전문적 보호 차원, 다시 말해 공식적 서비스의 기여에도 관심을 가져야 한다. 즉, 공식적 자원체계가 클라이언트의 욕구를 충족시키고 있는가를 평가해야 한다. 때로 공식적 자원체계가 클라이언트의 욕구를 충족시키고 있는가를 평가해야 한다. 때로 공식적 자원은 이용 가능하지만 그것이 있는지 여부조차 모르기 때문에, 혹은 클라이언트가 고립되어 그의 욕구가 드러나지 않았기 때문에 이용되지 않을 수 있다. 또 다른 상황에서는 클라이언트가 자원의 이용을 거부하는 경우도 있다. 가령 기관에 대한 과거의 부정적인 이미지로 인해 서비스받는 것을 하나의 스티그마로 여기는 경향 때문에 자원의 수용 가능성이 낮을 수 있다. 이 외에도 교통편의 부족, 이동의 부자유 등으로 인한 자원의 접근 가능성 제한이 문제가 될 수 있다. 결국 사례관리자는 공식적 서비스의 이용 가능성, 서비스 양의 적당성, 욕구에 대

한 서비스의 적절성, 클라이언트에 의한 서비스의 수용 가능성, 서비스에 대한 접근 가능성에 대한 사정을 행하여야 한다.

〈표 7-3〉 사정양식의 예

대상자		작성일자		사례관리자

영 역	현재 상황(문제)	개인적 요구사항 및 욕구	자원 및 강점 (개인적/ 사회적)
안전(학대, 방임, 기타 안전)			
신체적 · 정신적 건강			
일상생활 유지(ADL & IADL, 취미 및 여가활동)			
가족생활 영역(가족관계, 보육, 돌봄 등)			
사회적 관계(친인척, 이웃, 동료 등 지지망 관련)			
경제적 영역(기초생활 해결, 재난관리 등)			
교육 및 학습 영역(기초교육 습득, 교육향상)			
취(창)업 및 직무수행 관련(구직활동에 장애요인)			
생활환경 관련(거주지 내 외부 환경 및 안전)			
법률 및 권익보장(인권 등 권리보장의 문제 등)			
사례관리 유형 판정	□ 단순형	□ 일반형	□ 집중형
사례관리자 종합 의견			

출처 : 보건복지부(2016a), p. 137 참조.

미국 사회복지사협회(NASW)에서 제시한 주요 사정영역

□ 동기요인
□ 생활관리
□ 개인직업 역사
□ 경제적인 욕구
□ 건강조건
□ 클라이언트 인식
□ 사례관리 과정에서의 클라이언트 참여
□ 적응 스타일
□ 가족 구성 및 구조

☐ 생애기간 계획
☐ 과거전략
☐ 문화적 가치신념
☐ 의사소통 능력
☐ 문해(문자독해) 정도
☐ 지역조직 관계
☐ 심리사회적 강점
☐ 신체적 · 언어적 · 인지적 · 심리사회적 기능
☐ 열망과 능력
☐ 지지를 향한 열망
☐ 서비스 체계에서 자원을 찾을 수 있는 능력
☐ 개인적 및 시스템적 장벽
☐ 방임 및 거절의 위험
☐ 서비스 계획의 일치성 및 맥락성
☐ 자원이나 정책 및 프로그램의 변화

출처 : 송인주 · 박수선 · 신지현(2014).

2) 사정의 특성

사정은 일방적인 과정이 아니므로, 클라이언트의 적극적인 역할 행사가 장려되어야 한다. 수동적인 역할은 의존심을 강화시킬 뿐이다. 적극적인 참여의 경우로는 그들 자신의 관심과 소망을 표현할 수 있는 충분한 기회를 제공하는 것을 들 수 있다. 자신의 견해를 표현할 수 없는 사람들의 경우라면 실천가가 그들을 대신하여 서비스 제공자에게 그들의 입장을 옹호해 주는 것이 가능하다. 목슬레이(Moxley)는 다음과 같은 사항에서 클라이언트의 선택기회를 증대시켜 줌으로써 참여를 극대화할 수 있다고 하였다(Moxley, 1989 : 30-31).

- 욕구를 설명하고 의사소통을 할 수 있는 기회
- 요구의 우선순위를 결정할 기회
- 특정 평가를 수행할 전문가를 선택할 기회
- 개인 관련 정보가 논의되어 어떤 결정이 내려질 모든 공식적 자리에 참석할 기회

사정은 자원부족으로 제한받아서도 안 되지만, 너무 비현실적인 희망을 제기하는 것이어서도 안 된다. 따라서 사정 시 실천가는 클라이언트가 기관에 대해 갖는 기대를 명확히 해줄 필요가 있으며, 이를 위해 사정절차, 시간계획, 실천가의 권위, 가능한 결과, 참여 및 표현 권한 등에 대한 이해를 한층 더 높여주어야 한다. 소망하는 서비스가 이용 불가능할 때는 제한된 서비스만을 제공하든가 아니면 서비스가 이용 가능할 때까지 개입을 미루는 방식으로 타협을 할 수 있을 것이다. 이 경우 실천가는 클라이언트에게 다음의 사실에 관한 정보를 제공해 주어야 한다.

- 수혜자격에 관한 결정권을 누가 가지고 있는지?(사례관리자인지, 그 위의 상급자인지)
- 어떤 욕구가 수혜자격이 있는지, 그리고 그 이유는?
- 어떤 욕구가 다른 기관의 원조를 받을 자격이 있는지?
- 언제, 어떤 상황 아래서 재사정을 요구할 수 있는지?
- 만일 만족하지 않는다면, 불만을 토로할 수 있는 방법은?

사정은 실천가들에게는 장기 및 단기 목표 설정, 원조 여부, 원조방법을 결정짓게 하며, 언제 사례를 이행 혹은 종결지을 것인지를 인식하게 하는 기반이 된다. 적절한 사정은 개인이 각기 체험하고 있는 특정 문제의 본질을 음미해 나가게 할 뿐 아니라, 이러한 곤란을 일으키는 요인들 간의 특유한 복합관계 또는 나아가서 새로운 원조가 이들의 극복에 적절한 효과를 가져다 줄 것인지에 대한 충분한 고찰이 수반된다.

이러한 사례관리 사정과정의 특성은 다음과 같다.

① **욕구중심적 사정** : 이는 클라이언트의 욕구가 기관의 기능이나 자원 수준에 제한되어서는 안 됨을 의미한다.

② **강점 기반 사정** : 클라이언트의 문제보다는 강점과 기술에 초점을 둠을 의미한다.

③ **총체적·포괄적 사정** : 클라이언트 욕구의 일부가 아닌 클라이언트 삶의 전 영역에 관심을 둠을 의미한다.

④ **팀 협력 사정** : 클라이언트 욕구를 이해하기 위해 다양한 분야의 전문가, 예를 들어 의사, 사회복지사, 심리학자, 언어병리학자, 작업치료사, 물리치료사 등과 협력한다.

⑤ **참여적 사정** : 사정은 클라이언트와의 협력을 통해 이루어지며, 클라이언트는 자신의 욕구를 사정하고 우선순위를 결정하는 데 전적으로 참여하고, 자기 결정을 최대한도로 유지한다.

3) 사정을 위한 정보수집 방법

(1) 인터뷰와 관찰을 통한 정보수집

사정단계에서 클라이언트와 그들 공식적·비공식적 관계망 구성원들로부터 욕구와 능력, 문제 등에 대한 정확한 정보를 이끌어 내기 위한 주요 과업으로는 인터뷰와 관찰이 있다. 인터뷰의 주요 목적은 첫째, 관련된 사람이 자유롭게 그들 관심을 표현하도록 하는 것과, 둘째, 상황과 문제에 그들의 이해를 증대시키는 데 있다. 주요한 정보의 출처는 다음과 같다(Moxley, 1989 : 28).

- **클라이언트의 진술** : 사례관리자는 클라이언트에게 자신의 욕구에 대해 말하고, 자신의 감정 및 사고를 자유롭게 표현하며, 자원을 확인할 수 있도록 다양한 질문을 한다.
- **클라이언트의 관계망 구성원의 진술** : 사례관리자는 클라이언트의 욕구와 자원을 확인하기 위해 클라이언트에게 있어 중요한 사람들과 인터뷰한다.
- **클라이언트 환경에 대한 직접적 관찰** : 사례관리자는 클라이언트의 집을 방문하여 주거상황과 주변 환경을 직접 관찰함으로써 주요한 정보를 수집한다.
- **이전의 서비스 제공자와 인터뷰** : 사례관리자가 허용한다면 사례관리자는 과거 클라이언트에게 서비스를 제공해 주었던 사람을 인터뷰하여 이전 서비스의 성격과 그 결과에 대한 정보를 수집한다.

클라이언트의 강점에 대한 정보는 클라이언트 자신이나 주변 사람들의 직접적인 진술로 얻어지는 경우는 드물다. 인터뷰 과정에서 사례관리자는 다음과 같은 질문에 대한 대답을 지속적으로 찾으려고 노력함으로써 클라이언트의 강점에 대한 정보를 획득할 수 있다(Summers, 2006).

- 지역사회 내에 클라이언트와 그의 가족을 위한 지지망이 있는가? 예를 들어, 클라이언트가 다니는 교회나 클럽, 여가 프로그램 또는 다른 사회서비스 프로그램이 있는가? 클라이언트가 지역사회나 직장에 대해 강한 연대감을 가지고 있는가?
- 클라이언트의 종교적 신념이나 가치는 무엇이며, 지지나 평안을 위해 이러한 가치나 신념을 어떻게 사용하는가?
- 클라이언트가 다른 사람들과 상호작용할 때 주로 작용하는 대인관계 기술은 무엇인가?
- 클라이언트가 가지고 있는 특별한 능력이나 기술은 무엇인가?
- 클라이언트에게 그가 원하는 것을 할 수 있는 선택의 기회를 준다면 주로 어떤 선택을 할 것으로 예상되는가?
- 클라이언트가 그의 가족과 접촉할 때 그들이 함께하는 활동은 무엇인가? 예를 들어, 함께 식사하거나, 교회를 같이 가거나 TV를 함께 보는 것 등 같이 하는 활동이 있는가?
- 클라이언트가 추구하는 여가활동이나 취미, 재능은 무엇인가? 클라이언트가 관심을 갖는 것은 무엇인가?
- 클라이언트에게 편안함을 주는 활동이나 사람, 집단이 있다면 그것은 무엇인가? 클라이언트에게 반려동물이 있는가?
- 클라이언트는 대체로 누구와 같이 시간을 보내기를 원하는가?

(2) 사정도구를 활용한 정보수집

사정단계에서 클라이언트 및 그들의 공식적·비공식적 사회적 관계망에 관한 정보는 다양한 사정도구를 활용하여 획득할 수 있다. 대표적인 것으로 가계도(genogram), 생태도(eco-map), 사회적 관계망 격자(social network grid), 사회적 관계망 지도(social network map) 등이 있다.

① 가계도

가계도는 적어도 3세대에 걸친 가족구성원과 가족관계에 대해 중요한 정보를 도식화하여 기록함으로써 복잡한 가족패턴을 한눈에 볼 수 있도록 한 사정도구이다(Alexsander & Clark, 1998). 가계도는 클라이언트와 함께 작성해 나가는 것이 도움이 되는데, 클라이언트로 하여금 자신의 가족관계나 가족구성원의 특성, 가족의 역사나 유전적 측면 등에 대해 새롭게 이해할 수 있게 한다.

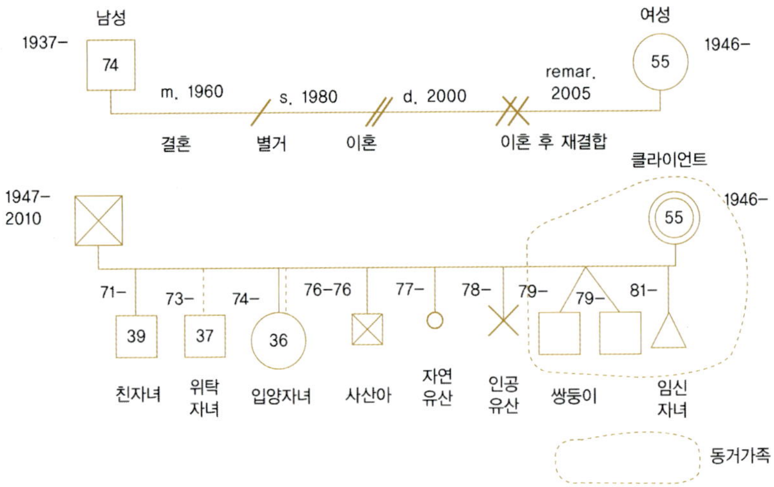

| 그림 7-3 | 가계도의 예

출처 : McGoldrick, Gerson & Petry(2008); 이영분 외 공역(2011), 우국희 외(2015). p.287 재인용.

② 생태도

생태도는 클라이언트와 환경체계 간의 관계 속에서 역동성을 파악할 수 있게 하는 사정도구이다. 클라이언트 및 그들 가족과 환경체계와의 관계에서 관계의 성질을 파악할 수 있게 할 뿐만 아니라, 자원의 흐름, 갈등, 앞으로 동원 가능한 자원에 대한 정보를 확인할 수 있게 한다.

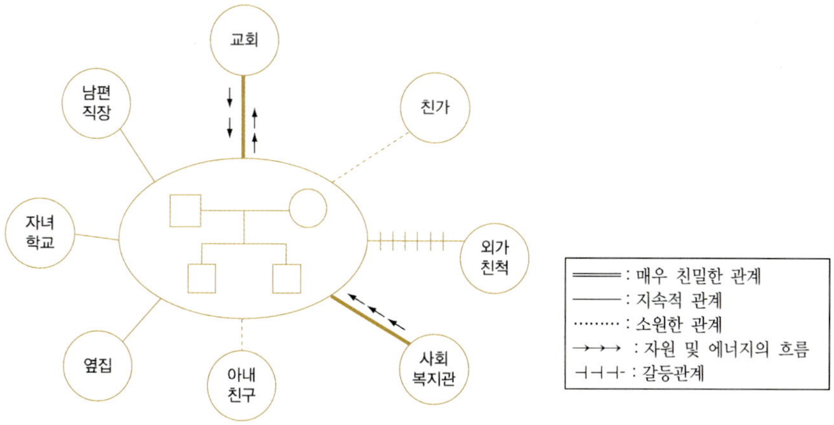

그림 7-4 **생태도의 예**

출처 : 우국희 외(2015), p. 289.

③ 사회적 관계망 지도와 격자

클라이언트를 둘러싼 공식적·비공식적 관계망 구성원과 그들이 제공하는 도움의 종류와 빈도에 대한 정보를 수집하는 사정도구이다. 먼저 사회적 관계망 지도는 원 안에 관계망 구성원의 이름을 채워넣고, 사회적 관계망 격자 속에 그들 각자가 제공하는 지지의 종류와 빈도에 해당하는 번호를 빈칸에 채워넣는다.

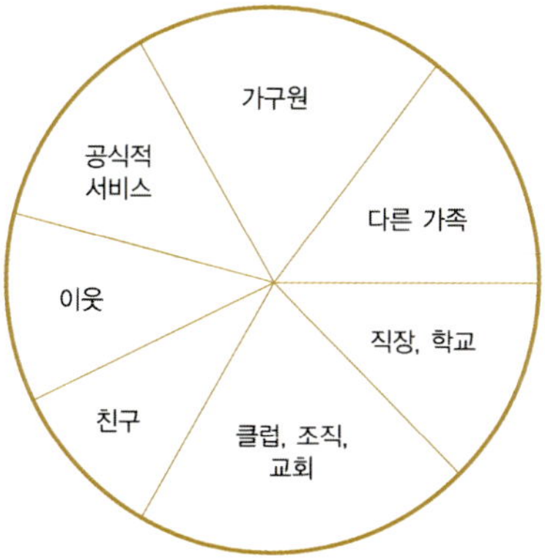

그림 7-5 **사회적 관계망 지도**

〈표 7-4〉 **사회적 관계망 격자(Social Network Grid)**

ID 응답자	생활영역	물질적 지지	정서적 지지	정보 조언	비 판	원조방향	친밀도	만나는 빈도	알고 지낸 기간
이름#	1. 가구원 2. 다른 가족 3. 직장, 학교 4. 조직 5. 다른 친구 6. 이웃 7. 전문가 8. 기타	1. 거의 없다 2. 가끔씩 3. 거의 항상	1. 거의 없다 2. 가끔씩 3. 거의 항상	1. 거의 없다 2. 가끔씩 3. 거의 항상	1. 거의 없다 2. 가끔씩 3. 거의 항상	1. 양방향 2. 그들에게만 3. 그들이 당신에게만	1. 거의 친하지 않음 2. 가까운 정도 3. 매우 가까움	○ × 1. 1년에 몇 번 2. 한 달에 몇 번 3. 주마다 몇 번 4. 매일	1. 1년 이하 2. 1~5년 3. 5년 이상
01	엄마	3	3	2	1	3	3	4	3
02	3. 친구(A)	2	2	2	1	1	2	3	3
03	7. 동사무소 직원(B)	3	3	3	1	3	3	3	2
04									
05									
06									
07									
08									
09									
10									
11									
12									
13									
14									
15									

출처 : Tracy, E., & Whittaker, J.(1990), p. 465.

3. 계획단계와 주요 과업

욕구가 사정되고 나면 실천가는 그러한 욕구에 이용 가능한 자원을 연결시키기 위해 일련의 서비스 전달계획을 수립하게 된다. 계획은 사정단계에서 확인된 클라이언트의 문제, 성취되어야 하는 목표, 목표달성에 요구되는 서비스에 관해 클라이언트, 사례관리자, 관련된 사람들 사이에 합의를 발달시켜 나가는 일련의 과정이다.

서비스 계획은 사정과정에서 확인된 클라이언트의 욕구와 강점에 따라 개별화되어야 한다. 클라이언트는 사정과정에서와 같이 사례관리자와 함께 측정 가능하고 달성 가능한 목표를 확인하고 우선순위를 매긴다. 그리고 이러한 목적을 달성하는 데 활용될 수 있는 자원을 함께 확인하고 선택한다.

1) 서비스 계획 수립

계획은 사정과 서비스 전달 간의 연결작업이나. 사정에 의해 욕구가 확인되고 나면 욕구의 우선순위와 목표가 설정된다. 욕구가 변할 수 있음을 감안하여 계획은 충분히 융통성 있게 세워져야 한다.

(1) 계획 수립

일반적으로 사례관리자는 클라이언트, 서비스 제공에 관련된 사람들과 더불어 다음과 같은 수순을 밟아 계획표를 작성한다.

① 클라이언트의 문제나 요구, 욕구가 일람표로 제시된다

여기서 문제나 요구가 과다한 경우에는 문제나 요구, 욕구의 우선순위를 정한다. 문제는 물질적·정신적·사회적 결함이나 결핍으로 인해 나타나는 생활상의 어려움으로 표현될 수 있으며, '(무엇 때문에 생긴) 어떤 어려움 내지는 할 수 없는 일'로 기술되는 것이 바람직하다. 요구는 클라이언트가 자신의 문제해결이나 욕구를 충족하는 데 도움이 된다고 생각하고 도움을 요청하는 내

용으로 자원이나 서비스의 형태로 제시된다. 욕구는 상식적 혹은 사회적 삶의 기대기준과 현재 상태의 차이로 나타난 결핍 혹은 부족한 상황을 자원이나 서비스를 통해 충족되어야 할 필요성을 의미한다(서울시복지재단, 2013 : 40). 문제나 요구, 욕구가 명확히 진술되어야 이를 다루는 개입의 목적이 보다 분명해질 수 있다.

② 각기의 문제나 요구, 욕구에 대해 예상되는 바람직한 목적(goal)이 설정된다

목적은 개입을 통해 일어나기를 기대하는 결과로서, 클라이언트에게 있어 목적은 사례관리 과정의 마지막에 어떻게 되어 있기를 원하는 것을 간략히 진술한 것이 된다. 예를 들어, "독립적으로 살아갈 수 있도록 일상생활 기술을 배운다", "공포증에 대처하는 데 도와줄 수 있는 지지망을 개발한다", "남편으로부터 경제적으로 독립하여 평등한 부부관계를 회복한다" 등과 같이 목적은 궁극적으로 달성되기를 원하는 어떤 상태에 관한 진술로 제시되는 것이 바람직하다.

목적을 잘 기술하기 위한 전략은 다음과 같다.

- 목적은 기대하는 결과이므로 긍정적으로 기술되어야 한다.
- 목적 달성의 주체는 클라이언트이므로 클라이언트를 주어로 하여 목적을 기술하는 것이 좋다(클라이언트가 다른 사람들과 더 좋은 관계를 맺을 수 있도록 돕는다 → 클라이언트가 다른 사람들과 더 좋은 관계를 맺는다).
- 목적은 한 문장으로 기술되는 것이 바람직하다.

③ 의도한 바에 대한 광범위한 진술로서 목적이 설정되고 나면, 이에 근거한 목표(objectives)가 설정된다

모든 목적은 한 가지 이상의 목표를 가진다. 목적이 다소 일반적인 형태로 기술되는 반면, 목표는 구체적이고 관찰 가능하며 측정 가능한 방식으로 기술되는 것이 바람직하다. 즉, 각각의 목적은 이후 서비스 계획의 성공 여부를 평가할 때를 대비해 분명한 기준을 포함하고 있어야 한다. 비현실적이거나

모호한 목표는 클라이언트의 진전 여부를 평가할 수 없게 하므로, 관찰 가능하고 측정 가능한 형태로 기술되어야 하고, 그리고 가능하면 적당한 시간적 제한도 마련해 두는 것이 좋다.

목표 설정에 도움이 되는 몇 가지 지침을 제안하면 다음과 같다(Woodside & McCalm, 1998 : 146; 희망복지지원단 중앙지원센터, 2014).

- 하나의 목표는 한 가지의 결과를 나타낸다.
- 목표는 되도록 동사형으로 끝내는 것이 좋다. 예를 들어, "거실청결 유지"라는 표현보다는 "거실 청소하기"가 낫다.
- 투입형태가 아닌 성과(결과)형태로 기술한다. 즉, 어떤 종류의 행동이 일어난 결과가 목표가 된다(위생관리교육 제공 → 위생관리기술 향상).
- 부정적 진술보다는 긍정적 진술형태로 한다(결근감소 → 출근증가).
- 측정이 가능한 경우 구체적으로 수량화한다(거실 청소하기 → 주 3회 거실 청소하기).
- 제공자 관점보다는 대상자의 관점에서 목표를 기술한다(수급자 선정하기 → 수급자 신청하기).
- 이유(why)나 어떻게 한다(how)는 표현보다는 무엇을, 언제 한다는 표현으로 진술한다.
- 현실적으로 달성 가능한 것이어야 한다. 즉, 현실적으로 목표를 달성할 자원이 있어야 한다. 이는 클라이언트나 사례관리자에게 강한 동기를 제공한다.
- 목표 달성 날짜를 구체화한다. 필요한 경우에는 제공될 서비스의 양이나 시간, 횟수가 제시된다. 여기에는 서비스 제공빈도, 서비스 제공단위와 기간이 포함된다. 이는 서비스 제공자에게 그들에 대한 기대를 분명히 알 수 있게 해주고, 계획이 적절히 실행되는지를 모니터할 수 있는 기반을 제공해 준다. 특히 서비스 제공날짜나 시간은 욕구의 우선순위를 반영하며, 특정 목적이 다른 목적보다 빨리, 우선적으로 수행되어야 함을 지적해 준다.
- 서비스 제공에 소요될 비용을 예측한다.

〈표 7-5〉 목표 설정하기의 예

문 제	잘못 설정된 목표	잘된 목표 설정
하루 중 혼자 있는 시간이 많아 외롭다.	클라이언트가 혼자 있는 시간을 줄인다.	주 3회 사람들과의 만남 기회를 가진다.
위생관리가 되어 있지 않다.	개인위생을 돕는다.	주 1회 복지관의 이동목욕서비스를 이용한다.
일상생활 활동에 어려움이 있다.	일상생활 기술을 학습한다.	일상생활 기술훈련 프로그램에 하루에 3시간씩 6개월 동안 참여한다.

(2) 계약 맺기

이상의 절차를 통해 서비스 계획이 완성되고 나면 실천가는 클라이언트에게 계획을 수립한 서비스 내용, 그리고 앞으로 이루어질 모니터 및 점검작업을 책임질 전문가의 이름을 알려주어야 한다. 이는 책임이 여러 전문가에 의해 공유되어 있을 경우 특히 중요하다.

계획은 클라이언트, 가족구성원, 다른 분야의 전문가, 사례관리자를 통합하는 팀워크 과정을 통해 발달된다. 따라서 사례관리자는 이들을 모두 계획과정에 참여하도록 격려하는 것이 무엇보다 중요하다. 먼저 사례관리자는 클라이언트의 욕구와 강점을 확인하고, 욕구의 우선순위를 정하고, 관련된 서비스와 지지를 개발하는 전 과정에 클라이언트를 동반자로서 관여시켜야 한다. 그리고 클라이언트에 못지않게 그의 사회적 관계망 성원들을 계획과정에 관여시키는 것 또한 중요한 한 측면이다. 때로 사례관리에서는 중증의 장애인으로 자기결정 능력이 부족한 클라이언트를 대할 기회가 많다. 이 경우 클라이언트의 가족을 서비스 계획에 적극적으로 참여시키는 것이 필요하며, 동시에 클라이언트의 자기결정 능력에 어떤 변화가 있는지를 지속적으로 평가해야 한다. 사회적 관계망의 관여는 주로 사정단계에서 발견된 핵심인물이 중심이 되는데, 물론 이것 또한 클라이언트의 동의를 받은 후에 팀 과정에 참여시키는 것이 중요하다. 마지막으로 사례관리자는 하나의 계획과정에 많은 전문가들의 다양한 관점을 조합, 조정하는 노력을 수행해야 한다. 즉, 클라이언트의 욕구에 관해 관련된 사람들이 검토, 논의하고, 서로 간에 정보를 공유하는 통합적인 과정을 이끌어 가야 한다. 완성된 계획표는 대상자 및 서비스 제공자에게도 사본을 주어 전체 진행과정을 쉽게 알 수 있도록 하며, 자신이 해야 할 역할과 과제를 인식하도록 하는 것이 중요하다.

위에 제시된 계획과정은 <표 7-5>로 요약, 정리될 수 있겠다. 그리고 <표 7-6>은 이에 기초하여 세워진 계획서의 예이다.

〈표 7-6〉 **서비스 계획 작성 예**

문제 (순위)	결과 목적	서비스 목표					동 의
		서비스 형태	제공자	횟수/ 주	시간/ 일	비 용	

위와 같은 서비스 제공계획에 동의하며, 목표 달성을 위해 적극 참여하고 협력할 것을 상호 약속합니다.

서명
사례관리자
서비스 제공자
클라이언트

〈표 7-7〉 **서비스 계획(예)**

문 제	결과 목표	서비스 목표					
		서비스 형태	제공자	회/ 주	시간/ 일	비 용	동 의
하루 중 홀로 있을 때가 많다	사람들과의 접촉기회를 늘린다.	가정봉사원 서비스/ 말벗	재가복지시설의 가정 봉사원	2회	오전 10시 ~ 오후 2시	무료	○
말이 분명하지 않다	전문적인 치료를 받는다.	언어치료 서비스	시립병원 재활전문가	1회	오전 9시	무료 (의료보호)	○
당뇨병이 있으나 식이요법이 안 된다	장녀에게 식사관리를 지도한다.	복지관 영양사와 보건소의 식단 지도	영양사(복지관), 영양사(보건소)			무료	○
외출 시 계단 오르내림이 문제다	외출 시 도움을 받는다.	활동보조인 요청	장애인 복지관				○
혼자서 일어설 수 없다	홀로 설 수 있도록 지원을 받는다.	특수침대 임대, 난간 만들기	복지관의 자원봉사자, 병원의 작업치료사			무료	○
혼자 옷을 입을 수 없다	혼자 옷을 입도록 한다.	자원봉사 서비스 옷 수선	재가복지 센터			무료	○
목욕을 하지 못한다	딸 외에도 목욕이 가능하게 한다.	이동목욕 서비스	재가복지 센터	1회	오전 10~11시	무료	○
자녀의 가사일이 과중하다	장녀의 가사일을 일부 덜어준다.	홈헬퍼 서비스	재가복지 센터	1회	오전 10시 ~ 오후 2시	무료	○
변비가 있어 건강관리가 필요하다	건강지도를 받는다.	의사 지시에 의한 방문간호서비스	병원	2주에 1회	오후 2시	무료 (의료보호)	○
화장실이 멀리 있어 사용이 어렵다	안전하게 용변을 볼 수 있게 된다.	휴대용 변기 제공	복지관의 노인복지 담당자				○

2) 자원 확인하기

사례관리자는 클라이언트의 목적을 달성하는 데 필요한 자원을 확인해야 한다. 자원 확인(resource identification)은 계획의 필수적인 부분이기 때문에, 사례관리자는 클라이언트의 욕구를 충족시키는 데 있어 어떤 서비스가 가장 적절한지를 판단해야 한다. 이를 위해서는 사전에 다양한 공식적 · 비공식적 자원에 관한 정보를 수집하여 리스트를 만들어 놓는 것이 필요하다.

자원에 관한 정보를 수집할 때 기록해 두어야 할 사항은 다음과 같다(Rothman & Sager, 1997 : 95-96).

① **기관의 기능** : 기관이 제공하는 서비스는 어떤 영역에 속하는가? 이때 영역은 고용, 주거, 여가, 정신건강 등 문제중심으로 구분될 수도 있으며, 아동, 청소년, 노인 등 대상자별로 구분될 수 있다.

② **접근 및 자격** : 서비스의 자격요건은 무엇인가? 서비스 제공지역이 제한되어 있는가? 경제적 상태, 연령, 종교, 성 등 다른 개인적 특성들이 고려되는가? 그 조직의 회원이어야 하는가?

③ **요금** : 서비스의 이용가격은 얼마인가? 융통성이 있는가? 대부분의 사회적 서비스는 비용이 없기는 하나, 예산제약서비스의 경우 요금이 정해져 있기도 하다. 요금이 있는지 여부, 모든 사람에게 동일 요금 적용 여부 등을 확인하는 것이 중요하다.

④ **이용 가능성** : 서비스에 접근이 어느 정도로 쉬운가? 대기자들이 어느 정도인가? 얼마나 오래 기다려야 하는가? 서비스 이용시간은 얼마인가? 대중교통 수단을 이용할 수 있는 거리에 있는가?

⑤ **질과 신뢰성** : 서비스의 질적 수준이 높은가? 서비스가 안정된 방법으로 제공되는가? 기관의 명성이 있는가? 전문가들은 잘 훈련되어 있나? 이전에 이 프로그램을 이용한 클라이언트의 경험은 어떠한가? 정책과 프로그램에 대해 보조금이 일관되게 지불되는가?

⑥ **분위기 및 장소** : 우호적인 환경인가? 물리적 환경이 편안하고 미적인가? 프라이버시가 존중되는가?

⑦ **체계의 핵심인물** : 실천가들이 관계를 맺는 핵심인물은 누구인가? 케이스매니저가 의존할 수 있는 특정 인물은 있는가? 클라이언트가 이들에게 직접 접촉해야 하는가, 아니면 실천가를 경유해야 하는가? 어떤 사람이 회피의 대상인가? 누가 서비스 제공 결정을 내리는가?

〈표 7-8〉 **자원 목록표의 예**

자원 목록표

■ 법률

연 번	기관명	담당자/ 직책	연락처	제품 서비스	허용요건	비 고

■ 교육

연 번	기관명	담당자/ 직책	연락처	제품 서비스	허용요건	비 고

출처 : 보건복지부 · 중앙자활센터(2015).

〈표 7-9〉 **자원 연계표의 예**

자원 연계표

영역구분	참여자	연계 기관명	담당자		연계내용	연계일	비 고
			이 름	연락처			

출처 : 보건복지부 · 중앙자활센터(2015).

〈표 7-10〉 **자원 분류표의 예**

대분류	중분류	제공 서비스명
일자리	직업 상담 및 알선	직업 및 취업상담, 취업알선
	직업능력 개발 및 직업교육	공동작업장 지원, 내일배움카드 지원, 보호작업장 지원, 자격증 취득 지원, 직무교육, 직업 및 직장체험, 직업능력 평가, 직업적성검사, 직업훈련
	자활 및 일자리사업	공공근로사업, 노인일자리사업, 사회적 일자리사업, 인큐베이터사업단 운영, 자활근로사업, 지역공동체일자리사업, 직업재활 훈련, 취업성공패키지사업, 희망리본프로젝트
	창업지원	창업교육, 창업자금 지원, 창업지원, 희망가게 운영, 희망키움통장사업
	직업유지 및 자립지원	내일키움통장사업, 자립정착금 지원, 취약계층 가구 경제적 자립지원, 취업 후 상담 및 관리, 취업자간담회, 취업자자조모임, 퇴소 후 직업상담, 희망플러스사업
	구직 관련 비용지원	직업교육재료비 지원, 학원등록비 지원

주 거	주거환경 개선	가스 공사 및 점검, 누수방수 지원, 도색도배장판 지원, 방충망 설치 및 수리, 보일러 교체 및 수리, 불량주거환경 개선, 지붕개량 지원, 집수리 지원, 화장실개보수 지원 등
	거처마련 및 이주지원	시설입소 지원, 이사비 지원, 이사지원, 임대주택 지원, 임시주거 지원
	주거 관련 비용지원	난방유지원, 월세비 지원, 전세비 지원, 주거보증금 지원
일상 생활	가사지원	가사간병서비스, 물품관리, 세탁, 의류 및 침구 관리, 일상생활 훈련 및 교육, 장보기 지원, 청소, 행정 및 일상업무 지원 등
	식사(식품)지원	간식지원, 고기지원, 급식지원, 기타 부식지원, 김치지원, 도시락 지원, 떡국지원, 라면지원, 밑반찬 지원, 상차림 지원, 식사관리, 식사지원, 외식지원, 음료품 지원, 잡곡지원 등
	활동(이동)지원	차량지원, 동행지원, 등하교 지원, 물품배송 지원, 송영지원, 수화지원, 실버카 지원, 외국인통역서비스, 용변관리, 일상생활 훈련, 장애인 활동 지원 등
	위생(이미용)지원	개인위생 관리, 목욕, 위생용품 지원, 이미용 지원, 신체수발서비스 등
	생활용품 지원	가구관리, 가구지원, 가전제품 관리 및 지원, 기타 생활용품 지원, 냉난방용품, 상품권 지원, 안전용품 지원, 의료, 청소용품 지원, 출산용품 지원, 컴퓨터 지원 등
	일상생활 관련 비용지원	가스요금, 관리비, 교통비, 난방비, 보험료, 상하수도요금, 생계비, 의료비 감면, 이동통신 요금, 장애수당, 장애인연금, 전기요금, 증여세 면제, 후원금, 출산비, TV 수신료 지원 등
	복합지원	공동모금회 긴급지원, 공동모금회 후원현금, 복지서비스 정보물 제공, 생계유지활동 지원, 시설대관서비스, 취약계층 우대증 발급 등
신체 건강 및 보건 의료	질병예방 및 건강관리	가정간호서비스, 간병서비스, 건강관리, 건강교육 및 정보제공, 건강상담, 구강교육, 금연교육, 금주교육, 낙상예방 관리, 마사지, 만성질환 관리, 방문건강관리서비스, 영양교육, 위생교육, 자조모임, 치매관리, 투약관리 등
	검진, 진단 및 치료	발달검사, 노인건강검진, 신체장애진단, 아토피 치료, 안과검진, 일반건강검진 및 진료, 치과진료, 치매조기검진, 한방진료 등
	재활치료	감각치료, 물리치료, 수지침 치료, 언어치료, 운동치료, 작업치료, 청력훈련, 통증치료 등
	산전 후 관리	산전후 건강관리, 예비부모교육, 임산부교실, 영유아 영양보충
	의약품, 의약외품 및 보장구 지원	구충제, 보습제 지원, 보장구 대여 및 수리, 지원, 성인기저귀 지원, 안경지원, 틀니지원, 한약지원, 헌혈증 지원 등
	보건의료 관련 비용지원	검사비 지원, 난임부부수술비 지원, 의료지 지원 등

정신 건강 및 심리 정서	정신건강교육	우울증예방교육, 자살예방교육, 약물오남용예방교육, 인터넷중독예방교육 등
	심리검사 및 진단	우울증 검사, 인터넷중독진단심리검사, 성인심리검사 등
	정신심리상담	우울증상담, 자살예방상담, 알코올중독상담, 약물중독상담, 인터넷중독상담
	정서발달 및 치유지원	놀이치료, 미술치료, 독서치료, 웃음치료, 원예치료, 음악치료, 대인관계 훈련, 말벗지원, 사회적응 훈련, 아동청소년 심리지원, 우리 아이 심리지원, 노인맞춤형 정서지원, 가족관계 개선, 사회성 향상지원 등
	정신질환자 치료 및 사회복귀 지원	정신과진료, 심리치료
	정신건강 관련 비용지원	정신과 진료비용 지원, 심리치료 비용지원
보호 및 돌봄 요양	장기시설보호	가정위탁보호, 아동보호시설, 자립지원시설, 노숙인자활시설, 노숙인요양시설
	단기시설보호	일시보호시설(아동, 청소년, 노인, 장애인, 노숙인, 한부모자녀)
	주야간보호	주간보호시설, 야간보호시설
	간병 및 돌봄서비스	노인돌봄기본서비스, 노인돌봄종합서비스, 방문요양서비스, 간병서비스, 간병인 파견, 장애인돌봄서비스, 산모/ 신생아 돌봄서비스
	장제서비스	장제급여 지원, 임종교육, 영정사진 촬영, 장례지원, 장례비 지원
	돌봄, 요양 관련 비용지원	돌봄 및 요양 관련 비용지원
보육 및 교육	양육상담 및 부모교육	양육상담, 부모교육
	보육 및 양육 지원	어린이집 연계, 시간제 탁아지원, 가정방문, 보육서비스, 시간연장보육서비스, 방과 후 돌봄서비스, 방과 후 교실
	인지발달 및 학습지원	인지학습치료, 기초학습 지원, 독서논술 지도, 학습지 지원, 보충학습, 도서(대여)지원, 교구재 지원, 학용품 지원, 아동인지능력향상서비스, 다문화가정아동발달서비스
	특기적성 지원	외국어교육, 예체능교육, 경제교육, 각종 특지적성교육, 동아리활동 지원
	진로지도 및 상담	진로 및 직업상담, 진로탐색 및 체험, 의사소통능력 향상기술 지원, 학교생활 적응력 향상지원, 아동자아존중감 향상지원, 사회예절교육, 생활교육
	장애특수교육	언어발달 지원, 점자교육, 수화교육, 장애특수교육
	평생교육	정보화교육, 컴퓨터교육, 노인교실, 노인대학, 은퇴준비교육, 외국어교육, 성인한글교실, 한자교육, 경제금융교육, 임종교육
	보육 및 교육 관련 비용지원	보육료 지원, 아동양육수당 지원, 교육비 지원, 장학금 지원, 학원비 지원

문화 및 여가	공연, 전시관람 지원	영화, 공연, 미술관, 박물관, 스포츠경기 관람, 문화예술현장 탐방, 문화예술교육, 문화바우처사업
	체육활동 지원	체육활동 물품지원, 체육대회 참여 등
	체험 및 여행 지원	야외활동 지원, 동물원 및 놀이공원 견학, 캠프 및 여행 지원, 효도관광 지원, 돌봄여행서비스, 여행바우처
	취미활동 지원	프로그램 참여, 동아리활동 지원
	문화, 여가 관련 비용지원	문화 및 여가활동 관련 비용에 대한 현금지원
안전 및 권익보장	안전 및 인권교육	인권교육, 아동권리교육, 학대 및 (성)폭력예방교육, 실종유괴예방교육, 재난대비안전교육, 권익보장지원
	학대 및 폭력피해자 지원	폭력피해자 신고 및 접수 지원, 폭력피해자 쉼터입소 지원, 가정폭력피해자 시설입소, 성매매 피해여성시설 입소지원
	법률 및 재무상담	법률상담, 법률정보 제공, 법률교육, 개인파산 및 회생절차 지원, 신용회복절차 지원, 채무상담, 금융상담, 이혼법률상담
	법률지원 관련 비용지원	법률상담 및 변호사 선임 등 관련 비용지원

출처 : 보건복지부(2016a).

4. 계획의 실행

사례관리자는 클라이언트에게 상담이나 직접 서비스를 제공하기도 하지만, 계획서에 명시된 서비스와 자원을 확보하고 조정하여 연계하는 기능을 수행한다. 서비스 조정은 지역사회 내에서 클라이언트가 필요로 하는 자원을 발굴하여, 클라이언트가 이용할 수 있도록 연결시켜 주는 작업일 뿐만 아니라, 클라이언트의 욕구에 적절한 자원이 없거나 서비스 제공을 거부할 경우에는 클라이언트의 권리에 대해 주장적 옹호를 하거나, 서비스 체계의 경직성을 극복하려는 노력, 클라이언트가 불공정한 처우를 받지 않도록 강하게 주장하는 것, 설득하는 것, 강요하는 것 등이 중요한 부분으로서 자리 잡고 있다.

오늘날은 한 기관의 서비스만으로 혹은 한 전문가의 노력만으로 클라이언트가 필요로 하는 모든 서비스를 제공하기는 어렵기 때문에 사례관리자는 서비스의 공급주체들과 평상시 좋은 관계를 맺으면서, 클라이언트가 그들의 서비스를 잘 이용할 수 있도록 원조해 주는 것이 중요하게 되었다. 다양한 욕구를 충족시켜 줄 수 있는 다양한 기술을 한 명의 실천가가 보유하고 있지 못할 경우, 그 대안책은 다른 실천가 및 전문가들의 관여를 증대시키는 것이 있을 수 있다. 또 만일 필요한 서비스가 국가부문에서 이용될 수 없을 경우, 민간부문과 동맹하여 중개나 옹호 역할을 수행할 수도 있다. 사례관리체계에서 계획의 실행을 책임지는 실천가는 가능한 한 계획을 수립한 사람과 일치하는 것이 바람직하다. 불가피하게 개입이 상이한 실천가에 의해 이루어진다면, 원래 계획을 수립했던 실천가에게 그 결과를 피드백해 주는 것이 필요하다. 그리고 계획이 아무리 복잡한 것이라 할지라도, 개입은 한 사람에 의해 책임지도록 하는 것이 중요하다. 여러 서비스 투입이 조정되어야 할 경우, 실천가는 중개역할뿐 아니라 서비스 전달 책임도 질 수 있어야 한다. 그러나 제공될 서비스가 한 가지뿐이라면, 개입 책임은 서비스 제공자에게 주어지는 것이 훨씬 경제적일 수 있다.

5. 모니터링 및 재사정

클라이언트를 사정하고 서비스 계획을 세운 후에 사례관리자는 클라이언트의 상황과 제공되는 서비스의 질에 대한 지속적인 평가를 수행해야 한다. 이러한 과정을 통해 때로 서비스 제공계획은 수정되기도 한다. 위기상태에 있거나, 복합적인 욕구를 가진 클라이언트일수록 사례관리자가 모니터링과 재사정(reassessment)에 투자하는 시간과 노력은 커진다. 왜냐하면 그러한 사람들일수록 욕구가 빠르게 변화하고, 또 갑자기 위기상황에 처할 가능성도 높기 때문이다(Quinn, 1993 : 122).

모니터링이 서비스가 실제 전달되는 동안 기존의 계획이 클라이언트에게 만족스러운지 또는 계획의 수정이 필요한지를 지속적으로 알아보는 일이라면, 재사정은 기존의 계획이 제대로 수행되고 있는지를 평가하는 활동이다. 재사정은 3개월 내지 6개월마다 행하는 경우가 일반적이다. 모니터링을 통해 욕구의 변화가 보일 경우 재사정을 시행한다. 다음에서는 각 단계의 내용을 구분하여 좀 더 구체적으로 살펴보기로 한다.

1) 모니터링

모니터링은 사례관리자가 클라이언트, 클라이언트의 가족, 서비스 제공자들과 정기적으로 만나 서비스가 적절한지, 클라이언트의 현재 욕구를 충족시키고 있는지를 확인하는 과정이다. 이 단계의 목적은 현재의 서비스 배정상태가 클라이언트에게 만족스러운 것인지, 아니면 변화가 필요한지를 파악하는 것이다.

모니터링은 두 가지 형태를 취한다. 하나는 클라이언트의 복리를 점검하는 것이고, 둘째는 계획에 따라 제공되는 서비스의 적절성을 평가하는 것이다. 또한 클라이언트에 대해서뿐만 아니라 서비스를 제공하는 제공자에 대해서도 적절한 수행기준을 지키고 있는지 지속적으로 감독할 필요가 있다. 일반적으로 이 과정은 가정방문, 전화통화, 편지, 설문지 발송, 직원 간・기관 간의 상의와 관찰 등의 방법을 통해 클라이언트, 가족, 서비스 제공자와의 적절성을 보장받을 수 있게 된다.

모니터링이 이루어지는 세부영역은 서비스 계획의 목적이 잘 달성되고 있는지, 서비스 및 자원의 전달이 제대로 이루어지고 있는지, 서비스의 질이 어떠한지, 예산관리는 잘 되고 있는지(과거 이 영역은 실천가가 거의 관여하지 않았던 부분이다) 등이 있다. 실천가는 이러한 문제들을 염두에 두면서, 이용자의 욕구 및 선호에 어떤 변화가 발생하고 있는지에 끊임없이 주목해야 한다. 만일 변화가 있다면 그 변화의 이유를 기록하고, 추적단계에서 이것을 고려하여 계획에 반영, 수정해야 한다.

(1) 서비스의 질에 대한 판단

서비스의 질은 크게 구조, 과정, 결과 차원으로 구분하여 평가할 수 있다. 구조적 차원은 한 명의 사례관리자에게 할당된 클라이언트의 수, 사례관리자의 자격, 클라이언트 변동률 등과 같은 행정체계를 검토하는 것이다. 과정 차원에 대한 모니터링은 사례관리자가 수행하는 활동을 평가하는 것이다. 사례관리자의 활동을 세분하여 평가하기는 어렵지만, 대체로 한 달 동안의 가정 방문 횟수, 초기 면접에서의 공식적 사정, 실질적인 서비스 제공까지 걸린 시간 등을 통해 평가한다. 결과 모니터링은 클라이언트에게 변화가 있는지, 그 변화가 예상된 변화인지, 그리고 클라이언트가 결과에 만족하는지 여부 등을 통해 평가하는 것이다(Holt, 2000 : 66).

(2) 클라이언트에 대한 모니터링

사례관리자는 클라이언트와 지속적으로 접촉하여 클라이언트의 상황변화를 평가하여 서비스 계획이 수정될 필요가 있는지를 판단한다. 여기서 사례관리자는 다음과 같은 질문을 제기해야 한다(Holt, 2000 : 67).

- 클라이언트의 상황이 변화되었는가?
- 의뢰가 여전히 적절한가?
- 클라이언트가 서비스 및 서비스 제공자에 대해 만족하는가?
- 바람직한 결과가 달성되었는가?
- 계획이 수정되어야 하는가?
- 개입이 종결되어야 하는가?

(3) 서비스 제공자에 대한 모니터링

서비스 제공자들의 능력, 계약 이행 등을 점검할 필요가 있다. 즉, 서비스 제공계획과 실제 제공내용이 일치하는지 여부를 점검해야 한다. 또한 서비스 제공기관 간의 연계 및 협력 정도도 점검되어야 하는데, 서비스 제공자들의 노력이 서로 보완적인지, 모든 필요한 정보가 공유되고 있는지 등을 평가한다. 이 과정은 이전의 사정, 계획을 수행한 실천가에 의해 계속 그 책임이 유지되는 것이 바람직하다. 그 이유는 실천가의 책임의식이 이 경우에 보다 강하게 지속되기 때문이다. 그러나 이 과정은 여러 사람에 의해 책임이 공유되고 한 실천가에 의해 그 책임이 조정되는 형태를 취할 수도 있다.

모니터링의 결과에 욕구를 재사정하거나, 서비스 계획을 재수립하는 경우, 종결을 위한 평가준비가 이루어질 수 있다. 아래 <표 7-11>는 우리나라 희망복지지원단에서 제안한 점검결과에 따른 조치방안을 소개한 것이고, <표 7-12>는 모니터링 기록양식의 예이다.

〈표 7-11〉 **점검결과에 따른 조치사항**

점검결과	조치사항
• 클라이언트를 둘러싼 환경에 변화가 생겨 재검토가 필요한 경우 • 서비스가 진행되면서 새로운 욕구나 문제가 발생한 경우	욕구 재사정
• 서비스의 양 또는 횟수, 종류에 대해 클라이언트가 불만을 가지는 경우 • 서비스 제공자의 여건변화로 서비스 제공이 어려운 경우	서비스 제공계획 재수립
• 클라이언트 상황이 호전되어 더 이상 사례관리가 필요하지 않은 경우 • 클라이언트의 연락두절, 이사 등으로 사례관리 진행이 어려운 경우 • 클라이언트가 1개월 이상 사례관리서비스를 거부하는 경우	종결을 위한 사례관리 평가

출처 : 희망복지지원단 중앙지원센터(2014), p. 24 재구성.

〈표 7-12〉 **사례관리 모니터링 양식(예시)**

■ 사례개요

성 명		사례번호	
연 령		성 별	
점검 차수		점검일	

■ 사례관리 점검평가표

점검문항		매우 동의	동 의	보 통	동의하지 않음	전혀 동의하지 않음
서비스 제공자	제공되고 있는 서비스의 양은 충분한가?					
	제공되는 서비스의 내용은 적절한가?					
	제공되는 서비스의 질은 양호한가?					
	서비스의 제공방법은 적절한가?					
	제공하는 팀 간의 협력은 적절한가?					
	사례관리자 의견					
클라이언트	클라이언트에게 의미 있는 변화가 있는가?					
	클라이언트가 서비스에 만족하는가?					
	클라이언트 스스로 능력이 개발되고 있는가?					
	사례관리자 의견					

※ 클라이언트 역량이 강화된 징후

▣ 욕구충족 능력이 강화된 징후들
- 클라이언트가 이전에는 그렇게 하지 못했던 것을 이제는 자기 스스로 중요한 결정을 내린다.
- 클라이언트가 자신이 얼마나 잘 하였는지에 대해 진술한다.
- 사례관리자와 접촉하지 않고도 작은 문제들을 처리할 수 있는 능력을 보인다.
- 사례관리자로부터 격려받지 않고도 혼자 힘으로 문제를 해결하는 데 필요한 다음 단계를 밟는다.
- 자신감 있고 자신을 통제하는 것처럼 보인다.
- 사례관리자의 격려 없이 클라이언트가 자발적으로 미래에 대한 계획을 세운다.

▣ 독립심이 강화된 징후들
- 사례관리자와 정기적인 만남을 갖는 대신 필요할 때에 사례관리자를 만나는 것을 선호하게 되거나, 혹은 주 단위 모임에서 월 단위 모임으로 옮겨간다.
- 클라이언트가 일이 잘 되어가고 있을 때 약속에 오지 않는다.
- 사례관리자에게 전화하는 횟수가 줄어든다.
- 사례관리자와 연락하지 않고 몇 주 동안 혼자서 잘 지낸다.
- 사례관리자보다는 주요 원조자(key helpers) 중의 한 사람과 더 가까운 관계를 발전시킨다.

▣ 효과적으로 원조망을 활용하는 징후들
- 클라이언트는 필요할 때 친구와 친척으로부터 지지를 얻는다.
- 사례관리자의 도움 없이 자발적으로 필요한 자원과 접촉한다.
- 혼자서 자원과의 접촉을 유지할 수 있다.
- 이용 가능한 자원에 대한 인식이 확대된 것으로 보인다.

출처 : 권진숙 · 전석균(2001), p. 293.

2) 재사정

지속적인 점검과 더불어 사례관리는 일정한 간격을 두고 이루어지는 공식적인 재사정 과정을 강조한다. 병원에의 재입원이나, 요양원에의 입소와 같은 특정 사건이 발생할 수 있는 것도 공식적인 재사정 과정의 결과이다. 사정과 마찬가지로 재사정도 클라이언트의 욕구에 기반되어야 한다. 즉, 재사정의 초점은 서비스가 아닌 욕구, 다시 말해 이용자의 견해와 선호, 그러한 욕구를 다루는 서비스의 효과성에 맞추어져 있어야 한다.

재사정의 대상 범위는 욕구의 복잡성과 투입되는 자원의 수준에 달려 있으며, 재사정의 빈도는 욕구가 변화된 정도에 좌우된다. 그리고 재사정 과정에는 최초의 계획과정에 참여했던 모든 사람들이 관여해야 하되 반드시 직접적인 만남을 통할 필요는 없다. 점검과정과 마찬가지로 전화나 편지를 통해서도 이 과정에 모든 사람이 관여할 수 있다. 이 과정은 일반적으로 <표 7-13>과 같은 다양한 목적을 충족시켜 주는 이점이 있으며, 바로 이러한 내용이 재사정 보고서에 기록된다.

〈표 7-13〉 **재사정에 포함될 내용**

구 분	항 목	내 용
1	성공 및 실패의 이유	이는 미래 활동의 지침이 될 수 있다.
2	제공된 서비스의 질과 비용	현재 서비스의 비용 효과성에 대한 판단은 미래 서비스 제공계획에 매우 중요하다.
3	현재 욕구	이전의 욕구에 집중해서 현재의 변화된 욕구를 놓쳐서는 안 된다. 실천가는 이용자의 선호와 욕구가 항상 변화상태에 있고 그 결과로서 서비스 또한 변화되어야 한다는 전제를 가지고 있어야 한다.
4	서비스 자격	적절한 서비스 제공으로 개인의 대처능력이 증대되었을 경우, 실천가는 서비스 변화의 이유를 이용자에게 잘 설명해 주어야 한다.
5	결과 목표	욕구 달성의 진전 정도에 비추어 초기의 목적이 재검토되고, 이용자의 동의를 받아 새로운 목적을 수립해야 한다.
6	새로운 서비스 요구사항	계획의 수정은 서비스 계약의 갱신을 요하거나, 제공될 서비스의 양과 형태에 대한 재규정을 요한다.
7	비용 재계산	다음 재사정 기간에 이를 동안의 예산을 계산한다.
8	서비스의 결함	재사정 기간마다 새로운 결함이 확인될 경우, 이 사실과 이에 대한 새로운 서비스 계획을 클라이언트에게 알린다.
9	다음 재사정 일정	재사정 간격은 이용자의 욕구변화와 관련되어야 하지만, 대체적으로 각 재사정 과정에서 그 다음 번의 재사정 날짜를 정해두어야 한다. 그럴 경우, 재사정가 지연될 위험을 사전에 예방할 수 있다.

출처 : Social Service Inspectorate(1991), p. 87.

〈표 7-14〉 **재사정 양식의 예**

재사정 양식

재사정연월일 : 년 월 일

담당 사회복지사 : (인)

담 당	과 장	부 장	관 장

클라이언트 개인사항							
관리번호		성 명		종 교		주민등록번호	
대상자 분 류	아동·청소년( ), 노인( ), 장애인( ) 가족구성 형태( )						
	일반수급( ), 조건부수급( ), 자활특례( ), 차상위( ), 저소득( ), 일반( )						
	의료보장	의료보호1종( )· 2종( ), 직장의료보험( ), 지역의료보험( )					
주 소						전화번호	
가족 사항	관 계	성 명	생년월일	직 업	종 교	동거 여부	비 고
재사정 유 형	( ) 새로운 욕구가 발생 ( ) 긴급한 상황이 발생 ( ) 기 타			재사정 요 인	( ) 클라이언트에 의한 요인 ( ) 기관과 사회복지사에 의한 요인 ( ) 자원과 환경에 의한 요인		
Client 변화욕구	(클라이언트의 재사정이 필요하게 된 욕구나 상황)						
서비스 제공 및 문제	(클라이언트에게 제공된 서비스와 문제)						
Wer'의 의 견							
재사정 결과	( ) 종 결 ( ) 서비스 재계획 ( ) 의 뢰 ( ) 현 상태 유지						
향후계획							

○○(종합)사회복지관

6. 평가 및 종결

1) 평 가

사례관리에서 결과를 평가하는 것은 매우 중요하며, 평가자료들은 궁극적으로 사례관리의 효과성을 제시하는 주요 근거가 된다. 평가는 실천의 효과성을 검토하고, 서비스 대상자에 대한 사례관리자의 책임성을 증대시키며, 실천과 서비스 전달의 새로운 모델을 개발하는 데 도움을 줄 수 있다. 나아가 사례관리에서 평가는 평가과정에서 적극적인 참여를 격려함으로써 서비스 대상자의 임파워먼트 증대 수단으로서 기능하기도 한다.

평가기능은 앞 단계의 점검기능과는 다르다. 개입 중간에 개입활동이 계획대로 진행되고 있는지, 혹은 개입이 클라이언트의 문제해결에 어느 정도 도움이 되고 있는지를 확인하는 것이 평가의 1단계인 점검활동이라고 한다면, 평가는 이러한 활동이 바람직한 결과를 초래했는지 여부에 초점을 맞춘다. 즉, 평가는 결과목적이 달성되었는지 여부에 보다 많은 관심을 갖는 것이라고 할 수 있다. 사례관리의 효과성에 대한 평가는 다음의 네 가지 차원에 대한 검토를 통해 이루어질 수 있다(Moxley, 1989 : 125).

- 서비스 계획이 클라이언트에게 가치 있는 것인지 여부를 평가한다.
- 각각의 결과목적들을 검토한다. 결과목적의 달성으로 특정 욕구영역에서 긍정적인 변화가 있었는지를 검토한다.
- 계획의 실행이 클라이언트의 생활에 어떤 변화를 초래했는지, 즉 사례관리의 일반적인 효과성에 대해 평가한다. 예를 들어, 계획의 실행이 클라이언트의 기능을 향상시켰는가, 개입으로 클라이언트의 삶의 질이 향상되었는가 하는 문제를 제기할 수 있다.
- 클라이언트가 만족한 정도, 그리고 클라이언트에게 전달된 서비스와 지지의 효과성을 평가한다.

이러한 질문들에 대한 대답은 다른 클라이언트에 대한 사례관리의 적용을 지속시킬 것인지 여부를 결정짓게 해주는 만큼 상당히 신중하고 객관적으로 수행되어야 한다.

2) 평가의 구체적 방법

평가의 기법은 상당히 다양하나, 여기서는 많은 사회복지사들에 의해 이용되는 대표적인 평가방법인 단일사례 평가법을 중심으로 설명하기로 한다. 이 방법은 최종 결과를 평가하기 위해 사용하는 방법으로, 사례관리를 포함하여 사회복지실천 전반에서 이행하기가 쉬운 평가방법이다. 단일사례 실험설계법은 개입 시작 시에 확립된 기초선을 통해 개입 전과 개입 후의 변화를 비교, 분석하여 평가하는 것이다.

이 평가를 수행하기 위해서는 먼저 개입 전에 변화의 대상(문제나 욕구, 상황)을 정하여 관찰, 측정해 두어야 한다. 개입 전의 관찰, 측정기간을 기초선이라고 하는데, 이때 정확한 상황파악을 위해서는 적어도 2회, 가능하면 3회의 관찰, 측정이 바람직하나 실제 현장에서는 이것이 어려운 경우가 일반적이다.

관찰은 사례관리자나 다른 직원이 직접 관찰, 기록이 가능한 경우에 이 방법을 사용할 수가 있다. 구체적인 예를 들면, 노인의 집에 입소한 노인의 고독감을 감소시키려는 개입의 목표달성을 평가하기 위해, 사례관리자나 입소 시설의 직원은 노인이 다른 입소자와 이야기하는 빈도나 시간의 길이 등을 직접 관찰하여 측정, 기록할 수 있다. 이때 관찰, 기록하는 직원이 상이한 경우에는 관찰대상, 관찰하는 시간 등을 명확하게 결정해 두는 것이 중요하다. 가령 관찰대상이 다른 입소자와의 대화빈도나 시간이라고 할 경우, 시설 직원과의 대화빈도는 횟수로서 포함되지 않아야 한다는 데 사전 합의를 해두어야 하는 것이다.

이 외에도 표준화된 척도를 사용하여 측정하는 방법이 있다. 심리상태 등을 측정할 경우에는 표준화된 척도법을 주로 사용하는데, 이의 예로는 환자의 일상생활 기능 상태를 측정하는 일상생활 기능 척도, 도구적 일상생활 기능 척도 등이 있다.

이러한 관찰법이나 표준화된 척도가 적절하지 않은 경우에는 욕구나 문제의 상황에 대한 클라이언트의 자기보고식 측정법이 활용될 수 있다. 가령 정신장애인인 클라이언트가 주간보호센터에 일주일에 3회 가도록 되었으나, 클라이언트 자신은 이에 대해 별로 적극적이지 않다고 해보자. 사례관리자는 주간보호센터에 나가는 동기를 중심으로 다음과 같은 자기보고식 척도 카드를 클라이언트로 하여금 작성하게 하는 평가방법을 채택할 수 있다. 이 사례의 목표, 개입, 평가대상을 정리하면 <표 7−15>로 나타낼 수 있다(大島伯 감수, 1999).

〈표 7-15〉 **자기보고식 척도법 사용의 예**

목표 : 정신장애를 지닌 클라이언트가 주간보호소에 주 3회 가기
문제 : 클라이언트가 주간보호소에 가는 것을 별로 마음 내켜하지 않는다.
개입 : 주간보호소에 갈 수 있도록 클라이언트의 동기를 높인다.

사례관리자의 기능
1. 클라이언트에 대한 심리적 지지
2. 주간보호소 직원과 서비스 조정
3. 클라이언트와 주간보호소 직원과 연계

평가대상
1. 주간보호소에 나가는 마음가짐
2. 측정법 : 0점에서 6점으로 갈수록 가고 싶은 마음이 높은 것을 나타낸다.

주간보호소에 가고 싶은 마음은 어느 정도인가?

0 1 2 3 4 5 6

전혀 없다 매우 가고 싶다

개입 전과 후에 변화가 뚜렷하게 감지될 경우, 사례관리자의 개입은 욕구충족, 문제 해결 및 경감에 도움이 되었다고 판단할 수가 있다. 그러나 개입 외적 요인에 의해 클라이언트의 욕구가 충족 혹은 문제가 경감되었을 경우 그러한 요인에 대해서는 면접기록이나 다른 직원으로부터의 정보 등을 이용

하여 분석한 후에 사례관리 평가에서 최종판단을 내리는 것이 보다 신중할 것이다.

3) 종 결

사례관리는 다른 개입보다 종결을 논하기가 어렵다. 왜냐하면 지속적인 보호관리를 목적으로 하는 사례관리의 대상층이 치료나 문제가 쉽게 해결되는 단기 환자보다는 대개 만성적이고 상태가 점점 악화되어 가는 경향이 있기 때문이다. 때문에 일부 사례관리서비스는 클라이언트의 전 생애에 걸쳐 지속적으로 제공되기도 한다. 이러한 상황에서 유일한 종결은 클라이언트가 사망하는 경우일 것이다. 일단 이러한 상황이 발생하면 종결이 진행되고, 이때는 개인이나 가족, 서비스를 제공한 자원체계가 전부 관여된다.

또 다른 경우는 사례관리서비스가 더 이상 클라이언트에게 도움이 되지 않는다는 판단이 설 때이다. 이때의 과업은 종결지을 때를 결정하는 것, 종결에 대한 정서적 반응을 해결하는 것, 미래에 대한 계획을 설정하거나 다른 전문가에게 의뢰를 하는 것 등 일반적인 실천에서의 종결과업과 일치한다.

사례관리자가 종결을 효과적으로 행하기 위해서는 종결을 저해할 수 있는 장애들에 대해 인식하고 있는 것이 중요하다. 그중 하나는 전문적 실천가가 클라이언트를 잡고 늘어지는 경향이 있는 경우이다. 실천가는 그 자신의 욕구를 충족시켜 왔던, 즉 다른 사람을 통제하려는 욕구나 케어를 완벽하게 처리해 내려는 자신의 야심 때문에 종결을 싫어한다. 전문적 실천가 자신의 감정에 대한 인식, 클라이언트 욕구에 대한 강조를 통해 이러한 장애요인은 예방될 수 있다.

또 다른 요인은 전문적 실천가와 클라이언트 간의 관계 성질이다. 친밀한 관계로 발전되어 왔을수록 양자는 종결에 대한 강한 반응을 갖기 쉽다. 이러한 경우에는 상실의 감정이 다루어질 수 있을 정도의 충분한 시간이 허용되어야만 한다.

그리고 모든 클라이언트가 종결을 상실로서 생각한다고 전제하는 것도 장애요인이 될 수 있다. 일부 사람들은 오히려 종결을 반기기도 하며, 실천가와의 공동작업을 그들 생활에 대한 간섭으로 생각해 왔을 수도 있다. 사실 클라이언트들이 종결에 대해 긍정적인 감정을 더 많이 갖는다는 사실을 보여주는 연구도 있었다.

사례관리자와 클라이언트가 매번 의식적으로 종결하는 습관을 발달시켜 왔다면, 그들은 종결의 좋은 기반을 닦아놓은 셈이다. 각 회기를 요약하는 것은 클라이언트에게 과정의 의미를 제공해 주고, 앞으로 어느 정도의 시간이 남아 있는지를 알게 해주며, 사례관리자에게는 클라이언트의 생각을 이해하고 예기하지 않은 종결이 일어나지 않도록 과정 중의 수정을 가능하게 할 것이다.

〈표 7-16〉 **사례관리 종결양식의 예**

클라이언트 이름 ______________________

종료 날짜 ______________________

사례관리 No.______________________

	종결코드
○ 1	사례관리서비스 완결 케이스 종결
○ 2	클라이언트 상태의 호전, 또는 안정화로 사례관리서비스가 더 이상 요구되지 않음
○ 3	클라이언트가 보다 높은 수준의 서비스를 요구하여 다른 프로그램으로 이전됨
○ 4	클라이언트가 장기시설보호를 요구함
○ 5	클라이언트가 다른 지역으로 이사감
○ 6	클라이언트가 케어계획을 따를 수 없거나 따르려고 하지 않음
○ 7	클라이언트가 사망함
○ 8	기타

코멘트

사례관리자 No. ______________________

사례관리자 서명 ______________________

〈표 7-17〉 사례관리 평가서의 예

사례관리 평가서

담 당	과 장	부 장	관 장

<table>
<tr><td>관리번호</td><td colspan="2"></td><td>성 명</td><td></td><td>주민번호</td><td></td></tr>
<tr><td>주 소</td><td colspan="4"></td><td>등 록 일</td><td></td></tr>
<tr><td rowspan="5">평가내용</td><td>서비스 내용</td><td>계획의 적합성</td><td>결과목적 달성</td><td>효 과 성</td><td colspan="2">만 족 도</td></tr>
<tr><td>서비스 1</td><td></td><td></td><td></td><td colspan="2"></td></tr>
<tr><td>서비스 2</td><td></td><td></td><td></td><td colspan="2"></td></tr>
<tr><td>서비스 3</td><td></td><td></td><td></td><td colspan="2"></td></tr>
<tr><td>서비스 4</td><td></td><td></td><td></td><td colspan="2"></td></tr>
<tr><td>평가결과 및 이유</td><td colspan="6">( ) 종 결 ( ) 재사정 ( ) 의 뢰 ( ) 유 지</td></tr>
<tr><td>평가일</td><td colspan="2"></td><td colspan="2">담당 사회복지사</td><td colspan="2"></td></tr>
</table>

CHAPTER 08

사례관리 기법

01 직접적 기법
02 연계(Linkage)
03 옹호(Advocacy)
04 협력 및 조정

CHAPTER 08

사례관리 기법

사례관리는 서비스 제공의 중복이나 누락을 방지하고 효율적인 서비스 제공을 위해 서비스 간 조정과 협력을 강조하는 행정적·관리적 특성과 클라이언트와의 전문적 관계 속에서 지속적인 보호의 직접적인 상담을 강조하는 직접적 개입의 특성을 모두 포함한다. 즉, 사례관리는 지지, 상담, 조언을 제공하는 직접적 실천임과 동시에 자원을 연계, 조정하는 간접적 실천으로, 미시적인 접근이면서도 동시에 거시적인 접근이다.

1. 직접적 기법

사례관리자가 클라이언트와 그들 가족을 직접 대면하여 관계를 형성하고, 정보를 취득하기 위해서는 적절한 대인관계 기술이 필요하다. 일반적으로 사례관리에서 대인관계 형성을 위한 핵심적인 두 가지 기술은 인터뷰 기술과 상담기술로, 여기서는 이 두 측면에 초점을 맞춰 설명하겠다.

1) 인터뷰 기술

사례관리자는 사례관리 전 과정에 걸쳐 필요한 정보를 획득하고, 정보를 제공하기 위해 빈번히 인터뷰를 수행한다. 질문하기와 듣기는 인터뷰의 대표적인 기술로서, 특히 사정단계에서는 정보를 수집하여 서비스 자격 여부를 결정하는 중요한 도구이다. 인터뷰 기술에서 가장 중요한 것은 관련된 사람들이 자유롭게 그들 관심을 표현하도록 하는 것과, 상황과 문제에 그들의 이해를 증대시키는 것이다.

먼저 정보수집과 관련하여 사례관리자가 필요로 하는 정보를 직접적으로 질문하는 것만으로는 충분하지 않다. 성공적으로 인터뷰하기 위해서는 질문을 잘하는 것은 물론 말하는 방법, 예를 들어 발성이나 신체적 제스처뿐만 아니라 경청하는(듣고, 관찰하고, 격려하고, 기억하는 것) 데도 숙련되어야 한다. 그리고 나아가 이 두 기술을 결합한 적극적인 경청, 다시 말해 들은 것을 정확히 이해하고 있음을 상대방에게 다시 전달하는 방법에도 익숙해 있어야 한다.

(1) 질문하기

질문하기의 주된 목적은 정보를 수집하는 것이다. 이는 초기 접촉과정, 사정과정에서 특히 중요한 부분이다. 정보는 관찰이나 경청을 통해 수집될 수도 있지만, 보다 일반적인 방법은 사실(fact)과 감정(emotion)을 동시에 끌어낼 수 있는 적절한 질문을 하는 것이다.

이때 클라이언트를 불편하게 하는 질문들은 피하는 것이 좋다. 그러한 질문의 예로는 다음과 같은 유형이 있다(Summers, 2006 : 162-163).

① "왜"라는 질문

"왜 그렇게 하셨죠?", "왜 그렇게 생각하나요?"와 같은 질문은 클라이언트로 하여금 사례관리자가 다른 식으로 생각하거나 행동했어야 했다고 믿고 있는 것처럼 느끼게 할 수 있다. 그리고 대부분의 사람들은 그렇게 하게 된 이유나 원인을 잘 알고 있지 못하고 있기 때문에 적절한 대답을 찾지 못할 수 있다.

② 복합적인 질문

"학교에 갔을 때 친구들 반응은 어떠했나요? 그리고 선생님은 뭐라고 이야기하던가요?" 이처럼 한 번에 몇 가지 질문을 동시에 한다면 클라이언트는 심문받는 느낌을 가질 수 있고 이는 클라이언트를 혼란스럽게 할 수 있다.

③ 주제를 바꾸는 질문

클라이언트가 이야기를 하고 있는 주제를 벗어나 다른 질문을 하는 경우가 있다. 이러한 경우는 질문자가 클라이언트의 이야기에 귀를 기울이지 않아 계속 그 주제에 대해 클라이언트가 이야기를 하고 싶어 하는 지를 못 알아챘기 때문일 수 있다. 클라이언트는 자신의 이야기를 관심 있게 듣고 있지 않는 것으로 판단하기가 쉽다. 다른 주제의 질문을 하고자 한다면 그것이 클라이언트의 현재 관심사와 관련이 있는지, 클라이언트의 상황을 보다 명확히 해주는 것인지를 확신해야 한다.

예를 들어, 어머니의 사망과 관련된 자신의 우울한 감정과 죄책감 등에 대해 좀 더 많은 이야기를 하고 싶어 한다고 하자. 이 경우 그러한 욕구를 감지하지 못한 사례관리자는 “어머니가 돌아가셔서 안됐군요… 그런데 현재 아이들 돌보는 데 어떤 어려움이 있나요?”라고 화제를 돌린다면 클라이언트는 사례관리자가 자신의 이야기에 관심이 없다고 느낄 수 있다.

④ 클라이언트에게 자신의 가치를 부여하는 질문

사례관리자는 종종 자신의 가치체계에 기반한 질문을 하는 경우가 있다. 그러나 클라이언트는 사례관리자와 다른 가치를 가질 수도 있다. 예를 들어, 당신은 진실성에 높은 가치를 두는 반면, 클라이언트는 집단의 화목에 가치를 더 크게 두고, 다른 사람의 감정을 다치게 하는 것을 원하지 않을 수 있다. “진실보다 더 중요한 것은 없어요. 사실을 말하는 것이 좋지 않을까요?”와 같이 사례관리자 자신의 가치체계가 더 낫다는 것을 암시하는 질문은 좋지 않다.

⑤ 이미 답을 전제하고 하는 질문

“아이를 혼내고 나서는 많이 후회했겠네요. 그렇지 않았나요?” 이처럼 사례관리자가 답을 알고 있다는 것을 전제하는 듯한 질문도 좋지 않다.

(2) 경청하기

경청은 다른 사람의 말을 집중해서 듣고, 제스처나 포즈를 관찰하고, 자기 자신을 충분히 표현하도록 격려하며, 의사전달한 내용을 잘 기억해 내는 일체의 과정을 언급한다. 좋은 경청자가 되기란 쉽지 않다. 왜냐하면 대부분의 사람들은 다른 사람이 전달하려는 내용보다는 자신의 생각이나 감정에 더 집중하고 이를 전달하려는 경향이 많기 때문이다(Cournoyer, 1991).

상대방의 이야기를 진정으로 듣고 이해하는 것은 그 사람에 대한 존중심을 전달하는 기본적 자세이다. 그것은 듣는 사람이 상대방을 가치 있는 존재로 여기며, 그가 말했던 것에 관심을 갖는다는 사실을 보여준다. 따라서 경청은 다른 어떤 기술보다도 실천에서 효과적이며 역동적인 요인이다. 경청은 다음과 같은 몇몇 목적을 갖는다.

- 효과적인 경청은 사정 및 계획에 필요한 정보수집을 가능하게 한다.
- 경청은 클라이언트의 기분을 보다 좋게 하며, 긴장이나 불안을 감소시키고, 안정감이나 복리감을 증진시킬 뿐 아니라 희망을 심어줄 수 있다.
- 경청은 클라이언트가 자신을 보다 자유롭고 풍부하게 표현하도록 한다.
- 효과적인 경청은 실천가에 대한 좋은 이미지를 갖도록 한다.
- 경청은 그 자체로 클라이언트의 자기 이해, 자존감, 문제해결 능력 면에서 긍정적인 변화를 이끌어 내는 강력한 개입도구가 된다.

쿠르노여(Cournoyer, 1991)는 경청을 잘 하기 위한 요소로서 다음의 네 가지를 제안한 바 있다.

① 사례관리자는 먼저 그 자신의 충동을 다룰 수 있는 능력을 배양해야 한다

이는 자신의 반응이나 생각, 의견에 대한 자유로운 표현을 억제할 수 있는 능력을 의미한다. 클라이언트의 경험이 사례관리자 자신의 감정을 불러일으키기도 한다. 아마도 그러한 경우는 사례관리자가 과거 비슷한 상황에 처한 경험이 있을 때 일어나기 쉽다. 그러나 이때 클라이언트의 생각과 느낌을 방해하지 않도록 사례관리자 자신의 감정은 자제되어야 한다. 예를 들어, 남편으로부터 구타당한 여성의 이야기를 듣는 동안 실천가는 남성에 대한 혐오감을 느낄 수 있다. 이러한 경우에도 실천가는 그 자신의 감정을 제안하기보다 클라이언트의 감정을 이끌어 내는 데 노력해야 한다. 자신을 억제하는 것은 필수적으로 침묵의 활용과 관련이 있다. 침묵은 클라이언트가 생각을 정리할

수 있게 하는 하나의 방법이기 때문에 실천가는 침묵을 불편해하기보다는 침묵의 성질을 이해하고 그것을 적절히 활용할 수 있어야 한다.

② 경청과정에서 중요한 또 다른 요소는 관찰기술이다

관찰을 통해 실천가는 클라이언트의 신체적 특성과 신체적 행동 등에 주목할 수 있다. 사례관리의 대상층은 다양한 장애와 질환을 가지고 있어 표현능력이 제한되어 있기 때문에 관찰기술이 더욱 요청된다. 관찰을 통해 워커는 말과 표정 간의 일치 정도, 감정 등을 파악할 수도 있다. 관찰의 목적은 클라이언트가 세상을 경험하는 방식을 보다 완전히 이해하기 위한 것인 만큼, 인터뷰 기간 동안 실천가는 클라이언트의 신체적 언어를 면밀히 관찰해야 한다.

③ 경청은 격려를 통해 보다 잘 수행될 수 있다

격려는 다른 사람이 표현을 계속할 수 있도록 말이나 간단한 문장, 소리, 제스처의 형태로 간단한 반응을 보이는 것을 의미한다. 이러한 간단한 반응은 실천가가 보다 많이 듣기를 원한다는 사실을 간접적으로 전달한다. "계속하세요", "그래서", "음－", "예－" 등과 같은 짧은 말이나 고개를 끄덕이는 것, 클라이언트 쪽으로 몸을 기울이는 것 등이 격려의 한 방법이다. 그러나 반복해서 같은 격려방법을 사용하는 것은 되도록 피해야 한다. 왜냐하면 때로 그것이 진실성의 결여로 보여질 수 있기 때문이다.

④ 경청의 마지막 차원은 클라이언트가 말한 것을 기억하는 것이다

기억은 이후에 이용될 정보를 일시적으로 저장하는 과정으로, 지신이 이해한 바를 전달하고, 상이한 시기에 표현된 메시지들 간의 의미 있는 연결을 시도하고, 보고서를 준비하고, 사정을 발달시킬 수 있는 기반이 된다.

(3) 적극적인 경청(반응하기)

적극적인 경청은 고든(Gordon)이 치료적 경청과 반응을 의미하기 위해 맨 처음 사용하였던 것으로 클라이언트가 보다 풍부하게 자신을 표현할 수 있도록 격려하는 것과 관련된다. 이는 일종의 피드백이라 할 수 있다. 즉, 적극적인

경청은 상대방이 말한 바의 핵심을 반복해 들려주고 실천가가 이해한 내용이 실제로 클라이언트가 의도한 내용인가를 묻는 것으로, 이는 실천가가 클라이언트를 이해했음을, 혹은 적어도 이해하려고 노력하고 있음을 알려준다.

사례관리에서 적극적 경청은 다음의 세 가지 목적을 갖는다.

첫째, 적극적 경청은 클라이언트로 하여금 사례관리자가 그들의 관심사와 감정을 정확하게 듣고 있음을 알게 한다.

둘째, 적극적 경청은 사례관리자의 오해를 교정해 줄 기회를 제공한다.

셋째, 적극적 경청은 사례관리자가 클라이언트의 현재 있는 그대로를 수용함을 보여준다.

적극적 경청의 구체적인 방법은 클라이언트가 메시지의 말미에 잠시 멈출 때, 실천가가 클라이언트의 말을 자신의 말로 달리 표현하는 것이다. 동일한 메시지를 다른 말로 전달해 줌으로써 실천가의 공감적 이해를 전달할 수 있다. 이때 클라이언트는 실천가의 표현이 자신의 표현을 보다 정확히 하려는 노력을 하게 된다.

적극적 경청은 두 가지 측면, 즉 클라이언트가 말한 내용과 클라이언트가 말한 것에 깔려 있는 감정에 대한 반응으로 나타난다.

① 감정에 반응하기

공감은 클라이언트가 표현하고 있는 감정과 정서를 정확하게 들을 수 있는 능력이다. 클라이언트는 현실 세계에서 자신들이 어떻게 느끼고 있는지를 말해줄 수 있지만 대부분은 얼굴 표정, 몸짓, 목소리 톤, 사용하는 용어 등으로 전달된다. 감정을 경청한다는 것은 클라이언트의 말은 물론 이 모든 것에 귀를 기울이는 것이다. 이를 통해 감정과 관심사를 이해할 수 있게 된다.

감정에 반응하는 방법은 먼저 감정을 확인하고, 그 감정을 포함하는 하나의 문장을 구성해 보는 것이다. 이는 흔히 공감적 반응이라고 하는데 한 문장 이상으로 말하는 것은 종종 관심사로부터 벗어나게 할 수 있다. 단지 잘 듣고 있음을 알게 하는 것이 경청의 주 목적이다.

적극적 경청은 조언도 해결책도 포함하지 않는다. 적극적 경청자는 클라이언트에게 다른 식으로 느끼도록 말하지 않으며, 문제를 다른 관점으로 보도록 말하지도 않는다. 적극적 경청자는 메시지나 감정을 판단하지도 않는다.

좋은 경청자는 클라이언트의 감정이 고갈될 때까지 클라이언트와 함께 머물러 주는 사람이다. 클라이언트가 운다면, 클라이언트가 강한 감정에 대면하고 타협할 수 있도록 도와주는 것이다. 이런 과정을 통해 지지를 받은 사람은 강제로 그 감정을 닫고 그들 혼자 그 감정을 다루는 클라이언트보다 더 잘 치유될 수 있다.

공감적 경청의 예

로저스(Rosers)에 따르면, 동정은 상대방의 마음이나 감정에 사로잡혀 같은 기분이 됨을 의미하는 것으로, 클라이언트와 강하게 동일시되어 그가 느끼는 바를 그대로 느끼고, 그가 울 때 같이 울고, 그가 걱정할 때 같이 걱정하는 것을 의미한다. 동정적인 경청자는 정서적으로 너무 많이 관여되어 있어 논리적으로 생각하고 행동할 수가 없다. 반면 공감은 상대방의 기분을 받아들여 내면에서 이해하기는 하지만 결코 그 감정에 사로잡히지 않는 것을 의미한다. 공감적인 경청자는 조용히 옆에 머무르면서 "나는 항상 당신의 편이며 언제든지 도와줄 수 있다"는 뜻을 전달한다. "당신의 입장을 이해한다. 만일 내가 당신이라면 …게 할 것이다"가 동정적인 반응이라면, "당신의 입장을 이해한다. 그러나 내가 당신은 아니다. 따라서 당신만이 무엇을 할 것인지를 결정할 수 있다. 그 문제를 함께 생각해 보자"라고 말한다면 이는 공감적인 반응이다.

출처 : Coulshed, V., & Orme, J.(1998).

② 내용에 반응하기

내용에 반응하기는 들은 정보의 정확성을 체크하는 것에 관련된다. 내용에 대한 적극적 경청은 사실을 이해하는 데 도움을 준다. 일반적으로 사람들은 감정보다는 내용에 반응하는 경우가 더 적다. 내용에 반응함은 트라우마적 사건을 막 경험한 사람들에게 좋은 방법이다. 사건의 사실들을 클라이언트에게 반복해 들려줌으로써, 클라이언트는 그들 경험의 전체에 특정 경험을 통합시키기 시작한다. 그럼으로써 치유가 촉진된다.

실천가는 클라이언트가 말한 사실들을 반복해 말하고, 클라이언트는 자신이 말한 것을 실천가의 말을 통해 다시 듣게 된다. 대개 말한 것을 반복하거나, 아니면 의미·손상 없이 클라이언트가 말한 두세 가지를 조합해 언급할 수 있다. 이는 클라이언트가 말한 것을 적극적으로 듣고 있음을 보여줄 뿐 아니라 클라이언트를 실천가가 수용한다는 사실을 입증한다. 이러한 경청과정을 통해 불유쾌한 기억들이 지지적 분위기에서 표면 위로 떠오르게 된다. 어떤 사람들은 클라이언트가 거짓말을 하거나 지어낸 것이라 말할 것이다. 왜냐하면 그의 이야기가 다소 변하고 있기 때문이다. 클라이언트는 사례관리자가 격려하고 안전한 분위기를 만들어 주기 때문에 실제 일어난 것을 보다 잘 기억하기 시작할 것이다.

2) 상담과 치료

초기에는 사례관리에서 상담과 치료와 같은 직접적인 개입기술은 중요한 부분이 아니라고 생각되었으며, 사례관리자는 중개자 혹은 행정가이지 치료자는 아니라는 인식이 팽배하였다. 그러나 오늘날은 사례관리가 관리적 기능과 치료를 모두 포함하는 포괄적인 실천이라는 데는 합의가 어느 정도 이루어지고 있다. 설리반(Sullivan) 등은 사례관리를 사정, 상담, 교육, 모델링 등의 기법을 사용하여 클라이언트의 사회적 기능을 향상시키는 창조적이고도 협력적인 과정으로 보면서 사례관리자의 직접적 서비스 기능(direct service function)을 강조하였다(Wolk, Sullivan & Hartman, 1994 : 154).

상담과 치료는 클라이언트에게 직접적으로 관여하는 실천기능으로, 클라이언트의 인지적·정서적 내면세계에 주로 관계한다. 사례관리에서도 이는 매우 중요한 개입방법 중 하나로서, 램(Lamb)은 심리치료적인 서비스와 자원 제공을 분리해서 생각할 수 없다고 하면서 사례관리에서 임상적 기법의 중요성을 언급한 바 있다(Green, 1988 : 14). 엄밀한 의미에서의 임상적 치료는 사례관리의 핵심기능은 아니라 할지라도, 클라이언트를 이해하고 관계를 형성하며, 행동에 동기를 불어넣는 것 등 모든 과정에서 중요한 역할을 담당한다. 특히 노인, 정신질환자, 신체장애인과 같은 장기 보호환자들은 위기상황을 경험하기 쉬우며, 또 그러한 상황에서의 스트레스에 대처할 기술 또한 결여되어 있는 경우가 많다. 예를 들어, 기능적 능력의 상실, 새로운 상황에의 적응문제, 현재 상황에 대한 정확한 이해, 기능 손상으로 인한 우울증이나 디스트레스를 다루는 문제에 직면해 있기 때문에 이러한 문제를 다루는 데 있어 상담과 치료기술은 더욱 요청된다 하겠다.

상담과 치료는 모두 개인의 정서적 · 인지적 과정을 다루며, 이론적 지식기반이 일부 동일하고, 활용되는 기법도 유사하다는 공통점이 있어 상호교환적으로 사용되지만, 구분이 가능한 개념이다. 베이커와 바이스(Baker & Weiss)에 의하면, 치료는 보다 내면 지향적이고, 개인의 성격적 병리현상을 심리역동적 통찰기법을 통해 변화시키는 것이라면, 상담은 보다 외적 지향을 가지고 구체적인 조언이나 지침을 제공해 줌으로써 지역사회에 적응적으로 기능할 수 있도록 원조하는 것을 목적으로 한다. 일반적으로 상담이 일상생활에서의 지금 –현재(now and here)의 문제와 관련하여 도움을 주는 것이라면, 치료는 클라이언트 내부의 근본적인 정신적 요소에 초점을 두면서 이야기하는 방법이다 (Rothman & Sager, 1998 : 115).

상담은 또한 조언(advice)과도 구별된다. 클라이언트들 중에는 조언을 원하는 경우도 있다. 이러한 경우 초기에는 어느 정도 그러한 기대를 충족시켜 주는 것이 도움이 되지만, 너무 자주 조언을 제공하면 결국에 가서는 그들에게 전혀 도움이 되지 않는다. 조언은 상대방이 무엇을 해야 한다고 생각한 바를 그에게 말해주는 것인 반면, 상담은 무엇을 해야 한다고 직접 말하기보다 클라이언트 스스로가 그들 문제에 대한 결정을 내릴 수 있도록 측면에서 원조하는 것이다. 상담은 클라이언트로 하여금 대안들을 모색하게 할 뿐 어떤 것을 선택하도록 조언하지는 않는다.

그리고 상담은 단순히 문제해결에만 초점을 두지 않으며, 오히려 상담을 통한 클라이언트의 임파워먼트를 추구한다. 즉, 상담의 목적은 클라이언트가 더 나은 결정을 하고, 자신의 삶에 대한 통제력을 더 많이 가지고, 자기 자신의 감정과 동기를 보다 잘 이해하여 어려움을 극복할 수 있도록 원조하는 데 있다. 이러한 상담은 일반적으로 비지시적 상담과 지시적 상담으로 크게 구분될 수 있다.

(1) 비지시적 상담

비지시적 상담은 클라이언트 입장에서 보면 수동적인 실천가로 보이게 할 수 있다. 즉, 실천가는 클라이언트가 원하는 것을 논의하고 대화의 주제를 이끌지는 않는다. 비록 수동적으로 보인다 할지라도, 실제로 실천가는 적극적인 경청을 수행하고 있는 셈이다. 이 기법은 주로 클라이언트가 말한 것을 경청하고, 그것을 다시 피드백을 해줌으로써 클라이언트가 자신이 할 말을 보다 명확하게 인식할 수 있도록 해준다. 이 기법은 클라이언트가 스스로 대안을 찾고, 선택하도록 한다는 점에서 시간도 많이 걸리고, 클라이언트의 지식에 너무 많이 의존한다는 단점도 있으나. 클라이언트가 비위협적인 방식으로 자신의 감정을 검토해 볼 수 있으며, 실천가는 클라이언트에 관한 가치 있는 정보를 획득할 수 있는 장점도 있다.

〈비지시적 상담의 예〉

클라이언트 : 그 사고로 내가 이렇게 고통받고 있는 일이 너무 화가 나요. 그러나 아무도 나의 이런 감정에 관심을 기울이지 않아요.

실 천 가 : 그 사고로 화가 많이 나셨는데, 아무도 진정으로 당신의 고통을 이해하지 않는다는 말씀이군요.

클라이언트 : 예, 담당 의사도 나에게 관심이 없어요. 내가 이렇게 아픈데 단 2분만 진료하고 아스피린 몇 알 복용하라고 하는 것이 고작이에요.

실 천 가 : 담당 의사가 충분한 도움을 주고 있지 않다고 느끼는 것 같군요. 그리고 의사의 처방이 도움이 되지 않는다고 느끼고 계시는 군요.

클라이언트 : 고통을 줄이는 다른 무엇인가가 필요한데, 의사는 내가 중독될까봐 그것을 주지 않아요.

실 천 가 : 의사가 당신의 요구를 받아들이지 않는다고 생각하시면서 이 상황에서 어떻게 해야 하는지에 대해서는 확신이 없으시군요.

클라이언트 : 다른 의사를 만나 한 번 수술문제를 의논해 봐야겠어요.

실 천 가 : 고통을 줄이기 위한 가능한 방법으로 수술을 생각하고 계시군요.

출처 : Siefker, Garrett, Genderen & Weis(1998).

(2) 지시적 상담

이 기법은 보다 적극적인 방법으로, 실천가는 정보의 일부를 제공하고, 대안을 제시하며, 논의되고 있는 문제에 대한 의견을 제공한다. 이 기법은 종종 행동주의적 접근을 취하기도 하는데, 클라이언트가 그들 행동을 변화시키는 것의 장단점을 교육시키는 방법이 그 예다.

사례관리에서 상담 및 치료를 위한 직접적인 서비스로는 관계 형성, 클라이언트 동기화시키기, 클라이언트의 참여와 임파워먼트를 강화시키기, 교육 및 기술 훈련 제공하기, 지지 제공하기, 위기 개입하기 등이 포함된다.

〈지시적 상담의 예〉

클라이언트 : 의사는 내 상태가 어떤지에 대해 신경을 안쓰는 것 같아요. 그는 내가 찾아가서야 기분이 어떠냐고 묻는 정도예요.

실 천 가 : 지금까지 의사는 치료를 상당히 신중히 해왔는데, 한 번 물리치료나 수술문제를 의논해 봤나요?

클라이언트 : 수술은 한 번 이야기해 봤는데, 의사 말로는 나이가 많아 어렵겠다고 했어요. 그리고 물리치료도 한 번 받게 해줬었는데, 한 번 받고 나서 그 다음날은 온종일 누워 있어야 했어요.

실 천 가 : 물리치료사에게 그 이야길 한 번 했나요? 그 이야기도 할 겸, 치료량을 조정할 수 있는지를 물으러 다시 한 번 물리치료실에 가보는 문제는 생각해 봤나요?

출처 : Siefker, Garrett, Genderen & Weis(1998).

3) 교육 및 기술 훈련

의존적인 클라이언트일수록 사례관리자는 심리치료에 집중하기보다는 현재의 상황에서 클라이언트가 잘 대처할 수 있도록 일상생활에 기본이 되는 기술들을 훈련시키는 것이 바람직하다. 이때 사례관리자는 직접 클라이언트에게 그들의 욕구충족에 필요한 기술을 습득하도록 가르칠 수 있다. 예를 들어, 클라이언트에게 다른 기관에 연결되는 효과적인 전략을 가르치는 것, 이용 가능한 자원을 최대한 활용하는 방법을 교육시키고 일상생활 기술 등을 훈련시키는 것 등 다양한 정보와 훈련기회를 제공해 줄 수 있다.

대표적인 방법으로는 모델링(modeling)과 코칭(coaching)이 있는데, 모델링은 클라이언트에게 문제해결을 위한 대안적인 방법을 보여주고 클라이언트가 문제상황에 대한 다양한 반응 레퍼토리를 습득하도록 원조하는 것으로, 사례관리자는 쉬운 것에서 어려운 것의 순으로 충분히 반복해서 클라이언트가 이해하기 쉬운 방법으로 모델을 제시할 수 있다. 코칭은 이러한 모델에 따라 클라이언트가 행동을 수행한 후에 즉각적으로 교정적인 피드백, 혹은 적절한 피드백을 제공해 주는 것이다.

지역사회 기반 프로그램들은 이러한 방법에 기초하여 대개 개인위생 관련기술, 대인관계 기술, 지역사회 기술, 직업기술 등을 클라이언트에게 가르치는 내용을 담고 있다(Rothman & Sager, 1998).

- 개인위생 관련 기술(면도, 이발, 목욕 등 위생처리, 세탁, 몸 치장하기, 대소변 보기)
- 대인관계 형성 기술(사회화, 여가활동 계획, 자기 시간 관리, 의사결정, 갈등해결, 주장훈련)
- 지역사회 기술(지역사회 자원 활용, 정신건강 및 다른 응급서비스에 대해 알기, 의사소통 기술 개발, 자조집단 및 지역사회서비스에 대해 알기, 지역사회와 정치인식 기술)
- 직업기술(직접 관찰을 통한 직업기술 학습, 기술을 숙독하고 응용함으로써 기술학습, 취업인터뷰에 참가해 보기, 작업장의 다른 사람들 지도·감독하기, 다른 사람을 훈련시키기)

이 외에 안전관리 기술, 질병관리 기술 등이 추가되기도 한다.

2. 연계(Linkage)

1) 연계기능의 특징

사례관리의 대상층은 자원을 획득하는 데 어려움을 경험하는 사람들이 대부분이다. 만성의 정신질환자, 고령노인, 신체 및 발달 장애인, 아동 등 전형적인 취약계층인 그들은 어떤 서비스가 실제 이용 가능한지, 어떻게 접근해야 하는지를 잘 알지 못한다. 복합적인 욕구를 충족시키기 위해서는 다양한 조직들로부터의 서비스가 요청되지만 그들의 낮은 자신감, 자격요건에 대한 정보부족, 문맹, 대인관계 기술의 부족 등으로 서비스를 찾고 이용하는 데 어려움을 경험한다. 바로 여기서 연계기능이 중요하게 부각된다.

연계란 클라이언트를 서비스나 자원에 연결하는 것으로, 실천가들은 클라이언트가 서비스나 자원에 접근할 수 있도록 유용한 정보를 제공해 주거나 직접 다른 기관에 의뢰할 수 있다. 그러나 전문적인 연계기능은 의뢰나 정보 제공만을 의미하지 않는다. 그것은 클라이언트가 원조를 받는 데 필요한 모든 활동을 의미한다. 클라이언트에게 충분한 서비스를 제공하기 위해 지역사회 서비스 체계에 관한 풍부한 지식, 가장 최근의 정책, 프로그램, 절차에 관한 정확한 정보, 다양한 대안들 사이에서의 비용편익 분석 등의 능력이 요구된다. 따라서 단순한 의뢰만을 행할 때는 준전문가나 인턴사원, 보조원 등에 의해 연계가 수행될 수 있으나, 오늘날의 연계활동은 이용 가능한 지역사회 서비스 및 절차에 대해 잘 알고 있고, 나아가 이 중에서 최상의 서비스를 결정할 수 있는 능력을 요구하는 관계로 보다 전문적인 실천가에 의해 수행되는 경향이 많다.

연계는 단 한 번으로 끝나는 개입활동이 아니다. 클라이언트의 욕구가 변하면 그에 적합한 다른 자원을 계속 연결해 주는 지속적이고 순환적인 활동이다. 예를 들어, 퇴원한 환자는 초기에는 중간 집(half-way house)에 의뢰되다가 어느 정도 상태가 안정되면 지역사회 내의 일반 주거지에 연계될 수 있어야 한다. 그리고 이에 더해 상태가 호전되면 적절한 직업도 알선해 줄 필요가 있다. 이렇듯 연계는 단 한 번의 활동이라기보다는 지속적으로 이루어지는 연속된 과정이다.

2) 연계단계

클라이언트와 공식적 기관과의 연계기능은 다음과 같은 몇 가지 단계를 거쳐 이루어질 수 있다(Rothman & Sager, 1998).

① 클라이언트의 욕구를 명확히 하기

연계에 앞서 가장 중요한 것은 클라이언트 욕구를 명확히 인식하는 것이다. 이는 대개 초기 사정과정에서 명확하게 드러나지만, 사례관리 과정 내내 클라이언트의 욕구변화에 주목해야 함을 의미한다.

② 클라이언트에게 적절한 서비스를 찾기

이를 위해서는 지역사회서비스 전달체계 및 자원에 관한 풍부한 정보를 가지고 있어야 한다.

③ 클라이언트에 대한 개입하기

가. 클라이언트를 관여시킨다

클라이언트의 욕구와 이에 상응하는 서비스가 확인되었다면, 클라이언트와 사례관리자는 자원선택을 하게 된다. 즉, 클라이언트의 욕구를 충족시켜 줄 수 있는 개인이나, 프로그램, 기관서비스 등을 선택하게 된다. 이 결정에서 가장 중요한 것은 클라이언트의 가치와 선호에 대한 고려이다. 클라이언트의 선호, 가치를 이해하는 것은 성공적인 서비스 연계에 핵심이다.

연계는 클라이언트를 '위해' 자원을 획득하는 것이 아니라, 클라이언트와 '함께' 자원을 획득하는 것이다. 연계의 목적은 자원을 연결해 주는 것 자체가 아니라 클라이언트 자신이 성공적으로 연계를 수행할 수 있는 능력과 독립성을 발달시키는 것이다. 따라서 자원을 선택하는 데 있어서는 클라이언트가 가능한 한 적극적인 역할을 담당할 수 있도록 기회를 주는 것이 필요하다. 클라이언트의 자기결정 능력을 증대시켜 주기 위해서는 먼저 대안들이 클라이언트가 이해할 수 있도록 세세하게 제시되어야 한다. 가령 정신적 능력에 제한이 있는 클라이언트의 경우 바람직한 선택을 할 수 있는 입장에 있지 않다. 그러한 경우, 실천가들은 클라이언트를 위해 별도의 방안을 마련할 필요가 있는데, 예를 들어 다양한 시청각 자료를 활용하여 이해할 수 있는 수준에서 대안들을 보여주는 것이 그 한 방법이다.

나. 클라이언트를 준비시킨다

클라이언트들은 익숙하지 않은 상황에 들어갈 때 당혹스러워하거나 염려하는 경우가 많다. 이러한 경우를 대비해 실천가는 기관에 관한 정보를 클라이언트에게 제공해 주고, 어떻게 행동해야 하는지를 모델링이나 코치, 역할놀이 등을 통해 알려줄 필요가 있다. 불안을 극복하도록 정서적 지지와 신뢰를 제공해 주는 것도 중요하다. 그리고 클라이언트가 기관을 방문하는 목적, 만날 사람의 이름 등을 반드시 체크하도록 하는 것도 필요하다.

다. 필요한 경우 클라이언트와 동반한다

처음에는 클라이언트와 함께 동반하는 것이 도움이 된다. 이때는 실천가가 클라이언트를 새로운 상황에서 관찰할 수 있는 유일한 기회이기도 하다. 또한 서비스 제공자와 비공식적 관계를 발달시킬 기회를 가질 수도 있다. 첫 번째 방문 시 클라이언트와 함께 가는 것이 불가능하다면, 클라이언트와 친한 사람을 붙여주는 것이 도움이 되기도 한다. 일부 실천가들은 그러한 행동이 오히려 클라이언트의 의존감을 강화시키는 것이라고 생각하지만, 클라이언트의 독립심 발달에 도움이 될 수 있다. 대체로 많은 실천가들은 동행하기보다는 지침을 적은 메모를 주거나, 사전교육을 시키거나 하는 수준에서 그치는 경우가 많다. 동행이 불가능한 경우 교통편까지 고려해 주는 것이 필요하나 현실적으로 교통문제에 대한 배려는 거의 이루어지고 있지 않다.

라. 클라이언트의 경험을 검토한다

실천가는 클라이언트의 행동이 적절했는지 여부를 검토해야 한다. 그리고 가능한 한 긍정적 피드백을 제공해 주는 것이 중요하다. 그리고 클라이언트가 참여한 프로그램의 장단점에 대해 말하도록 격려하는 것이 필요하다.

④ 기관에 대한 개입하기

가. 접촉지점 결정

누구를 만나고, 기관의 어느 수준과 접촉해야 하는지를 아는 것은 중요하다. 이를 위해 기관에 직접 전화해서 물어보는 방법을 취할 수 있다. 그리고 행정적 수준에서의 접촉도 필요한데, 실천가 자신이 기관을 잘 알지 못할 때, 혹은 서비스 제공에 예외규정이 있는 경우에는 기관의 행정적 경로를 밟는 것이 중요하다. 만일 행정책임자 수준에서도 결정할 수 없는 어떤 장애가 존재한다면, 정책수준의 접촉 및 옹호적 활동을 수행하는 것이 필요하다.

나. 기관과 접촉시도

초기 접촉은 대개 전화로 이루어진다. 이때 정보교환과 약속이 이루어진다. 만일 클라이언트가 직접 전화를 해야 할 경우 실천가는 그 방법을 잘 알려주어야 한다. 실천가는 또한 서비스 제공자에게 클라이언트가 전화할 것이라는 사실을 미리 전화로 알려주는 것도 도움이 된다. 그리고 클라이언트에게는 해당 기관의 서비스 제공자를 만날 때 자신의 이름을 말해도 좋음을 미리 허락해 준다.

3. 옹호(Advocacy)

옹호는 사회복지실천과 다른 원조 전문직을 구별 짓는 대표적인 활동이다. 사례관리의 가장 중요한 목적 중 하나는 클라이언트가 필요한 서비스와 자원을 획득하도록 원조하는 데 있다. 이는 앞서 언급한 연계(linkage)기능을 통해 이루어질 수도 있지만, 어떤 상황은 여기서 더 나아가 실천가에게 옹호역할을 요청하기도 한다.

사례관리에서 옹호는 특히 중요하다. 왜냐하면 클라이언트들은 그들이 필요로 하는 것을 잘 표현하지도 못할 뿐만 아니라 그들에게 어떤 선택들이 있는지를 이해하지 못하는 경우가 많다. 그리고 필요한 정보를 얻을 방법이나 기술도 부족하고, 자신감도 결여되어 있다. 이에 반해 클라이언트에게 자원을 제공해 줄 수 있는 기관이나 개인들은 클라이언트의 불만이나 슬픔, 관심에 귀를 기울일 만한 인내심이 부족하며, 클라이언트가 원하지 않는 방법으로 도움의 방향을 결정짓는 경우가 많다(Woodside & McCalm, 2003). 기관이나 조직이 서비스 제공을 거부하거나, 부적절한 사회정책으로 인해 클라이언트가 서비스나 자원에 접근조차 할 수 없을 때와 같은 경우 등 실천가들은 옹호역할을 수행해야 한다.

1) 옹호의 정의

옹호의 한국말 사전적 의미는 어떤 대상을 두둔하고 편들어 보호하는 것이다. 옹호는 다른 사람의 입장을 지지하고 그들을 대변하고, 그들의 권리를 위해 탄원하고 싸워주는 것이다.

2) 옹호의 윤리적 기반

(1) 미국 사회복지사 윤리강령

사례관리의 가치 및 윤리에 기반이 되고 있는 미국 사회복지사 윤리강령(1996년에 채택되고, 1999년에 개정됨)에도 옹호역할이 잘 명시되어 있는데, 옹호라는 단어는 전체 6번 정도 나오고 있다(Schneider, Lester & Ochieng, 2008 : 62).

미국의 사회복지사 윤리강령은 전문, 목적, 핵심가치, 윤리기준으로 구성되어 있다. 핵심가치는 서비스, 사회정의, 인간존엄성과 가치, 인간관계의 중요성, 성실, 능력 등 여섯 가지로 되어 있으며, 윤리기준은 클라이언트에 대한 윤리적 책임, 동료에 대한 윤리적 책임, 실천현장에서의 윤리적 책임, 전문가로서의 윤리적 책임, 사회복지 전문직에 대한 윤리적 책임, 사회에 대한 윤리적 책임 등 여섯 가지가 사회복지 전문가의 윤리적 책임으로 제시되고 있다. 윤리강령의 각각의 영역에서 옹호는 중요하게 언급되고 있는데, 이를 구체적으로 살펴보면 다음과 같다.

■ 전문

"사회복지사들은 클라이언트와 함께(with), 클라이언트를 대신하여(on behalf of) 사회정의와 사회변화를 증진한다. 클라이언트는 포괄적으로 개인, 가족, 집단, 조직 및 지역사회를 언급한다. 사회복지사는 문화적·민족적 다양성에 민감하고, 차별, 억압, 빈곤, 기타 다른 형태의 사회부 정의를 종식시키기 위해 노력한다. 이러한 활동들은 직접적 실천, 지역사회조직, 컨설테이션, 행정, 옹호, 사회행동 및 정치행동, 정책개발 및 실행, 교육, 조사와 평가 등의 형태를 취한다."

■ 윤리원칙

두 번째 가치인 '사회정의'를 다룬 내용 중에 "사회복지사들은 취약하고 억압받는 사람(들)과 함께 그리고 그들을 대신하여 사회불의에 도전하고 사회변화를 추구한다"가 나온다.

■ 윤리기준

여섯 가지 영역의 윤리적 책임 중 '클라이언트에 대한 윤리적 책임', '실천현장에 대한 윤리적 책임', '사회에 대한 윤리적 책임' 등 세 가지 영역에서 옹호를 직접적으로 언급한 내용이 나오고 있다.

먼저 '클라이언트에 대한 윤리적 책임' 부분의 1.14조항에 의사결정 능력에 문제가 있는 취약한 클라이언트를 대신하는 옹호역할을 주문하고 있다. "충분한 정보에 근거한 의사결정 능력이 없는 클라이언트를 대신해서, 사회복지사는 클라이언트의 이익과 권리를 보장하기 위해 합리적인 조치를 취해야 한다(1.14)"라고 되어 있다.

'실천현장에 대한 윤리적 책임' 부분에는 사회복지 행정가, 실천가 각자의 옹호역할에 대해 언급하고 있다. "사회복지 행정가들은 기관 내, 기관 외부에서 클라이언트의 욕구충족에 적합한 자원획득을 위한 옹호활동을 수행해야 한다(3.07a)." 또한 3.07(b)에는 "사회복지사들은 공정하고 개방적인 자원할당 절차를 위해 옹호해야 한다"고 되어 있다.

'사회에 대한 윤리적 책임' 부분에서는 "사회복지사는 지역적 수준에서부터 세계적 수준에 이르기까지 사회의 보편적 복지를 촉진해야 한다. 사회복지사는 인간의 기본 욕구충족에 전도력이 있는 생활조건들을 옹호해야 하며, 사회정의 실현과 양립되는 사회적·경제적·정치문화적 가치와 제도들을 증진시켜야 한다(6.01)"고 나와 있다.

이상의 모든 진술들은 옹호활동을 사례관리자의 윤리적 책임으로 분명히 고려하고 있음을 보여주는 것이라 하겠다.

(2) 사회복지실천 사례관리 기준

미국 사회복지사에서 발간한 「사회복지실천 사례관리기준(NASW Standards for Social Work Case Management)」은 총 12개 조항의 기준을 제시한 바 있는데, 이 중 제7항은 "옹호 및 리더십"을 다루고 있다. 여기에서 "사례관리자는 클라이언트의 권리, 결정, 강점과 욕구를 옹호해야 하며, 자원, 지지, 서비스에 대한 클라이언트의 접근성을 촉진시켜야 한다"고 사례관리자의 옹호역할을 명확히 명시하고 있다.

효과적인 옹호는 클라이언트가 자신의 강점, 욕구, 목표 등을 확인하고 정의할 수 있도록 원조하며, 그들의 욕구와 목표를 서비스 제공자나 기관정책 결정자들에게 의사소통할 수 있도록 돕는 것에 관련된다. 사례관리자들은 궁극적으로 클라이언트의 자기 옹호에 도달할 수 있도록 원조할 뿐만 아니라 클라이언트의 삶의 질에 대한 지역사회의 능력을 향상시키는 것에도 노력을 해야 한다.

3) 옹호활동의 장애요인

옹호가 사례관리, 나아가 사회복지의 윤리적 의무임에도 불구하고 현실에서는 옹호활동이 수행되는 데 어려 가지 제약이 따른다. 네가란데(Negarandeh, 2003) 등은 간호영역에서 환자 옹호의 장애요인으로 '할 수 없다'는 무력감, 법률이나 윤리강령의 부족, 동료의 지지 부족, 의사소통의 제한, 동료에 대한 충성심, 동기부족 등을 제안하였다(조갑출, 2006 : 79 재인용). 슈나이더 등(Schneider, Lester & Ochieng, 2008)은 기존의 연구들을 종합하여 옹호를 실천하는 데 따르는 장애물에 대해 다음과 같이 설명하고 있다.

첫째, 옹호를 수행하는 데 너무 많은 시간과 에너지가 소요되고 개인적 비용소모도 많다는 점이다. 사례관리자가 정책이나 법률의 개정을 원한다면 그들은 업무시간이 끝나고, 개인 휴가기간에 이 일들을 할 수밖에 없다.

둘째, 실천가들은 종종 옹호를 전문가, 기관, 정책결정가들과의 "대결"로 오해하는 경향이 있다. 그리고 중요한 협력관계를 위험에 빠뜨리거나 심지어 자신이 직업을 잃을 수 있는 위험으로 인식하기도 한다.

셋째, 사회복지기관과 소속 직원들은 직접적 서비스 프로그램에 대부분의 시간을 보내는 경향이 있다. 비록 직무분장에 옹호역할이 포함되어 있다 할지라도, 이러한 활동에 시간을 보내도록 기관 차원에서 격려되는 경우는 적다.

다섯째, 사회복지사들은 정치가들을 피하며, 일대일 로비에 불편해하는 경향이 많다.

이에 덧붙여 옹호역할에 소극적인 이유로는 사회복지사들이 옹호기능에 필요한 파워행사를 불편해한다는 점도 들 수 있다. 파워를 갖지 못한 사람들을 대신하여 파워를 가지고 있는 사람들에게 영향을 미치는 것이 옹호라면, 사회복지사는 적절하게 파워를 발휘할 수 있어야 한다. 그러나 사회복지사들은 파워행사에 대한 거부감을 가지고 있다. 이는 파워를 지배(domination)나 통제(control)의 의미로 받아들이는 데 일부 기여한다. 파워를 다른 사람에 대한 지배나 통제의 의미로 받아들인다면 파워는 원조전문직에서 배척되어야 함이 당연하다. 특히 민주주의, 평등주의, 반억압적 실천, 클라이언트의 자기결정의 최우선, 자율성 등의 기본적 가치와 이념은 파워적용을 어렵게 하는 요인이다. 구띠에르(Gutierr)는 사회복지사가 파워를 행사하는 데 불편함을 느끼면 클라이언트의 임파워먼트를 어렵게 한다고 보고, 사회복지사는 파워를 갖기를 원해야 하고, 그것을 행사하는 방법을 배워야 하며, 파워를 남용하지 않으면서 클라이언트가 스스로 파워를 획득할 수 있도록 도와야 함을 제안했다.

이러한 장벽과 태도들을 극복하고 옹호의 윤리적 책임을 완수하기 위해서는 전문적 조직과 교육집단이 옹호에 대한 전문적 의무를 새롭게 강조해야 하며, 이를 사회복지실천의 핵심가치로서 전달하며, 효과적인 교육, 훈련, 슈퍼비전을 제공할 수 있어야 한다.

4) 옹호의 유형

(1) 개인옹호와 계층옹호

옹호유형은 학자에 따라 다양하게 제시되고 있다. 먼저 가장 일반적인 분류는 개인수준에서 일어나는 옹호와 체계수준에서 일어나는 옹호유형이다.

개인이나 가족, 소집단을 대신하여 수행되는 옹호유형을 개별 대상자 옹호(case advocacy)라 하며, 동일한 문제를 경험하는 비슷한 지위의 많은 사람들을 위해 대신하는 체계수준의 옹호를 계층옹호(class advocacy)라 한다.

클라이언트 개인수준에서 가장 빈번히 옹호가 요구되는 상황은 서비스를 제공받지 못하게 하거나, 그들이 필요로 하는 자격을 얻지 못하게 하는 장애물들을 극복해야만 할 때이다. 여기에는 환자가 서비스에 연결되는 데 어려움을 경험하는 상황 또는 서비스 자격요건에서 제외된 상황 등이 포함된다. 많은 경우 이러한 문제들은 사례관리자에 의한 비공식적 대인 간 협상, 설득, 타협 등을 통해 해결될 수 있다.

그러나 보다 어려운 경우는 사례관리자들이 그들 자신의 기관 내의 감독 또는 행정직원의 지지가 필요한 경우가 있으며, 심지어는 보다 공식적 채널을 활용해야 할 경우이다. 이러한 경우 법에 호소하거나 다른 옹호집단의 도움을 구해야 하는 일이 필요하다. 체계수준에서의 옹호는 사례관리자들이 수행하기가 쉽지 않은데, 종종 정치적 행동을 요하기 때문이다. 계층옹호는 특정 클라이언트 집단의 문제를 다루지만 궁극적으로는 체계 개혁을 통해 다수의 클라이언트 집단들 혹은 잠재적인 클라이언트들에게 혜택이 돌아가게 하는 데 그 의미가 있다.

(2) 전문가 옹호, 시민옹호, 자기옹호(Cater, 1995)

또 다른 분류방법은 옹호의 주체를 중심으로 구분하는 것이다. 전문가 옹호, 자원봉사자가 수행하는 시민옹호, 클라이언트 스스로에 의한 자기옹호가 그것이다. 먼저 '전문가 옹호'는 독립된 조직에 고용된 유급의 워커가 옹호를 수행하는 것이다. 그는 클라이언트가 필요로 하는 서비스를 얻을 수 있도록 적극적으로 그를 대변하거나 대신하여 행동할 책임을 진다. 전자는 개별 클라이언트를 옹호하는 것으로 대개 개인이 조직과 갈등상태에 있는 상황에서 이루어진다. 반면 후자는 집단으로서의 클라이언트 문제를 다루는 실천가의 노력으로 주로 정책, 프로그램의 변화를 주장하는 것과 같이 매크로 영역에서 일어나기 쉽다.

‘시민옹호’는 클라이언트의 권리와 존엄성을 보장하고 증진시키기 위해 훈련된 자원봉사자가 클라이언트와 짝을 이루어 옹호기능을 수행하는 것이다. 시민옹호는 개인의 권리를 중요시하는 자유주의 전통을 가진 미국에서 처음 출발했다. 처음에는 학습장애인의 권리, 이익, 수용을 증진시키기 위해 개발되었으나, 지금은 자신의 입장을 표현하는 데 어려움을 겪는 모든 취약집단의 권리보호로 확대되었다. 이는 궁극적으로 전문가가 아닌 일반 시민이 불리한 처지에 놓인 다른 사람들의 권리를 보장, 획득하는 데 도움을 주는 것이라 할 수 있다.

‘자기옹호(self-advocacy)’는 자기 자신을 공정하고 공식적인 방법으로 대변하는 상황을 언급한다. 처음에는 ‘시민옹호’ 기능을 수행하는 다른 사람으로부터 도움을 받을 수도 있다.

비록 실천가들의 ‘전문적 옹호’에서 출발한다 할지라도 궁극적으로는 클라이언트의 ‘자기옹호’ 향상을 목적으로 해야 한다. 이를 위해서는 클라이언트가 자기 지향을 획득할 수 있는 전략을 배울 기회를 제공해 줄 뿐 아니라, 클라이언트와 지식 및 의사결정 기술을 공유할 준비가 되어 있어야 한다. 자기옹호는 개인을 보다 주장적으로 만드는 데서 나아가 집단적 행동을 촉진시킬 수 있는 기능을 갖는다.

5) 옹호의 표적 대상 및 상황

옹호의 표적 대상은 서비스 접근을 막거나 클라이언트를 비인간적으로 대하는 개인, 집단, 조직, 공·사서비스 기관, 입법기관, 법체계, 정부기관 등 다양하다. 사례관리자가 옹호자로서의 역할을 고려해야 하는 상황이나 클라이언트 문제는 다음과 같다(Rothman & Sager, 1998; Woodside & McClam, 2003).

- 클라이언트에게 서비스가 제공되지 못하거나 서비스가 제한되어 있을 때
- 클라이언트가 원하는 개입방식이 아닌 다른 방식으로 개입될 때
- 클라이언트의 가족이 클라이언트를 위한 결정을 내릴 때
- 서비스 제공방식이 클라이언트의 인격을 침해하는 방식으로 이루어지는

상황(예를 들어, 성폭행 피해자가 오히려 모멸감을 느끼는 상황)
- 클라이언트가 그가 가진 종교, 성, 연령 등 그 외 다른 요인으로 차별대우를 받는 경우
- 제공되는 서비스가 욕구를 충족시키기에는 턱없이 부족해 오히려 클라이언트의 고통과 역기능의 원인이 되는 상황
- 정부나 기관의 정책이 자원을 필요로 하는 사람에게 부정적인 영향을 미치는 경우
- 클라이언트가 자기 자신을 대변하는 데 익숙하지 못하고 비효과적인 상황
- 클라이언트가 자신에 관한 사정내용이나 결정사항에 관한 아무런 정보가 없을 때
- 클라이언트의 문화적 규범에 배치되는 치료나 서비스를 제공받을 때
- 클라이언트가 그 자신의 권리를 알고 있지 못하거나, 그러한 권리가 부인되거나 침해될 때

6) 옹호자에게 요구되는 자질

대부분의 사례관리자들은 갈등을 좋아하지 않으며, 또 옹호역할이 성공할 수 있을 것인지에 대해 의구심을 갖는 경우가 많다. 특히 직접적 실천에 관심을 갖는 실천가들은 그들에게는 옹호와 같은 정치적 활동을 수행하는 자질과 기술이 부족하다고 생각하는 경향이 있다. 그러나 정치적 활동에 필요한 자질 중 많은 부분은 직접적 실천에서도 요청되는 것들이다. 파슨즈(Parsons)와 그의 동료들은 옹호자의 자질로서, 네트워크 및 연계기술, 갈등을 인내할 수 있는 능력, 모호성에 대한 인내심, 상황을 긍정적으로 파악하는 낙관주의, 그리고 임파워먼트 철학을 꼽고 있다(Parsons et al., 1994).

(1) 네트워킹

사회문제는 한 분야나 한 기관의 노력만으로는 해결되기가 어려운 것이 많다. 따라서 사회문제를 다루는 실천가는 조직 간 연계망, 즉 네트워크를 확립

하는 데 유능해야 한다. 조직 간 협력은 쉽게 달성되기가 어려운데, 예를 들어 기관 간의 경쟁, 영역다툼 등의 문제가 이를 더욱 어렵게 할 수 있다. 실천가는 이러한 점을 염두에 두면서 조직 간의 협력이 가져오는 장점을 끌어들일 수 있어야 한다.

(2) 갈등에 대한 관용적 태도

사회문제는 본질적으로 갈등적인 측면을 갖는다. 갈등을 다루기 위해서는 먼저 실천가 자신이 갈등적인 상황을 참아낼 수 있어야 하며, 갈등은 부정적일 뿐만 아니라 긍정적일 수도 있다는 점을 인식해야 한다. 부정적 갈등도 자연스러운 과정을 거쳐 명료하게 표현될 때 그 해결안을 찾을 수 있다. 그러나 그러한 창조적인 갈등은 쉽게 일어나지 않는다. 실천가들은 갈등을 다루고, 갈등을 서로 전달하는 데 편안해할 수 있는 자세가 요구된다.

(3) 모호성에 대한 관용적 태도

사회문제에 초점을 둔 실천가는 모호성에 대한 관용 혹은 내성을 발달시켜야 한다. 사회문제를 다루는 일은 사실, 예측 불가능한 활동일 경우가 많다. 문제의 정치적 성질은 상황을 유동적이고 불확실하게 만든다. 이를 두고 일부 실천가는 사회문제를 '움직이는 표적'이라고 언급하기도 한다. 어제 옳다고 생각된 것이 오늘은 부적절한 것으로 인식될 수도 있다. 그러한 상황에서 실천가들이 어떤 방향을 취할 것인지는 항상 명백하지 않으며, 또 결정을 내리는 일은 매우 복잡하고 어려운 과정이다. 때로 개입이 의도하지 않은 결과를 초래하기도 한다. 그러나 실천가는 계속 진행해 나가야 하며, 그 자신의 지침이나 준거 틀을 개발해 나가야 한다.

(4) 낙관주의적 태도

문제는 현재 상황에 대한 인식과 미래에 대한 기대 간의 차이로서 개념화될 수 있다. 미래에 대한 기대, 상황이 더 나아질 것이라는 기대는 곧 낙관주의를 의미한다. 실천가는 프로그램을 고안할 때 현재의 문제를 예방하고, 상황을 보다 낫게 만들려는 의도를 가지고 있다. 미래를 이미 결정된 것으로 보는 것이 비관주의라면, 낙관주의는 미래가 아직 고안되어 있지 않다고 믿는 것이다. 낙관주의는 문제가 줄어들 수 있다는 신념에 관련되어 있다.

(5) 임파워먼트 관점 유지

임파워먼트는 이해하기가 어려우며 활용 또한 어려운 개념으로 받아들여진다. 이는 다음의 두 가지 이유에서 특히 더 그러하다. 첫째, 사람들이 고통을 당할 때, 실천가들은 그들과 함께 일하기보다 그들을 위해 무엇인가를 해주려는 의지가 앞선다. 위기에 처한 집단을 위해 일방적으로 어떤 도움을 제공하여 바로 문제를 해결하고자 하는 경향이 강하다. 둘째, 클라이언트들은 대체로 힘을 상실했고, 학습된 무력감을 내면화한 상태에 있어 그들을 쉽게 임파워먼트 과정으로 끌어들이기가 쉽지 않다. 옹호자로서의 사례관리자는 이러한 장애요인들을 극복하고 클라이언트들의 적극적 참여를 지지하고 이끌어 낼 수 있는 기술과 의지가 있어야 한다.

7) 옹호전략과 기법

옹호가 필요하다는 결정이 내려지면 그 다음으로 적절한 옹호전략과 행동에 대한 의사결정을 내려야 한다. 클라이언트에게 적용되는 옹호행위는 하나 이상의 전략이 포함될 수 있다.

(1) 옹호활동 경로 결정

클라이언트의 상황을 분석하여 다음과 같은 옹호활동의 경로를 결정해야 한다(조갑출, 2006 : 80).

- 클라이언트의 편을 들며 직접적인 옹호행위를 할 것인가
- 주변의 다른 경로를 이용하여 대상자의 입장을 대변하고 도울 것인가
- 정보와 대안을 주어 대상자가 직접 결정하게 도울 것인가

- 함께 있어 주거나 상황에 개입하여 위험으로부터 보호할 것인가
- 대상자와 타인의 관계에서 협상하고 주선하는 역할을 할 것인가

(2) 리더십 활용

옹호역할에는 사례관리자의 리더십 활용이 중요한데, 설득, 법에 호소, 정치적 압력, 매체의 활용, 탄원 등 갈등수준에 따라 리더십 활용방법은 다양하다. 이는 갈등의 정도에 따라 다음과 같이 세 가지 범주로 분류될 수 있다(Rothman & Sager, 1998).

① 갈등의 수준이 낮을 경우 – 논의나 설득

- 자원이나 서비스 제공자와 접촉한다.
- 자신의 입장을 분명하게 진술한다.
- 자신의 감정을 통제한다. 분노나 초조함을 보이지 않도록 한다.
- 상대방을 비난하는 태도를 취하지 않는다.
- 클라이언트를 코치한다.
- 클라이언트를 동반한다.
- 기관의 정책과 절차에 대한 지식을 활용한다

② 갈등의 수준이 중간 정도인 경우 – 촉구

- 조직활동가와 협상한다.
- 상대방이 법이나 정책을 지키지 않은 사실을 드러낸다.
- 외부의 옴부즈맨에게 호소한다.
- 기관의 불만토론 절차를 활용한다.
- 요구를 주장적으로 한다.
- 상대방보다 높은 권위에 호소한다.

③ 갈등의 정도가 높은 경우 – 강제

- 대상 기관의 자금지원처에 호소한다.
- 지역사회 매체에 폭로한다.

- 소비자 집단을 동원한다.
- 법원에 탄원한다.
- 외부의 권위, 예를 들어 정치지도자 등에 호소한다.
- 등록 및 감독 기관에 호소한다.
- 정부기관에 알린다.

이러한 전략들 외에도 다양한 방법이 제안될 수 있으며, 이러한 많은 방법들을 선정하는 방법은 다음과 같은 질문을 스스로에게 해보는 것이다.

- 이들 대안들 중에서 어떤 것이 표적 대상으로부터 가장 바람직한 반응을 끌어낼 수 있을 것인가?
- 내 자신이 그것을 수행할 기술을 갖추고 있는가?(협상능력, 대중 연설, 시위단 조직능력 등)
- 자신이 소속된 기관에서 그러한 전략의 활용을 허용하는가?
- 이 전략을 실행하는 데 필요한 자원에 접근할 수 있는가?(대중매체에의 접촉, 법적 지식, 다른 관련 옹호집단에 대한 정보 등)

8) 옹호역할 수행 시의 딜레마[1)]

(1) 클라이언트 관련 사항

다른 사람을 위하는 옹호는 상이성을 중재하는 것보다 훨씬 많은 위험요소가 따른다. 때로 옹호결과는 실천가 자신보다는 클라이언트에게 더 위험한 결과를 가져올 수 있다. 클라이언트의 자기결정권 및 클라이언트의 임파워먼트 침해 가능성의 문제가 있기 때문에 옹호자는 모든 단계에서 최대한으로 클라이언트를 관련시켜야 한다.

(2) 실천가 관련 사항

옹호는 또한 실천가 자신에게도 일종의 모험이다. 실천가가 자신이 소속된

1) Parsons et al.(1994).

기관 안에서 클라이언트를 옹호해야만 한다면 동료 실천가와 행정 직원들로부터 소외될 위험이 있다. 그리고 실천가가 성공의 가능성이 거의 희박한 문제를 옹호한다면 주위로부터 신뢰를 잃을지도 모른다. 덧붙여 실천가의 윤리적 문제와 관련된 딜레마가 있다.

① 서로 맞선 충성심

이 딜레마의 가장 기본적인 예는 기관과 클라이언트 사이에서의 갈등이다. 이러한 경우는 워커가 소속된 기관 내에서 클라이언트를 옹호해야 할 때 주로 발생한다. 예를 들어, 기관 정책이 특정 클라이언트에게 불이익을 주더라도 보다 더 큰 공동의 선(good)을 지향할 때 기관의 정책을 따를 것인지, 클라이언트를 적극 옹호해야 하는 책임을 다할 것인지의 문제가 있다.

② 온정주의

온정주의를 뜻하는 영어 표현 paternalism은 아버지를 뜻하는 라틴어에 기원을 두고 있다. 이는 아버지, 즉 부모는 자식이 원하는 것과 필요로 하는 것을 가장 잘 알고 이를 위해 모든 것을 해줄 수 있다는 의미를 담고 있음을 말해준다. 딜레마는 클라이언트에 대해 너무 지나친 책임감을 가져 클라이언트가 할 수 있는 것까지도 대신해 주려는 열정적인 옹호자의 경우에 해당된다. 옹호는 클라이언트 체계를 위해 활동하는 것이기 때문에 주의 깊게 사용되지 않으면 클라이언트의 임파워먼트 증진에 도움이 되지 않을 수 있다. 클라이언트의 자기결정권을 보장하면서 임파워먼트를 강화시킬 수 있는 한도에서 직접 관여해야 한다.

③ 개인 구제 대 사회개혁

개별 클라이언트의 곤경을 잘 해결해 준 옹호자는 클라이언트에 대한 1차적 책임을 다하였다고 생각하여 더 이상 옹호노력을 지속하지 않는 경향이 있다. 이러한 입장은 다른 많은 사람들 또한 비슷한 영향을 받고 있으며, 따라서 정책이나 실천이 변화될 필요가 있다는 사실을 간과한 데서 나온다. 이 딜레마는 개인의 욕구는 종종 즉각적인 데 반해 제도를 개혁하는 과정은 서서히 아주 오랜 시간에 걸쳐 일어나기 때문에 나타난다. 실천가들은 종종 개인의 즉각적인 욕구충족과 사회개혁 노력 중 어느 하나를 선택해야만 한다는 것을 인식하고 있다. 그러나 이러한 이분법은 잘못된 것으로, 양자는 동시에 이루어질 수 있는 것이다.

이 딜레마는 옹호자로서의 사례관리자들이 직면하는 가장 중요한 문제 중의 하나이다. 일반적으로 개인문제 해결은 제도변화의 잠재력을 대표하는 것이긴 하지만, 케이스 옹호 혹은 계층옹호 중 어느 것을 선택해야 할 때는 다음의 몇 가지 점을 고려하는 것이 바람직하다. 첫째, 그 문제로 영향받는 사람의 수, 둘째, 그들 욕구의 긴급성, 셋째, 변화의 표적을 확인하고 접근할 수 있는 능력, 넷째, 필요한 변화의 수준 및 양, 다섯째, 옹호에 이용될 자원, 여섯째, 변화가 요청되는 표적 체계의 교정 가능성이 그것이다.

4. 협력 및 조정

사례관리 과정에서 무엇보다 중요한 기능은 개개인에게 적합한 서비스 패키지를 창출하는 것이다. 이는 다양한 서비스를 조정하는 것과 관련되며, 의료, 간호, 심리상담 등 그 외 다른 서비스 기관과의 협력(collaboration)체계의 구축을 의미한다. 오늘날 클라이언트들이 경험하는 문제는 건강과 사회 서비스를 공히 요청하는 것이 대부분으로 더 이상 하나의 전문직만으로는 클라이언트의 욕구를 충족시키기가 어렵다. 하나 이상의 기관 혹은 다양한 전문가들의 지식과 기술이 더욱 요청되는 상황에서는 협력과 조정기능이 중요하게 대두되며, 사례관리자에게는 관계망의 동원, 새로운 자원의 개발, 연계와 협상, 가족과의 협력 등 기존의 기술들뿐만 아니라 팀 작업과 같은 기술이 보다 강력히 요구된다.

1) 개념 규정

조정과 협력은 엄격하게 구분되어 정의되기도 하는데, 첫째, 조정이 협력보다는 좀 더 공식적인 의미를 가지며, 둘째, 함께 협력하여 일한다는 의미에서는 유사하나, 조정이란 개념 속에는 반드시 합의나 협력이 필수적인 부분으로 포함되지 않는다는 것이 두 개념 간의 차이이다(Tester, 1996). 그러나 사례관리에서는 일반적으로 조정과 협력을 같은 맥락에서 이해하고 있다.

조정(coordination)이란 욕구와 서비스 간의 최적의 적합성을 이끌어 내는 것으로 총체적 존재로서의 인간에 대한 인식이 증대함에 따라 조정기능이 점점 중요시되고 있다. 즉, 조정은 상이한 사람들과 기관이 함께 모여 클라이언트 욕구사정 및 누가, 언제, 무엇을 행할 것인지에 관한 협상과 합의를 하는 것이다. 서비스 계획은 바로 이러한 욕구와 서비스 간의 적합성을 조직하기 위한 주된 조정도구이다(Øvertveit, 1993).

사례관리자는 다학문적 사정을 용이하게 하고, 이를 조정하는 핵심적인 인물이다. 예를 들어, 노인의 욕구를 사정할 때 방문간호원, 작업치료사, 의사(GP), 사회복지사, 언어치료사 등 다양한 전문가들이 함께 참여할 수 있다. 그리고 학대당한 클라이언트들은 의료적 · 법적 · 재정적 · 사회적 서비스를 동시에 요구하며, 변호사, 사회복지사, 의료진이 팀을 이루어 사회적 · 의료적 서비스와 법적 조언 등을 공히 제공한다. 이러한 경우 사례관리자는 팀을 조정하고, 클라이언트, 팀 구성원, 다른 서비스 제공자들을 연계하는 활동을 수행한다. 사례관리는 종종 이러한 조정, 협력적 기능으로 인해 팀 접근(team approach)으로 이해되기도 한다.

2) 팀의 다양한 유형

팀 유형에 대한 이해는 다음과 같은 이유로 중요하다. 기관의 계획수립가에게는 클라이언트의 욕구에 가장 적합한 팀의 유형을 확인하는 데 있어 중요하며, 관리자에게는 올바른 방법으로 팀을 관리하고, 나아가 서비스 질을 향상시키기 위한 변화를 유도하는 데 도움이 된다. 그리고 실천가에게는 팀의 성원으로서의 각자의 역할을 이해하고, 어떤 문제가 왜 일어나는지를 이해하는데, 조사자에게는 어떤 유형의 팀이 특정 상황에서 매우 효과적인지에 관한 지식을 얻는 데 기여한다(Øvertveit, 1993).

팀은 학자에 따라, 혹은 목적에 따라 다양한 형태로 존재한다. 먼저 호른비(Hornby)는 팀 협력을 두 가지 유형으로 구분하였다. 워커와 클라이언트 간에 이루어지는 책임공유를 1차적 협력(primary collaboration)으로, 클라이언트를 위해 일하는 전문적 원조자들 사이에서 이루어지는 협력적 관계를 2차적 협력(secondary collaboration)으로 설명한 바 있다(Brearley, 1995). 일반적으로 언급되는 팀 활동은 이 중에서 2차적 협력이라 볼 수 있는데, 같은 조직 내의 상이한 부서 간에 이루어지기도 하며, 다른 한편 서비스 제공자와 자원을 제공하는 출처 간에, 그리고 상이한 전문직 사이에서 이루어지기도 한다. 예를 들면, 사회복지사, 의사, 정신의학자, 간호사, 재활상담사 등으로 구성된 팀은 관련 분야의 다양한 전문가들로 구성된(intra-agency team) 경우이며, 사례관리자, 전문적 치료사, 모니터링하는 사람, 연계, 조정을 담당하는 직원, 옹호역할을 수행하는 사람들로 구성된 경우는 같은 기관 내의 상이한 실천가들로 팀(intra-agency team)을 이룬 경우이다.

특히 전자는 다학문 분야 팀(multi-disciplinary team) 혹은 학제 간 팀(interdisciplinary team)이라 불리어지기도 한다. 다학문 분야 팀이란 서로 다른 기관에 고용되어 있으면서 클라이언트들에게 서비스를 제공하는 일을 조정하기 위해 정규적으로 만나는 상이한 전문적 교육과 훈련을 받은 실천가들의 집단이라 규정된다(Overtveit, 1993). 다학문적 팀과 학제 간 팀은 대개 상호교환적으로 사용되고 있으나, 목슬레이는 이 두 용어를 구분하면서 다학문 분야 팀 접근이라는 용어보다 학제 간 팀 접근이라는 용어가 사례관리 기능을 설명하는 데 보다 적절하다고 보았다. 그에 따르면, 전자는 상이한 전문가들 간의 상호작용 과정, 다시 말해 클라이언트 욕구를 검토하고 정보를 개방적으로 공유하면서, 어느 한 전문가도 그 과정에서 지배적이지 않고 서로의 역할과 기능을 이해하고 존중하는 대등관계에 있는 반면, 후자는 몇몇 전문가가 클라이언트에 대해 독립적으로 일하면서 각자의 계획을 수립하고, 클라이언트에 대한 각자의 소견을 제시하기 위해 정기적으로 필요할 때 한 번씩 모여 합의를 도출하는 형태를 나타낸다는 것이다(Moxley, 1989).

래이프와 쇼르(Raiff & Shore, 1993) 역시 이와 마찬가지로 학제 간 팀 접근을 다분야 팀 접근의 보다 발전된 형태로 보면서 다음과 같이 구분하고 있다.

(1) 다분야 팀 접근(multidisciplinary model)

가장 단순하면서도 전통적인 다학문적 접근으로, 이 접근은 전형적으로 각 분야의 전문적 사정, 개별적인 계획 수립 및 실행이 특징적이다. 이러한 다분야 팀 접근은 사정 및 개입 계획을 각 전문분야마다 독립적으로 수행하는 것으로, 많은 문제점을 초래했다. 제안되는 서비스는 연관성이 전혀 없고, 심지어는 비연속적이고 상반되는 서비스 계획을 산출하기도 한다. 이러한 경우 제안들을 통합해야 하는 부담은 소비자, 다시 말해 클라이언트에게 전가된다.

(2) 학제 간 모델(interdisciplinary model)

최근에는 초기 형태를 보완하여 보다 발전된 형태의 다분야 팀 접근이 개발되고 있는데, 즉 상이한 분야들 간의 내적인 의사소통을 증대시켜 조정된 서비스 계획을 끌어내는 것을 말한다. 이 모델은 조정된 서비스 계획을 끌어내기 위해 내부의 의사소통 경로를 공식적으로 마련해 두는 것이 특징이다. 각 분야의 독립적이고도 전문적인 사정이 지속적으로 일어나되 정기적으로 마련된 회합에서 합의를 가장 중요시한다. 각각의 팀 성원들은 협력적 자문을 제공하여 보다 나은 합의에 도달할 것이 기대된다.

3) 팀 협력 전략

실천가가 팀 차원에서 일할 때, 그는 클라이언트와 개별 전문가들 사이에서뿐만 아니라 클라이언트와 팀 사이의 신뢰관계를 확립하는 데 민감해야 한다. 팀 활동은 많은 갈등의 소지를 내포하고 있으며, 자율적이고도 개별적인 실천을 훈련받아온 전문가들이 그들의 권위를 공유하고 조정하기란 쉽지 않다. 특히 실천영역이 서로 중첩되는 전문가들 사이에는 보이지 않는 경쟁관계가 형성되기도 한다.

비록 다분야 팀이 종종 전문적 지식을 결집하는 필요한 접근이라 할지라도, 실천에서는 오히려 부정적인 결과를 가져오기가 쉽다. 가장 보편적인 병리현상은 통합된 실체로서 기능하기보다 단순히 형성적으로 모이는 팀의 경우에서 찾아볼 수 있다. 이러한 팀의 경우 긴장이 증대되고, 서비스 계획에 대한 관점이 논쟁이 되며, 책임감에 대한 대결현상 등이 나타난다. 팀의 갈등의 지위 불평등에서 일어나는 긴장을, 혹은 외부전문가에 대한 의심을 반영하기도 하며, 상이한 전문적 용어 사용으로 인한 혼란과 서비스 우선순위에 대한 다른 견해로 인해 긴장이 초래되기도 한다. 이러한 경우 사례관리자는 팀 성원들의 상이한 관점을 조정하고 그들의 갈등을 다룰 수 있는 능력뿐만 아니라 전문적 경계를 넘나들 수 있는 능력을 갖추어야 한다.

바람직한 팀 접근은 성원 간에, 그리고 그들의 지식에 대한 존중, 각 분야에서 선호하는 작업양식, 진단과정의 중요성에 대한 인식을 공유하는 것이다. 즉, 기술, 접근 면에서의 상이성을 인정하고 수용하는 자세, 각자의 한계에 대한 인식과 다른 성원에게 도움이나 정보를 구할 수 있는 의지, 논의를 격려하는 비위협적인 분위기를 창출하는 것이 무엇보다 중요하다.

팀 접근과 관련하여 사례관리자에게 특히 요구되는 몇 가지 기술을 제안하면 다음과 같다(Coulshed & Orme, 1998).

- **동반자적 관계 유지** : 동료들과 함께하고 과업을 할당하며 피드백을 제공해 줄 수 있는 능력
- **협상** : 자기 자신 혹은 다른 사람에게 가장 바람직한 결과가 무엇인지를 명확히 전달할 수 있는 능력
- **네트워킹** : 정보를 수집, 배포하고, 특정 직업에만 통하는 전문용어를 사용하지 않고도 의사를 전달할 수 있는 능력, 즉 전문적 용어를 사용하기보다는 간단하되 명확한 용어를 사용할 수 있는 능력
- **재구조화** : 보다 큰 준거 틀 안에 문제를 위치지음으로써 상이한 관점을 제안하고, 문제를 바라보는 대안적 방법을 논의할 수 있는 능력
- **대결** : 지배적인 견해에 주장적으로 도전하는 능력

- **융통성** : 다른 사람의 기술로부터 배울 수 있는 능력
- **모니터 및 평가** : 결과를 측정하고, 정확하게 방법이나 목표를 수정할 수 있는 능력

이러한 기술들은 효과적인 팀을 이끄는 데 필수적인 부분으로서, 사례관리자는 이를 활용하여 다음과 같은 단계를 이끌어 간다(Moxley, 1989).

(1) 팀을 형성한다

사례관리 과정에 관여할 전문가의 유형과 수를 결정한다. 여기서 한 가지 중요한 고려사항은 집단의 크기이다. 집단이 너무 크면 클라이언트를 압도해 클라이언트의 참여의지를 감소시키며, 팀 성원 간의 갈등을 야기할 소지가 커진다. 팀의 임무는 클라이언트의 욕구를 다룰 수 있는 서비스와 지지에 대한 계획을 수립하는 것이므로, 클라이언트의 욕구에 반응할 기관이나 전문가를 포함하는 정도면 충분하다

(2) 팀을 결집시킨다

팀 성원으로 하여금 클라이언트의 욕구에 반응하는 데 관심을 공유하게 한다. 팀의 결속력은 각각의 참여자가 팀의 성원이라고 느끼고, 그들의 의견이 계획형성에 중요하게 반영된다는 느낌을 갖는 데서 발전된다. 이러한 감정을 갖도록 사례관리자는 성원 간의 상호작용을 증대시키고, 그들이 모인 목적을 분명하게 인식시켜 주며, 그들의 역할과 그들에게 기대되는 바를 이해시킨다.

(3) 팀 회합을 갖는다

매 번의 회합은 다음의 다섯 가지 단계로 구조화되어야 한다.

- **사회적 상호작용** : 팀의 공식적 작업이 시작되기 전에 인간적·개인적 접촉의 시간을 제공한다.
- **오리엔테이션** : 그리고서 팀은 이전의 회기 동안 달성된 것과 현재의 모임에서 완수되어야 할 것에 대한 간단한 검토를 한다.

- **구조화** : 팀의 운영규칙을 검토한다. 팀 과정을 기록할 사람, 결정을 내릴 사람을 선택하고, 새로운 사정자료나 다른 정보를 소개할 규칙에 대해 논의한다.
- **건설적 작업** : 이상의 단계가 충족되고 나서야 비로소 실제적인 계획활동이 진행된다. 클라이언트의 욕구, 목적, 서비스, 지지목적, 활동, 서비스 제공, 시간 등에 관한 논의와 확인이 이 단계에서 다루어진다.
- **완수** : 팀 성원은 클라이언트 서비스와 지지계획에 대해 만들어진 진전 정도를 검토하고, 다음 번 모임에서 다룰 과제를 확인한다.

(4) 팀 활동의 효과성을 평가한다

참여자들은 의식적으로 팀의 효과성을 평가한다. 여기서 평가는 두 가지 측면이 있다. 하나는 상호작용 과정의 효과성에 대한 검토이고, 다른 하나는 클라이언트 서비스 계획을 마련하는 데 요구된 과업의 실행 정도에 대한 평가이다. 평가는 각 회합의 마지막 완수단계에서 일어나고, 다음 회합의 지향단계에서 재검토된다. 이러한 지속적인 평가를 통해 팀 과정의 효과성과 계획 결과가 향상된다.

4) 팀 협력 장애에 대한 대처전략

팀으로 일할 때 여러 가지 이점이 있는 만큼 몇몇 장벽도 존재한다. 예를 들어, 신뢰, 능력, 책임, 의사소통 기술 등의 문제는 팀 작업의 성공 여부에 영향을 미치는 민감한 요인들이다. 각각의 장벽들과, 그러한 장벽을 극복할 수 있는 대응전략을 제시하면 다음과 같다(Woodside & McClam, 2003).

(1) 신뢰

신뢰는 집단, 팀 협력의 기본 전제이다. 신뢰가 없다면, 집단성원들은 의견을 공유하지 않으며 다른 사람의 견해에 대해서도 개방적이지 않게 된다. 신뢰를 해치는 경우의 예는 다양하다. 가령 한 성원이 팀 성원이 아닌 외부사람, 혹은 친구에게 케이스를 말했을 경우, 성원의 아이디어나 능력, 활동 등에 대해 나쁘게 말하고 다니는 경우가 그러하다. 이러한 경우 사례관리자는 다음과 같은 두 가지 방법으로 이 문제를 해결해 나갈 수 있다. 사례관리자는 처음부터 비밀보장 원칙에 대해 알려주어야 하며, 다른 성원에 대한 존중을 해치거나 다른 성원에 대해 불평을 토로하고 다니는 경우가 발생하면, 사례관리자는 집단의 규칙을 언급하면서 이 사건을 직접적으로 다룰 수 있어야 한다. 비록 대결적 언급(confrontation)이 어렵기는 할지라도, 시의적절하게 문제를 해결하는 것이 팀의 미래를 위해서도 바람직하다.

(2) 능력개발 지원

때로 팀 구성원 중에 훈련이나 경험 부족 등으로 인해 지식이나 기술, 가치 등 능력이 부족한 경우가 있다. 팀에서 이루어지는 거의 모든 일이 상호 의존적이기 때문에 능력 부족의 문제는 효과적인 팀 작업에 또 다른 장애물이다. 사례관리자는 각자의 활동에 대한 팀 성원들의 관찰을 공유하면서 강점과 약점을 지적하는 것이 필요하다. 이때 일이 제대로 수행되지 못한 경우의 분명한 사례를 제공하는 것이 도움이 되며, 때로 팀 선원들의 전문적 능력 개발 계획 수립을 지원함으로써 능력 향상을 격려할 수 있다.

(3) 책임의식 제고 및 평가

때로 일부 성원은 그들에게 맡겨진 과업을 제때에 완수해 내지 못하는 경우가 있다. 책임 불이행은 여러 이유에서 비롯되는데, 작업량이 과다할 경우 자신에게 맡겨진 모든 일을 완수할 수 없다. 그리고 결근, 질병, 다른 개인사 등이 과업달성을 저해할 수 있다. 그러나 치료계획 중 중요하지 않은 부분이 없으며, 각각의 부분들은 다른 부분들에 밀접히 관련되어 있다. 팀의 리더로서, 사례관리자는 일을 제때에 완수할 수 없을 경우에 팀에 알려 이를 다른 사람에게 맡길 수 있도록 해야 함을 모든 성원들에게 인식시켜야 한다. 그리고 사례관리자에 의한 지속적인 성원평가 작업도 중요하다. 그는 각 성원이 어느 정도 책임달성을 하고 있는지 알고 있어야 하며, 책임완수를 격려해야 한다.

CHAPTER 09

사례관리의 실천사례

01 미국의 사례
02 영국의 사례
03 일본의 사례
04 한국의 사례

CHAPTER 09

사례관리의 실천사례

1. 미국의 사례[1)]

스미스 부인은 뇌졸중으로 언어장애와 우측 마비 증상을 보여 6개월 동안 요양원에서 보호를 받았다. 결혼한 딸의 집으로 퇴원할 때에는 겨우 걸어 다닐 수 있을 정도가 되었으며, 오른팔도 사용하고, 분명치는 않지만 조금씩 말도 할 수 있게 되었다. 매일 적절한 운동을 하고, 좋은 영양을 섭취하며 계속 약을 복용하고 언어치료를 받는다면 이전의 상태를 회복할 수 있을 것으로 평가되었다. 딸과 사위는 어머니가 자신의 집에서 혼자 살아갈 수 있을 정도의 기능적 능력을 회복할 때까지 필요한 보호를 기꺼이 제공해 주려 하였다.

퇴원과 동시에 스미스 부인은 언어치료를 받기 위해 지역 기관에 의뢰되었다. 그 외 다른 보호조치는 딸이 제공하는 것으로 계획되었다. 딸은 파트타임 일(하루 4시간)을 가지고 있어 충분히 엄마를 보호해 줄 수 있을 것으로 생각했다. 그러나 스미스 부인이 자신의 집에 온 지 6개월 째 접어들자 딸의 상황은 아주 긴장되게 변하였다. 이때 사례관리자가 스미스 부인의 기능적 욕구를 사정하기 위해 그 가정에 방문했다.

스미스 부인의 상태는 기대했던 것만큼 향상되어 있지 않았다. 그리고 딸은 엄마를 충분히 돌보지 못했다는 죄책감에 사로잡혀 있었고, 또 능력도 부족하다고 자신을 과소평가했다. 이러한 문제에 덧붙여 스미스 부인은 상당히

1) Beaver, L. & Miller, A.(1992). Clinical Social Work Practice with the Elderly(2nd ed.). CA : Wadsworth Publishing Company에 소개된 사례임.

의기소침해 있었으며, 딸과 사위에 대한 요구도 점점 더 심해졌다. 딸과 사위는 그들의 부부관계에 다소 문제를 느끼기 시작했으며, 스미스 부인의 보호와 관련된 재정적 압박도 받고 있었다.

사례관리자의 사정결과 스미스 부인은 자신의 상태에 관해 심리적으로 위축되어 있었다. 그녀의 딸은 엄마를 운동시키고, 일상적 보호를 제공해 주는데 드는 노력과 시간 때문에 파트타임 일을 그만두어야 될지 모르겠다고 말했다. 게다가 우울증으로 인해 스미스 부인은 신체적 재활도 나아지지 않았다. 그녀는 무기력했으며, 전혀 혼자 있으려고 하지 않았다. 스미스 부인은 딸이 잠시라도 곁에 없는 것을 싫어했으며, 걷는 것을 도와줄 다른 사람의 이용도 거부했다. 딸과 사위는 스미스 부인의 무기력증과 과다한 요구로 인해 싸우는 횟수가 많아졌다.

사례관리자는 스미스 부인이 다양한 서비스를 이용할 자격이 있다고 판단하고, 다음과 같은 개입계획을 하였다.

첫째, 스미스 부인은 물리치료와 언어치료를 받는 기관에서 일주일에 세 번씩 주간보호 프로그램에 참석한다. 부인이 주간보호에 참여하는 동안, 딸은 직장일에 보다 많은 시간을 보내게 되고, 어머니의 과도한 요구에서 다소 벗어나게 된다.

둘째, 매주 이틀은 스미스 부인이 집단활동에 참여하도록 그 지역의 노인센터에 보낸다. 하루는 뇌졸중 회복에 관한 토의집단에, 다른 날은 일반적인 사교·레크리에이션 집단에 참여토록 한다. 교통편은 노인센터 운행차량을 이용한다.

셋째, 딸이 직장에 나가는 이틀은 부인이 혼자 집에 있도록 한다. 이 날은 이동식 식사서비스가 그녀에게 저렴한 비용으로 제공된다.

넷째, 사례관리자는 개별상담을 위해 스미스 부인을 일주일에 1회 만난다. 여기서는 주로 우울증 치료 및 자신의 집으로 돌아가 자립된 생활을 할 계획수립에 초점을 맞춘다.

다섯째, 사례관리자는 부인의 딸과 사위를 만나 자신을 도우려는 그들의 노력을 지지하고, 환자의 우울상태를 가장 잘 다루고 가정에서 신체적 재활을 이룰 수 있는 방법에 관해 조언을 제공한다. 사례관리자는 또한 딸 부부의 간장관계에 관해 서로 이야기를 나누도록 격려한다.

6개월 동안 사례관리자는 제공된 모든 서비스(주간보호, 이동식 식사, 집단참여, 교통수단 제공 등)를 계속 모니터했다. 스미스 부인에 대한 사례관리자의 접근은 성공적이었다. 그녀의 우울증이 덜해졌으며, 자신의 신체적·사회적 재활을 위해 노력하기 시작했다. 딸과 사위는 스미스 부인을 보다 효과적으로 돌볼 수 있게 되었으며, 더 이상 서로 간에 갈등은 없었다.

스미스 부인은 자신의 집에서 생활할 수 있을 정도로 기능적 능력이 나아졌다. 이동식사서비스를 지속적으로 제공받고 집단활동에 계속적으로 참여하며 정기적인 의료처치를 받는다면, 스미스 부인은 혼자 살아갈 수 있을 것으로 판단되었다. 그녀는 어느 정도 자신을 돌보고, 일상의 조그만 집안일들을 할 수 있을 정도가 되었다. 딸은 일주일에 한 번씩 집안 청소를 해줄 뿐 아니라 그녀의 일상상태를 체크하는 역할에 기꺼이 동의했다. 사례관리자는 서비스가 계속 제공되고 있는지 지속적으로 모니터하고, 사후 평가를 통해 새로운 문제나 어려움이 나타나는지를 체크한다.

2. 영국의 사례[2)]

엘리스 베이커 부인은 뇌졸중으로 입원했다가 곧 퇴원할 예정이다. 그녀의 욕구를 다음의 7단계 사례관리 과정에 비추어 고찰해 보기로 한다.

단계 1 : 인테이크

간호사는 그녀에게 뇌졸중 환자를 위한 재활서비스 및 자원봉사자 조직에 관한 정보를 담은 소책자를 제공해 준다. 이와 더불어 집에 돌아갔을 때 발생할 수 있는 여러 가지 어려움에 관해 그녀와 이야기를 나눈다.

2) 본 사례는 영국 Department of Health Social Services Inspectorate의 Care Management & Assesment : Practitioners's Guide, pp. 89-92에 실린 사례를 수정하여 인용한 것임.

단계 2 : 사정수준의 결정

간호사는 곧 닥칠, 그리고 장기적으로 집에서 살아나갈 일에 대한 베이커 부인의 걱정거리를 상세히 기술한 의뢰서를 병원 사회복지사에게 제출한다. 이 정보에 기반하여, 사회서비스 팀장은 베이커 부인이 한 명의 사회사업가에 의해 조정되는 포괄적인 사정을 받아야 한다고 결정 내린다. 사회복지사는 베이커 부인과 병동에서 첫 인터뷰를 가지며, 물리치료사와 작업치료사에게도 베이커 부인을 사정하도록 부탁한다.

단계 3 : 욕구사정

사례관리자는 베이커 부인이 독립된 삶을 유지하고 싶어 한다 할지라도 자신감이 없고, 그녀 딸의 지지수준에 대해서도 불확실해한다는 사실을 확인한다. 그녀 딸이 비록 가까이 살면서 엄마에게 지지를 제공해 줄 수는 있다 할지라도, 그녀 자신의 가족이 대가족인 관계로 엄마를 어느 정도 도울 수 있을지는 불확실한 것이다. 물리치료사의 사정결과는 베이커 부인의 오른 팔과 다리에 심각한 정도의 기능 상실이 있으며, 예후는 고무적이나 불확실하고, 단지 환자의 재활의지와 지속적인 노력에 크게 좌우됨을 보여준다. 작업치료사는 그녀와 함께 그녀의 임대주택을 미리 한 번 방문해 본 뒤, 처음에는 자기 간호의 여러 측면에서 어려움을 경험할 것임을 충고한다. 그녀는 계단을 올라갈 수 없을 것이므로, 침대와 화장실은 낮게 개조되어야 할 것이라고 충고한다. 이 단계에서 베이커 부인의 욕구는 크게 세 가지로 요약된다.

- 지지서비스가 배정되는 대로 가능한 한 빨리 집에 가고 싶다.
- 가능한 한 독립적으로 생활하고 싶다.
- 진전 정도에 비추어 6개월 내에 앞으로의 여러 선택사항을 재검토한다.

그녀의 딸은 이러한 엄마의 의도에 지지적이지만, 그녀가 제공할 수 있는 지지의 양은 제한되어 있다.

단계 4 : 케어계획

사례관리자는 담당 의사와 가능한 퇴원일자를 잡는다. 그리고서 그녀는 집중적인 퇴원서비스 과정과 'Meals on Wheels'에 베이커 부인을 연결, 의뢰한다. 케어계획 속에 포함된 내용은 다음과 같다.

- 퇴원서비스는 최대한 6주 동안 베이커 부인이 침상에서 일어나 걸을 수 있게 하는 것을 포괄한다.
- 'Meals on Wheels'는 일주일에 5일 이용할 수 있으며, 주말 식사는 딸이 담당한다.
- 베이커 부인은 사정된 비용을 감당할 것에 동의한다.
- 딸은 일주일에 세 번 특정 시간대에 엄마를 방문하며, 동시에 지역사회 간호원과 사회복지사, 그리고 주말에는 외래 물리치료사와 접촉한다.
- 작업치료사는 퇴원 일주일 내에 그녀에 대한 초기 사정을 마치고, 적절한 보장구를 제공한다.

베이커 부인을 방문하는 모든 사람들은 부인을 지켜본 일지를 쓰고, 6주 후에 상황을 재평가할 것에 동의한다. 베이커 부인과 그녀를 돌보는 모든 관련자들은 1차적 목적을 베이커 부인의 재활과 자신감 회복에 둔 케어계획서 복사본을 한 부씩 배정받는다.

단계 5 : 케어계획의 실행

간호사는 퇴원날짜를 확인하고, 사례관리자는 모든 관련된 기관과 개인들에게 이를 알린다. 딸은 1층에 침대를 설치하고, 간호인이 주문한 물건들을 사둔다. 케어 매니저는 집중적인 퇴원서비스와 'Meals on Wheels' 서비스를 위한 예산할당을 협상한다. 그녀는 또한 모든 기관과 개인들이 각자의 책임을 준수하는지 체크한다.

단계 6 : 모니터링

퇴원 일주일 후 사회복지사는 베이커 부인과 함께 배정된 내용들이 얼마나 잘 돌아가고 있는지, 방문 프로그램 중 일부 수정될 내용이 없는지 등에 관해 검토한다. 일지를 작성하지 못한 사람들에 대해서는 그 기록의 중요성을 상기시켜 준다. 베이커 부인이 '뇌졸중 환자 지지 모임'에 참석하기를 원함에 따라 지역사회 간호원이 이를 연결시켜 준다. 사회복지사는 딸이 합의된 수준의 지지를 계속 제공할 수 있도록 확실히 해둔다. 베이커 부인의 상태가 조금씩 진전됨에 따라 지지수준도 일반적으로 줄어든다.

단계 7 : 재평가

6주 후 사회복지사는 모든 관련된 사람들로부터 베이커 부인의 진전 정도에 관한 피드백을 받는다. 베이커 부인의 요청에 따라 딸과 함께 이러한 결과를 함께 논의한다. 'Meals on Wheels'의 메뉴가 다양하지 못한 것에 대한 불만 외에는 대체적으로 모든 일이 잘 되어갔고, 앞으로 베이커 부인도 집중적인 퇴원서비스가 철회된 이후에 단계적으로 줄어드는 재가보호서비스 제공에 잘 대처해 나갈 수 있을 것이라는 사실에 모두 동의한다. 그러나 자신의 재활 진행 정도에 실망하는 베이커 부인은 사회사업가로 하여금 주택담당과에 대안적인 주택형태를 모색하기 위한 주택평가를 요청하게 한다. 개정된 케어 계획이 세워지고, 모든 관련자와의 상담을 통해 이것이 재분배되며, 다시 6주 후로 재평가 날짜를 잡는다. 식사 제공에 대한 베이커 부인의 불만이 반영되어 질적으로 나아질 것이 보장된다. 개정된 계획에 드는 예산은 사회복지사에 의해 재협상된다.

3. 일본의 사례[3)]

C부인(72세, 여성)은 25년 전부터 스몬병으로, 그리고 8년 전부터는 파킨슨 병 발병 후 입·퇴원을 다섯 번이나 되풀이하고 있다. 금번의 퇴원 후 여동생에게 신세를 지게 되었으나 관계가 좋지 않아 자택으로 돌아와 홀로 지내게 되었다. 그 당시로서는 일주일에 2회 가정부를 오게 했으며 일주일에 1회는 조금 떨어진 곳에 위치한 종합병원까지 택시로 통원하고 있다. 보행은 지팡이를 사용해 가면서 겨우 장보러 다닐 정도라 항상 집에 홀로 휠체어에 앉아서 생활하는 경우가 많다. 질병에다가 의지할 가족들도 없어 매우 불안하며 마침내 상담원조를 받기 위해 복지사무소를 찾게 되었다. 복지사무소의 노인복지 담당자가 사례관리자가 되어 다음과 같은 '사례관리'를 수행하였다.

사례관리자는 C부인과의 면접을 통해서 고립 방지, 신체적인 기능 저하 방지 등을 원조 목표로 삼고서 C부인이 될 수 있는 한 재가에서 생활을 계속하는 데에 힘을 모았다. 그 결과 다음과 같은 케어계획을 함께 작성, 그 실시에 힘썼다.

① 사회생활의 불편을 덜기 위해 헬퍼의 파견을 받아들이며(주 2회), 또한 기상과 취침을 용이하게 하기 위해 특수 자동 장치 침대의 급부를 받는다.
② 외로움이나 기능 저하를 막기 위해 노인복지센터가 실시하는 데이서비스를 이용한다(초기에는 주 1회, 통근버스가 이용되면서부터 주 2회).
③ 체력의 약화로 주간서비스를 빠지기 쉬우므로 자원봉사국에 주간서비스의 왕래를 돌보아 주는 교통 자원봉사자의 파견을 요청한다.
④ 종합병원이 멀어 가까운 인근 정신과 의사를 소개하며, 주 1회 통원으로 한다.
⑤ 몸의 상태가 좋지 않을 경우 통원 시 도움을 받을 수 있도록 이웃에게 의뢰한다.
⑥ 신체적 기능의 검사를 위해서 한 달에 한 번씩 보건소 보건원의 정기적인 방문지도를 받는다.

3) 이 사례는 일본의 白澤政和의 『Case Management의 理論과 實際』에서 인용한 것임.

⑦ 사회복지협의회의 자원봉사원들로부터 주 1회 식사서비스와 고독의 방지를 위해 정기적인 것은 아니지만 우애방문을 받는다.

⑧ 서비스의 자격요건을 넓히기 위해 복지사무소의 신체장애인 담당 워커에 의뢰하여 신체장애의 방문 재진단을 받는다.

이러한 케어계획을 정리해 보면 <표 9-1>과 같다.

〈표 9-1〉 **케어계획표**

문제점 (욕구)	바람직한 목표와 결과	케어계획	서비스 공급자	일/ 주	시간/ 일	승 낙
쇼핑이 어렵다.	전적인 도움을 받는다.	헬퍼의 의뢰	복지사무소에 의뢰	2회	2시간	
세탁을 할 수 없다.	전적인 도움을 받는다.	헬퍼의 파견	사회복지협의회	2회	2시간	
청소를 할 수 없다.	일부 도움을 받는다. : 실내 전체의 청소	헬퍼의 파견	헬퍼	2회	2시간	
정신적으로 불안하며 외롭다.	사람들과의 접촉장면을 넓힌다.	식사서비스 우애방문서비스 수용	노인정에서의 식사서비스	1회/ 일 수요일		
신체적 기능 저하로 불안하다.	정기적인 신체 기능 저하의 점검 지도	주간서비스에 왕래 자원봉사자, 보건부의 방문 지도	주간서비스센터, 자원봉사자, 보건소 보건부	1회 1회 1회/ 월	09:00 ~ 16:00	
통원처가 멀어 택시비용이 든다.	전원(轉院)	인근의 정신과 의사를 소개, 같은 투약을 상의 제공, 통원의 도움을 이웃에 의뢰	ㅇㅇ정신과 클리닉	1회		
신체장애수첩의 급수가 많지 않다.	진단 의뢰	의사의 방문 재진을 받음	복지사무소에 의뢰			
잠자리에 들거나 일어날 때 보행이 부자유하다.	취침을 용이하게 한다.	일상생활 용구의 급부로서 버스의 급부를 받음	복지사무소에 의뢰			

사례관리자는 이를 토대로 계획된 서비스나 지지를 받기 위해 기관, 단체 등에 전화를 해두거나 직접 C부인을 동반하여 방문의뢰를 하여 C부인이 상술된 서비스나 지원을 받을 수 있게 하였다. 일주일간의 스케줄은 <표 9-2>와 같이 되었다.

〈표 9-2〉 **C부인의 케어계획표**

<table>
<tr><th>요일
기본
서비스</th><th>월</th><th>화</th><th>수</th><th>목</th><th>금</th><th>토</th><th>일</th></tr>
<tr><td>이른 아침
아침 식사</td><td></td><td></td><td></td><td></td><td></td><td></td><td></td></tr>
<tr><td>오 전</td><td>헬퍼</td><td rowspan="3">데이
서비스</td><td>통원 및
통원 개조</td><td>헬퍼</td><td rowspan="3">데이
서비스</td><td></td><td></td></tr>
<tr><td>점 심</td><td></td><td>식사
서비스</td><td rowspan="2">방문지도</td><td></td><td></td></tr>
<tr><td>오 후</td><td></td><td></td><td></td><td></td></tr>
<tr><td>저녁 식사</td><td></td><td></td><td></td><td></td><td></td><td></td><td></td></tr>
<tr><td>야 간</td><td></td><td></td><td></td><td></td><td></td><td></td><td></td></tr>
</table>

헬퍼의 임무 : 쇼핑, 청소, 세탁, 목욕 도움(월 1회)

데이서비스의 내용 : 송영(送迎), 식사, 기능 훈련, 레크리에이션

4. 한국의 사례[4)]

Intake Sheet

접수일시 : 2000년 4월 14일　　　　접수자 : ○○○ (인)

<table>
<tr><td>대 상</td><td colspan="8">□ 노인　□ 장애인　◆ 아동　□ 청소년　□ 성인　□ 기타</td></tr>
<tr><td>성 명</td><td colspan="2">최○○</td><td colspan="2">주민등록번호</td><td>******-*******</td><td>생 일</td><td colspan="2">양/ 음</td></tr>
<tr><td>주 소</td><td colspan="2">신2 ○○-○○</td><td colspan="2">전화번호</td><td>3○○-○○○○</td><td>비상연락</td><td colspan="2">관계 :</td></tr>
<tr><td>결혼상태</td><td colspan="8">◆ 미혼　□ 기혼　□ 별거(　)　□ 이혼(　)　□ 사별</td></tr>
<tr><td rowspan="5">가족 및 동거 사항</td><td>성 명</td><td>관 계</td><td>연 령</td><td>결 혼</td><td>동거 여부</td><td>직 업</td><td>연락처</td><td>기 타</td></tr>
<tr><td>최○○</td><td>부</td><td>44</td><td>유</td><td>○</td><td>식당</td><td></td><td></td></tr>
<tr><td>최○○</td><td>본인</td><td>12</td><td>무</td><td>○</td><td>학생</td><td></td><td>초6</td></tr>
<tr><td>최○○</td><td>동생</td><td>12</td><td>무</td><td>○</td><td>학생</td><td></td><td>초6</td></tr>
<tr><td></td><td></td><td></td><td></td><td></td><td></td><td></td><td></td></tr>
<tr><td>대상자 분류 (복수 가능)</td><td colspan="8">◆거택보호　□자활보호　□한시생계　□시 자활　□기타
□저소득가정　□실직가정　□모자・부자가정　□소년소녀가장　□기타</td></tr>
<tr><td>주요 문제</td><td colspan="8">◆경제문제　□건강문제　◆주택문제　□수발문제　□정신건강
□이동문제　□가족문제　□자녀문제　□대인관계　□법률문제
◆학교문제　□이성문제　□사회지원　□시설입소　□기타</td></tr>
<tr><td rowspan="2">경제상태</td><td>월소득</td><td colspan="4">총 100만 원</td><td>직 업</td><td colspan="2">부 - 식당배달일</td></tr>
<tr><td>소득원</td><td colspan="7">□연금　◆생활보호(20만)　□저축　□자녀보호　◆임금(부 : 80만)　□기타</td></tr>
<tr><td>건강상태</td><td>건강 정도</td><td colspan="4">□양호　◆보통　□허약</td><td>만성질환</td><td colspan="2">◆무　□유(　)</td></tr>
<tr><td>장애 유형</td><td colspan="8">□지체　□시각　□청각　□언어　□정신지체　□정신질환
□내부 장애(　)　□기타(　)</td></tr>
<tr><td>주거상황</td><td colspan="8">□자가　◆전세(1,150만 원)　□월세(보증금 :　월세 :　)
□무료 임대　□기타(　)
▷구조 : □방 1칸　□부엌(공동/ 단독)　□화장실(공동/ 단독)　□거실(유/ 무)
▷난방 : ◆기름　□ 가스(LNG/ LPG)　□연탄　□기타</td></tr>
<tr><td rowspan="8">필요 서비스
◆ : Ct 욕구
♣ : W'er 견해</td><td>가 사</td><td>정 서</td><td>의 료</td><td>자립지원</td><td>이 동</td><td>결연후원</td><td>교 육</td><td>기 타</td></tr>
<tr><td>□세탁, 청소</td><td>□말벗</td><td>□병간호</td><td>□취업알선</td><td>□외출동행</td><td>□결연후원</td><td>□사회교육</td><td>□영정사진</td></tr>
<tr><td>◆반찬</td><td>□정서지지</td><td>□병원동행</td><td>□부업연결</td><td>□행정업무</td><td>□물품후원</td><td>♣학습지도</td><td>□도배</td></tr>
<tr><td>◆간식</td><td>□안부전화</td><td>□투약관리</td><td>□기능훈련</td><td>□금융업무</td><td>□의형제</td><td></td><td>□이미용</td></tr>
<tr><td>□부엌일</td><td>□생일상</td><td>□물리치료</td><td>◆창업욕구</td><td>□등록대행</td><td>□의부모</td><td></td><td>□목욕</td></tr>
<tr><td>□수리</td><td>◆나누미</td><td>□한방진료</td><td></td><td></td><td></td><td></td><td>□보장구</td></tr>
<tr><td>□도시락</td><td></td><td>□방문검진</td><td></td><td></td><td></td><td></td><td>◆행사참여</td></tr>
<tr><td></td><td></td><td></td><td></td><td></td><td></td><td></td><td></td></tr>
<tr><td>대상자 판정</td><td colspan="8">◆우선　□차선　□보류　□기타</td></tr>
<tr><td colspan="9">Screening</td></tr>
<tr><td>사례관리 대상자 선정사유 (W'ER 견해)</td><td colspan="8">* Ct와 나누미가 반찬서비스의 지원이 필요한 가정으로 의뢰하여 방문하여 상담한 결과, 사례관리회의 필요성이 있어서 사례관리회의 대상자로 선정하였음</td></tr>
</table>

4) 이 사례는 ○○종합사회복지관 사회복지사의 사례임.

Assessment Sheet

구 분	내용기술
Ct의 생활사	한시생계 대상자로 공적 부조금 20만 원과 父의 식당에서 배달하여 얻은 수입 80만 원, 총 100만 원으로 생활함 전세 1,150만 원의 주거(TV, 냉장고, 작은 서랍장이 가구의 전부임)에서 생활하지만 父가 5년 전 자영업을 하다가 실패하여 진 빚 500만 원이 있고 전세금 융자 상환금이 월 30만 원씩임 父는 만두기술이 있어 전세금을 빼서 자영업을 하기를 원하여 집을 내놓은 상태임 父는 자활의지가 강하며 자녀교육에 대한 열의가 많고, 빠른 시일 내에 가게를 마련하여 자녀교육에 어려움이 없었으면 함 Ct는 쌍둥이 남매로 어렸을 때 이혼하여 母에 대한 기억이 없이 父와 생활함 Ct 남매는 설거지, 방청소 등 가사일을 분담하여 정리정돈을 잘 하고 있음 반찬은 반 가공된 것을 구입하며 저녁은 식권을 이용하여 가끔 배달시킨다고 함 사랑빵과 복지관의 서비스에 높은 만족도를 보임
Ct의 욕구내용 및 문제점 파악	학습에 대한 강한 욕구를 보이지만 경제적인 어려움으로 학원수업을 받지 못함 반찬 준비의 어려움이 있어 가공된 것의 구입에 따른 비용의 부담으로 밑반찬이 필요함(나누미의 의견은 반찬서비스의 지원이 우선이었으나 W'er가 방문하여 상담한 결과, Ct는 학습에 대한 욕구가 우선적임)
Ct의 강점 및 능력 파악	독서를 좋아하고 친구관계가 원만하며 성품이 착함
비공식적 지지망의 능력 사정 (가족, 이웃 등)	친척, 이웃의 지지는 거의 없음
공식적 지지망의 능력 사정 (학교, 직장 등)	동사무소의 공적 부조, 식권 학교의 무료급식, 보충수업 무료수강 복지관의 간식서비스, 사랑나누미의 활동

Planning Sheet

문제·욕구 우선순위	결과 목표	서비스					비 고
		형 태	제공자	횟 수	시간·양	비 용	
학습의 욕구	복지관에서 사회교육 영어수업을 받는다.	사회 교육 서비스	사회교육 담당자	주 3회	1회 60분	무료	나누미와 수학을 공부하므로 복지관의 영어 수업을 받을 수 있도록 함
			담당 W'er				
밑반찬 욕구	균형 있는 영양상태를 유지하여 성장기의 건강을 증진한다.	밑반찬 서비스	밑반찬 후원자	주 1회	2~3일분	무료	지역의 밑반찬 후원자를 개발하여 지원하도록 함
			담당 W'er				
父의 창업 욕구	父의 창업을 위해 소상공인 지원정책의 정보를 제공받는다.	자립 지원 서비스	중소기업청 소상공인 지원센터 소장	1회	60분	무료	
			담당 W'er	1회	30분	무료	

참·고·문·헌

경기도 무한돌봄센터(2016). 무한돌봄센터 업무안내.

권진숙 · 전석균(2001). **사례관리**. 서울 : 하나의학사.

김미숙 · 배화옥(2007). 아동빈곤율 수준과 아동빈곤에 영향을 미치는 요인 연구. **보건사회연구, 27**(1), 3-26.

김미숙 · 우국희 · 양소남 · 이주연 · 이정현(2011). **선진국의 아동 사례관리체계 비교연구 : 영국, 미국, 뉴질랜드를 중심으로**. 서울 : 한국보건사회연구원.

김상곤 · 정연정 · 박호준 · 김태윤(2010). **굿네이버스 강점기반 통합사례관리 모형 및 매뉴얼**. 서울 : 굿네이버스.

김성희(2013). 장애노인의 실태와 과제. **보건복지 Issue & Focus, 208**.

김태완(2010). 아동빈곤에 대한 소고 : EU 보고서를 중심으로. **보건복지포럼, 165**, 118-126.

남기철(2013). 만성적 노숙인에 대한 우리나라 노숙인복지서비스의 성격 – 규제와 단주우선접근의 극단성. **비판사회정책, 39**, 3-43.

류연규 · 백승호(2011). 복지국가의 아동·가족복지지출과 아동빈곤율의 관계 – OECD 국가를 중심으로. **한국아동복지학, 36**, 65-99.

민소영(2003). 정신질환 노숙인의 쉼터입소와 사례관리 효과성에 대한 연구. **사회복지연구, 21**, 27-50.

______(2015). 한국의 사례관리 전개과정과 쟁점고찰. **한국사회복지행정학, 17**(1), 213-239.

박미은(2015). **사회복지사를 위한 사례관리**. 경기 : 양서원.

백은희(2004). 정신지체 연구의 최근 동향 – 패러다임의 변화와 통합을 중심으로. **정신지체연구, 6**, 135-156.

변경희 외(2012). **장애인 등록 및 판정제도 발전방안**. 한신대학교 산학협력단. 서울 : 보건복지부.

보건복지부(2012). 사회복지 통합업무 안내.

_________(2013a). 2013년도 사회복지관 운영 관련 업무처리 안내.

_________(2013b). 2012년 치매노인유병률 조사.

_________(2014a). 2014년도 사회복지 통합업무 안내.

_________(2014b). 2014 희망복지지원단 업무안내.

_________(2014c). 2014 정신보건사업 안내.

_________(2016a). 2016 희망복지지원단 업무안내.

_________(2016b). 드림스타트 사업안내.

보건복지부 보도자료(2012. 11. 30). 세계 에이즈의 날 캠페인 개최.

________________(2014. 3. 21). 치매 조기 진단지표 개발 국가 전략 토론회.

보건복지부 · 중앙자활센터(2015). 2015 자활사례관리 안내 매뉴얼.

서울시복지재단(2006). 2006년 서울특별시 사회복지관 평가결과 보고서. 서울 : 서울시복지재단.

____________(2010). 사례관리 서비스표준화 및 원가측정 방안 연구. 서울 : 서울시복지재단.

____________(2013). 통합사례관리 가이드라인. 서울 : 서울시복지재단.

석재은(2000). 영국의 지역사회보호와 사례관리를 통한 보건 · 복지서비스 통합. **보건복지포럼, 10**, 51-62.

송인주 · 박수선 · 신지현(2014). 사례관리 성과분석 및 사례관리자 실천지표 개발. 서울 : 서울특별시 · 서울시복지재단.

양소남(2012). 영국의 아동사례 관리체계 : 조기개입과 학대아동보호를 중심으로. **한국케어매니지먼트, 7**, 25-47.

양충모 · 박윤형 · 장원기 · 이미영(2007). 에이즈 예방법상 감염인의 인권침해 요인과 인권 개선방안에 관한 연구. **한국의료법학회지, 15**(1), 64-101.

오세영(2009). 일본의 개호보험제도와 케어매니지먼트 : 이용자 권리보장의 관점. **노인복지연구, 44**, 253-277.

오영희(2013). 노인의 건강실태와 정책추진방향. **보건 · 복지 Issue & Focus, 220**

우국희 · 김영숙 · 임효연(2007). 지역사회복지관에서의 사례관리에 대한 사회복지사들의 주관적 경험과 인식. **사회복지정책, 30**, 287-310.

우국희 · 성정현 · 좌현숙 · 장연진 · 최승희(2015). **사회복지실천론**. 서울 : 신정.

윤치근(1998). 미국 의료서비스시장에 있어서 관리의료의 도입과 영향에 대한 고찰. **보건과 복지, 창간호**, 165-178.

이정규(2013). 노숙인은 몇 명인가?. **월간 복지동향, 171**, 31-38.

정경균 · 김영기 · 문창진 · 조병희 · 김정선(1991). **보건사회학**. 서울 : 서울대학교출판부.

전광석(2013). 장애인 정책과 입법방법론－발달장애인법안을 중심으로. **저스티스, 137**, 103-125.

전용호(2012). 영국 케어매니지먼트 시스템의 운영과 발전에 관한 연구. **한국케어매니지먼트연구, 7**, 1-24.

전진아(2014). 복합 정신질환(comorbidity)의 현황과 정책과제. **보건 · 복지 Issue & Focus, 241**.

정경희 외(1998. 11). 인구고령화의 국제동향과 경제 · 사회적 의미. **보건복지포럼, 26**, 67-77.

정경희 외(2012). 2011년도 노인실태조사. 서울 : 한국보건사회연구원 · 보건복지부.

정영철(2012). 사례관리를 위한 지역사회 복지자원 관리방안. **보건 · 복지 Issue & F0cus, 128**, 1-8.

정재욱(2006). 일본의 개호보험체제상의 개호지원전문원제도의 구조와 특징. **한국사회복지학, 58**(1), 31-58.

조갑출(2006). 간호대상자 옹호이론. **간호학 탐구**, 15(1), 72-87.

조흥식(1998). 한국 장애인복지의 발전과제. 대한기독교대학교 사회복지학 창설 10주년 기념 세미나 자료집.

질병관리본부(2013). 국내 에이즈(HIV/AIDS) 통계보고서.

최은영(1996). 노인보호서비스개발을 위한 연구. 서울 : 한국여성개발원.

하유정(2011). 영국 정신보건정책의 최근 동향. **정신건강정책포럼**, 5, 123-135

한국사회복지협의회 시설평가원(2013). 2013년도 사회복지관 운영관련 업무처리 안내.

한국장애인고용공단 고용개발원(2013). 2013 장애인통계.

한혜리 · 하유정 · 남지현(2012). 정신질환의 사회·경제적 부담추정에 대한 국내외 연구 동향. **정신건강정책포럼**, 6, 67-75.

행정자치부 · 보건복지부 보도자료(2016. 03. 17). 읍면동 사무소가 주민을 위한 "행정복지센터"로 거듭납니다-읍면동 복지허브화, 읍면동 사무소 명칭 변경-.

허 선(2016). 아동빈곤의 현황과 정책과제. **보건복지포럼**, 233, 19-30.

홍선미(2010). 위기가구 지원을 위한 지역사례관리체계 구축방안 – 경기도의 통합사례관리 모형을 중심으로. **한국사회복지행정학**, 12(1), 337-362.

홍선미 · 하경희(2009). 지역사회 네트워크 중심 통합 사례관리에 대한 탐색적 연구 – 안산 통합서비스 네트워크를 중심으로. **한국사회복지행정학**, 11(1), 29-61.

황성동(1996). 한국 정신보건제도의 실태 및 개선방안에 대한 연구. **한국사회복지학**, 29, 191-217.

홍성대(2011). 복지시각지대 해소방안으로서의 사례관리 활성화를 위한 법·제도적 과제. **입법과 정책**, 3(2), 127-149.

희망복지지원단 중앙지원센터(2014). 통합사례관리 실천 가이드.

Anderson, R. M., & Funnell, M. M.(2010). Patient empowerment : Myths and misconceptions. *Patient Education and Counseling, 79*, 277-282.

Beaver, L., & Miller, A.(1992). *Clinical social work practice with the elderly*(2nd. ed.). CA : Wadsworth Publishing Company.

Boehm, A., & Staples, L. H.(2004). Empowerment : The point of view of consumers. *Families in Society, 85*(2), 270-280.

Biegel, D. et al.(1984). *Building support networks for the elderly*. CA : SAGE Publications.

Biestek, F. P.(1957). *The casework relationship*. Chicago : Loyola University Presss.

Blythe, B.(1983). Social support network in health care and health promotion. In J. Whittaker & J. Garbarino(et al.). *Social support networks*. New York : Aldine Publishing Company.

Bransford, C. L.(2011). Reconciling paternalism and empowerment in clinical practice : An intersubjective perspective. *Social Work, 56*(1), 33-41.

Braye, S., & Preston-Shoot, M.(1995). *Empowering practice in social care.* Open University Press.

Brearley, J.(1995). *Counselling and social work.* Open University Press.

Brune, C., & Rapp, R.(2001). Strength-based case management : Individuals' perspectives on strength and the case manager relationship. *Social Work*, *46*(3), 278-288.

Cabot, R., Cannon, I., & Cannon, M.(1987). Case Management. In *Encyclopedia of Social work (18th)*. NASW Press.

Carter, P.(ed.)(1995). *Social working.* New York : MacMillan Press Ltd.

Caton, C., Wilkins, C., & Anderson, J.(2007). People who experience long-term homelessness : Characteristics and interventions. In D. Dennis, G. Locke & J. Khadduri(eds). *Toward understanding homelessness : The 2007 national symposium on. homelessness research.* Department of Health and Human Services. U. S. Department of Housing and Urban Development

Challis, D., & Davies, B.(1986). *Case management in community care(*2nd. eds.). Gower Publishing Company.

Challis, D., Darton, R., Hughes, J., Stewart, K., & Weiner, K.(2001). Intensive case management at home : An alternative to institutional care. *Age & Ageing, 30*, 409-413.

Clark, C.(1998). Self-determination and paternalism in community care : Practice and prospects. *British Journal of Social Work, 28*, 387-402.

Cobb, S.(1976). Social wupport as a moderator of life stress. *Psychosomatic Medicine*, *38*(5), 300-314.

Coulshed, V., & Orme, J.(1998). *Social work practice : An introduction.* BASW, New York : MacMillan Press Ltd.

Coumoycr, B.(1991). *The social work skills workbook.* CA : Wadsworth Publishing Company.

Department for Communities and Social Inclusion(2013). Case management framework : Specialist homelessness and domestic and aboriginal family violence services(SHS).

Dcpartment of Health(1989). *Caring for People*. London : HMSO.

Dexter, M., & Harbert, W.(1983). *The home help service*. London : Tavistock Publications.

Dubois, M., & Miley, K.(1996). *Social work : An empowering profession*. Boston : Allyn & Bacon.

Floland, C. et al.(1981). *Helping network and human services*. CA : Sage Publications.

Folsom, D. P. et al.(2005). Prevalence and Risk Factors for Homelessness and Utilization of Mental Health Services Among 10, 340 Patients With Serious Mental Illness in a Large Public Mental Health System. *The American Journal of Psychiatry*, *162*(2), 370-376.

Gallo, F.(1983). The effects of social support networks on the health of the elderly. *Social Work in Health Care*, 8(2), 65-74.

Gerdtz, J., & Bregman, J.(1988). Mental Retardation. In B. Thyer & J. Wodarski(ed.). *Handbook of Empirical Social Work Practice*. NY : John Wiley & Sons, Inc.

Germain, C.(1979). Ecology and social work. In C. Germain(ed.). *Social work practice : People and environments.* New York : Columbia University Press.

__________(1991). *Human behavior in the social environmet.* New York : Columbia University Press.

Golan, N.(1980). Intervention at times of transition : sources and forms of help. *Social Casework, 61*(5), 259-266.

Goldstein, H.(1973). *Social work practicee : A unitary approach.* Columbia University Press.

Gottlieb, B.(ed.)(1988). *Marshaling social support.* CA : SAGE Publications.

Green, R.(1988). *Continuing education for gerontological careers.* Washington, DC : CSWE.

Grief, G. L., & Lynch, A. A.(1983). The eco-systems perspective. In C. H. Meyer. *Clinical social work in the eco-systems perspective.* NY : Columbia University Press.

Griffiths, R.(1988). *Community care : Agenda for action.* London : HMSO.

Hage, A. M.(2005). A philosophical analysis of the concept empowerment : the fundament of an education-programme to the frail elderly. *Nursing Philosophy*, 6, 235-246.

Hangan, C.(2006). Introduction of an intensive case management style of delivery for a new mental health service. *International Journal of Mental Health Nursing, 15*, 157-162.

Hodge, M.(1977). Treatment compliance in schizophrenia : Issues for the therapeutica alliance and public mental health. In B. Blacwell(eds.). *Treatment compliance chronic mental illness.* Amsterdam, Netherlands : Hanwood Academic Pblishers.

Holt, B. J.(2000). *The practice of generalist case management.* Boston : Allyn & Bacon.

Huxley, P.(1993). Case management and care management in community care. *British Journal of Social Work, 23*, 365-381.

Hwang, S., & Cowger, C.(1998). Utilizing strengths in assessment. *Families in Society,* 79(1), 25-31.

Intagliata, J.(1982). Improving the quality of community care for the chronically mentally disabled : The role of case management. *Schizophrenia Bulletin,* 8(4), 655-674.

Jom, A. F.(2000). Is depression a risk factor for dementia or cognitive decline?. A review. *Gerontology*, 46, 219-227.

Kahn, A.(1973). *Social Policy and Social Services.* Random House.

Kanter, J.(2010). Clinical case management. In J. Brandell(ed.). *Theory and practice of clinical social work*(2nd ed.). New York : Columbia University Press.

Kaplan, M.(1992). Care Planning for Children with HIV/AIDS : A Family Perspective. in B. Vourlekis & R. Green(eds.). *Social Work Case Management.* New York : Aldine De Gruyter.

Larrainc, M., K. DeLois & L. GlenMaye(1995). Understanding Empowerment Practice : Building on Practitioner-based Knowledge. *Families in Society, 76(9), 534-542.*

Lee, J.A.(2001). *The empowerment approach to social work practice : Building the beloved community* (2nd.). New York : Columbia University Press.

Litwak, E., & Szelenyi, I.(1969). Primary group structures and their functions : Kin, neighbors and friends. *American Sociology Review*, *34*(4), 465-481.

Linzcr N.(1999). *Resolving ethical dilemmas in social work practice.* Boston : Allyn & Bacon.

Mathbor, G. M.(2016). Enhancement of community preparedness for natural disasters. *International Social Work*, *50*(3), 357-369.

Maluccio, A.(1981). Competence-oriented social work practice : An ecological approach. In A. Maluccio(ed.). *Promoting competence in clients : A new/old approach to social work practice.* New York : The Free Press.

McClam, T., & Woodside, M.(1994). The practitioner's voice : Case management for effective service delivery. *Human Service Education, 14*(1), 39-45.

Moore, S.(1990). A social work practice model for case management : The case management model grid. *Social Work, 35,* 444-448.

________(1992). Case management and the integration of services : How service delivery systems shape case management. *Social Work,* 7(5), 18-422.

________(1993). *Social Welfare Alive.* Stanley Thornes Ltd.

Moxley, D.(1989). *The Practice of Case Management.* CA : SAGE Publications.

Netting, F.(1992). Case management : Service or symptom. *Social Work*, *37*(2), 160-164.

National Associaltion of Social Workers(2008). Code of Ethics of the National Association of Social Workers. Retrieved from www.socialwokers.org/pubs/code

________________________________(2013). NASW standards for social work case management. Retroeved from www.socialworkers.org/practice/naswstandards/CaseManagementStandards2013.pdf

Netting, F.(1992). Case management : Service or symptom?. *Social Work*, *37*(2), 160-164.

O'Connor, G.(1988). Case management : System and practice. *Social work, 69*, 97-106.

Ovretveit, J.(1993). *Coordinating community care : Multidisciplinary teams and care management.* Buckingham : Open University Press.

Parsons, J. et al.(1994). *The Integration of Social Work Practice.* CA : Brooks/ Cole.

Payne, M.(1995). *Social work and community care.* New York : MacMillan Press Ltd.

Powell, S. K., & Tahan, H. A.(2001). *CMSA core curriculum for case management.* Wolters Kluwer : Lippincott, Williams & Wilkins.

Quinn J.(1993). *Successful case management in long-term care.* Springer Publishing Company.

Raiff, N., & Shore, B.(1993). *Advanced Case Management.* CA : SAGE Publication.

Rapp, C. A.(1998). *Strength model : Case management with people suffering from severe and persistent mental illness.* New York : Oxford University Press.

Reamer, F. G.(1992). The impaired social worker. *Social work*, *37*(2), 165-170.

___________(1995). *Social Work Values & Ethics(2nd.).* Columbia University Press.

Robinson, R.(1986). Restructuring the welfare state : An analysis of public expenditure. 1979/ 1980~ 1984/ 1985. *Journal of Social Policy*, *15*(1), 1-21.

Rothman, J.(1991). A model of case management : Toward empirically based practice. *Social Work*, *36*(6), 520-528.

__________(1992). *Guidelines for case management : Integrating individual and community practice.* Needham Heights, MA : Allyn & Bacon.

Rothman, J., & Sager, J.(1998). *Case management : Integrating individual and community practice.* (2nd ed.). Allyn & Bacon.

Ross, H.(1980). Proceedings of the conference on the evaluation of case management programs (March 5-6, 1979). Los Angeles : Volunteers for services to older persons. In J. Intagliata (1982). Improving the quality of community care for the chronically mentally disabled : The role of case management. *Schizophrenia Bulletin, 8*(4), 655-674.

Rubin, A.(1987). Case management. In A. Minahan, et al.(eds.). *Encyclopedia of social work.* Silver spring, MD : NASW.

Rubin, R.(1992). Case management. In S. Rose. *Case Management Social Work Practice*. NY : Longman.

Saleebey, D.(ed.)(2006). *A Strengths perspective in social work practice(4th).* Pearson Education, Inc.

Schneider, R. L., Lester, L., & Ochieng, J.(2008). "Advocacy". In Mizrahi, T., & Davis, L. E.(eds.). *Encyclopedia of social work*. NASW Press/ Oxford University Press.

Shellman, A.(2014). Empowerment and experiential education : A state of knowledgy paper. *Journal of Experiential Education,* 37(1), 18-30.

Siefker, J. M., Garrett, M. B., Van Gcnderen, A., & Weis, M. J.(1998). *Fundamentals of case management.* Mosby-Year Book, Inc.

Social Service Inspectorate(1991). *Care management and assessment : Managers' guide.* HMSO Publications.

Sullivan, W. P., & Rapp, C. A.(2006). Honoring philosophical traditions : The strengths model and the social environment. In Saleebey, D.(4th eds.). *The strengths perspective in social work practice*. Pearson Education, Inc.

Summers, N.(2006). *Fundamentals of case management practice : Skills for the human services*(2nd ed.). CA : Thomson Brooks/ Cole.

Tester, S.(1996). *Community care for older people.* ST. Martin's Press, Inc.

Tracy, E. M., & Wliittaker, J. K.(1990). The social support network map : Assessing social support in clinical practice. *Families in Society, 71, 461-470.*

Vourlekis, B., & Green, R.(1992). *Social Work Case Management.* New York : Aldine De Gruyter.

Weil, M. & Karls, J. M. et al.(1985). *Case management in human service practice*. San Francisco : Jossey-Bass.

WHO(2008). A global response to elder abuse and neglect.

Wolk, J. L., Sullivan, W. P., & Hartman, D. J.(1994). The managerial nature of case management. *Social Work, 39*(2), 152-159.

Woodside, M., & McClam, T.(1998). *Generalist case management : A method of human services delivery*. Brooks/ Cole Publishing Company.

__________________________(2003). *Generalist case management : A method of human services delivery(2nd.)*. Brooks/ Cole Publishing Company.

Zastrow, C.(1992). *The Practice of Social* work(4th ed.). CA : Brooks/ Cole Publishing Company.

白澤政和(1992). 例管理의理論과究際. 中失法規出版社.

大島伯 감수(1999). 社會福祉援助技術論.

〈인터넷 자료〉

http://www.actassociation.org/actModel

http://www.alz.co.uk/WHO-dementia-report

http://www.socialworkers.org

http://www.alz.co.uk/WHO-dementia-report

http://www.minddisorders.com/Br-Del/Case-management.html

http://www.cmsa.org/portals/0/pdf/memberonly/StandardsOfPractice.pdf

https://www.education.gov.uk/consultations/downloadableDocs/EveryChildMatters.pdf

찾·아·보·기

인 명

겔레인(Gelein) ······ 141
고든(Gordon) ······ 203
고프만(Goffman) ······ 27
골드스트롬(Goldstrom) ······ 115
골란(Golan) ······ 143
구띠에르(Gutierr) ······ 218
그리피스(Griffith) ······ 34
기터만(Gitterman) ······ 134

네가란데(Negarandeh) ······ 217

데이비스(Davies) ······ 151

래이프(Raiff) ······ 230
램(Lamb) ······ 206
랩(Charles Rapp) ······ 52
로스(Ross) ······ 53
로스만(Rothman) ······ 12, 151
로저스(Rosers) ······ 205
리트와크(Litwak) ······ 142

매슬로우(Maslow) ······ 101
맥퀘이드(McQuade) ······ 138
맥클람(McClam) ······ 16
맨더세이드(Mandersheid) ······ 115
모스(Moss) ······ 141
목슬레이(Moxley) ······ 12, 164
무어(Moore) ······ 54, 55

바이스(Weiss) ······ 207
바일(Weil) ······ 11
바커(Barker) ······ 12
베이커(Baker) ······ 207
벤담(Jeremy Bentham) ······ 61
벳츠(Betz) ······ 16
볼펜버거(Wolfensberger) ······ 69
부르디외(Bourdieu) ······ 104
비겔(Biegel) ······ 144, 146
비이스텍(Biestek) ······ 62

살리베이(Saleebey) ······ 138
설리반(Sullivan) ······ 206
셀레니(Szelenyi) ······ 142
솔로몬(Barbara B. Solomon) ·· 129
쇼르(Shore ······ 230
슈나이더(Schneider) ······ 217
스타인(Stein) ······ 47
시라사와(しちさわ) ······ 37
시몬(Simon) ······ 133

에렌라이히(Ehrenreich) ······ 138
오브라이언(O'Brien) ······ 70
오코너(O'Connor) ······ 116
우드사이드(Woodside) ······ 16

저매인(Germain) ······ 126, 134

챌리스(D. Challis) ···· 36, 50, 151

카알스(Karls) ······ 11
칸(Kahn) ······ 102
캐톤(Caton) ······ 95
캐플란(Caplan) ······ 142
코브(Cobb) ······ 141
콜만(Coleman) ······ 104
쿠르노여(Cournoyer) ······ 202
퀸(Quinn) ······ 64
클라크(Clark) ······ 62

테스트(Test) ······ 47

파슨즈(Parsons) ······ 221
패거해슨(Farguharson) ······ 143
퍼트남(Putnam) ······ 104
포르테스(Portes) ······ 104
프레이리(Freire) ······ 130, 137
플렉스너(Abraham Flexner) ··· 123
핀더휴그스(Pinderhughes) ····· 129

홋지(Hodge) ······ 95
화이트(White) ······ 151

내 용

가계도 ······ 145, 167, 168
가정봉사원사업 ······ 38
가족기능강화사업 ······ 38
가족지지법(Family Support Act) ······ 32
가족치료 ······ 137
간섭적 개입주의 ······ 63
갈등 ······ 222
감정에 반응하기 ······ 204

강점 ·············· 22, 70, 108, 131, 133, 134, 139, 158, 161, 167, 171, 174, 217
강점 기반 사정 ················· 165
강점 기반 원칙 ··················· 19
강점 사례관리 ·············· 47, 51
강점관점 ···························· 52
강점모델 ······················ 51, 52
강점접근 ···························· 52
개발 ··································· 55
개방체계 ·························· 125
개별기관형 사례관리 ········· 116
개인 구제 ························ 226
개인옹호 ·························· 218
개인위생 관련기술 ············ 210
개입 ··································· 12
개호보험법 ················ 37, 112
개호복지사 ······················· 112
개호지원전문원 ···· 37, 112, 113
거리노숙 ···························· 93
거리노숙인 ········ 93, 94, 95, 96
거시수준 ···························· 22
건강서비스 ························ 33
결과목적 ·························· 190
경계 ························ 124, 126
경청 ···· 200, 201, 202, 203, 206
경청하기 ·························· 201
계약 ························ 22, 174
계층옹호 ············ 218, 219, 227
계획 ···················· 12, 22, 174
계획 수립 ························ 171
계획과정 ·························· 174
계획단계 ·················· 159, 171
계획수립 ·························· 158
계획의 실행 ····················· 182
고령사회 ···························· 81
고령화 ························ 82, 83
공감 ································· 204
공감적 경청 ······················ 205
공감적 반응 ······················ 204
공공부문 ·························· 100
공공부문 사례관리 ············· 40
공급주체 ·························· 101
공식적 자원 ····················· 162
공식적 자원체계 ··············· 162
공식적 지지망 ·················· 147
공유영역 ·························· 126
과도기적 주거형태 ············· 94
관계성 ····················· 127, 128
관리 ·························· 15, 16
관리의료 ················ 14, 16, 33
관리의료조직 ······················ 17
관리적 기능 ····················· 206
관찰 ··········· 166, 191, 200, 203
교육 ························ 206, 209
국가부문 ·························· 183
권리옹호 ···························· 13
규범 ································· 104
그룹홈 ························ 86, 88
그리피스 보고서 ··········· 34, 35
기능사정 도구 ·················· 161
기술 훈련 ························ 209

낙관주의 ·················· 222, 223
낮병동 ······························· 86
낮병원 ······························· 62
내부기관 장애 ···················· 82
내용에 반응하기 ··············· 205
네트워크 ·················· 104, 105
네트워크형 사례관리 ·· 117, 119
네트워크형 사례관리체계 ·· 116
네트워크형 통합사례관리 ·· 120
네트워킹 ·················· 221, 231
노숙의 순환고리 ················· 95
노숙인 ························ 92, 93
노숙인 등의 복지 및 자립지원에 관한 법률 ····· 94
노숙인 위기관리팀 ·············· 96
노숙인 정신건강 사례관리 ·· 96
노숙인 종합지원시스템 ······· 94
노숙인 주거지원사업 ·········· 95
노인 자살 ·························· 81
노인 자살률 ······················· 81
노인법(The Older Americans Act) ······· 32
노인복지법 ························ 38
노인성 질환 ······················· 80
노인장기요양보험제도 ········ 15
능력 ························ 127, 128
능력감 ····························· 132
능력개발 ·························· 234
능력부족 ···························· 72

다분야 팀 ························ 231
다분야 팀 접근 ················· 230
다학문 분야 팀 ················· 229
단기보호 ·················· 88, 103
단순형 ····························· 159
단일사례 실험설계법 ········· 191
단일사례 평가법 ··············· 191
대결 ································· 231
대인관계 기술 ·················· 210
대처 ································· 129
대화 ································· 136
도구적 지지 ······················ 142
도덕적 결함 모델 ·············· 133
동료의 능력부족 ················· 72
동료의 비윤리적 행위 ········· 72
동료의 손상 ························ 72
동반자 관계 ········ 61, 132, 135
동반자적 관계 ····· 64, 108, 231
드림스타트사업 ······· 43, 78, 90
드림스타트센터 ················ 118

리더십 ······ 217, 224

마케팅 ······ 55
만성 정신장애인 ······ 47
만성 정신질환 ······ 77
만성 정신질환자 ······ 51
만성적 노숙인 ······ 93
맞춤형 치매 사례관리 ······ 78
맞춤형 통합서비스 ······ 43
모니터 ······ 21
모니터링 ······ 12, 22, 34, 37, 159, 183, 184, 185
모델링 ······ 206, 210, 213
목적 ······ 172
목표 ······ 172
목표 설정 ······ 173
무한돌봄사업 ······ 78
무한돌봄센터 ······ 118, 119
문제해결 과정 ······ 14, 62, 139
문제해결 모델 ······ 132
문화적 민감성 ······ 20
물적 자원 ······ 103
미국 사회복지사 윤리강령 · 215
미국 윤리강령 ······ 63
미국 정신지체협회 ······ 88
미국사례관리협회 ······ 110
미국사회복지사협회 ······ 21, 22, 32, 67, 71, 92, 109, 158
미국사회복지사협회 윤리강령 ······ 72
미국사회복지사협회 전문자격 ······ 12
미국의 사례관리자 ······ 109
미시수준 ······ 22
민간 비영리 ······ 29
민간부문 ······ 29, 101, 183

바우처 ······ 103
반억압적 실천 ······ 218
발달장애 ······ 87
발달장애인 ······ 87
발달장애인 권리보장 및 지원에 관한 법률 ······ 87
배분 ······ 55
법정 장애 ······ 82
변화매개자 ······ 135
보호의 연속성 ······ 17
복지국가 위기 ······ 28
복지다원주의 ······ 28, 29, 30
복지사각지대 ······ 40, 89
복지제공 주체 ······ 30
복지체감도 ······ 29, 40
복합 정신질환 ······ 85
복합적 서비스 ······ 51
복합적 요구 ······ 98
복합적 욕구 ······ 21
복합적 욕구사정 ······ 21
복합적인 욕구 ······ 29
부분입원 ······ 86
부정직 ······ 73
비공식적 관계망 ······ 162
비공식적 부문 ······ 100
비공식적 자원 ······ 162
비공식적 지지망 ······ 143
비밀보장 ······ 66, 67, 68
비밀보장 원칙 ······ 234
비영리 민간부문 ······ 101
비용절감 ······ 16
비용통제 ······ 33, 35
비용효과성 ······ 14
비윤리적 행동 ······ 72
비지시적 상담 ······ 208
비판적 경청 ······ 137
빈곤가정 아동 ······ 90
빈곤아동 ······ 89

사례 발견 ······ 154
사례개입 ······ 39
사례관리 가구 ······ 42, 159
사례관리 거점기관 ······ 117
사례관리 과정 ······ 151, 172
사례관리 기관 ······ 120
사례관리 기능 ······ 39
사례관리 기준 ······ 77, 110
사례관리 매뉴얼 ······ 78
사례관리 모니터링 ······ 186
사례관리 모델법 ······ 110
사례관리 실천기준 ······ 110
사례관리 운영체계 ······ 116, 117
사례관리 자격증 ······ 109
사례관리 전담인력 ······ 41
사례관리 조정자 ······ 43
사례관리 지침 ······ 77
사례관리 핵심기관 ······ 117, 120
사례관리모델법 ······ 111
사례관리서비스 제공수준 ·· 158
사례관리실천 ······ 116
사례관리의 원칙 ······ 19
사례관리의 표준화 ······ 39
사례관리의 효과성 ······ 190
사례관리자 ······ 31
사례관리자의 자격 ······ 114
사례관리자의 자격요건 ······ 110, 112
사례관리체계 ······ 116, 159, 183
사례관리팀 ······ 48, 115
사례관리협회 ······ 13
사례발견 ······ 34, 37
사례발굴 ······ 39
사생활 보호 ······ 66
사정 ······ 12, 22, 34, 37, 65, 158, 164, 165, 183, 206
사정과정 ······ 165, 171, 200
사정단계 ······ 158, 159, 167

사정도구 ··· 167
사회개혁 ··· 226
사회규범 ··· 104
사회기술훈련 ··· 49
사회보장위원회 ··· 42
사회복귀 프로그램 ··· 84
사회복지 전달체계 ··· 78
사회복지관 평가 ··· 38
사회복지사를 돕는 사회복지사들 ··· 71
사회복지실천 사례관리 ··· 20, 21, 22
사회복지실천 사례관리 기준 ··· 217
사회복지실천 사례관리자 ·· 111
사회복지전담공무원 ··· 40, 41
사회복지통합관리망 ··· 41, 113
사회복지통합서비스 전문요원 ··· 42, 113
사회서비스 ··· 33
사회서비스 전달체계 ··· 31
사회자원 ··· 98, 99
사회적 관계 ··· 14
사회적 관계망 ··· 160, 167, 174
사회적 관계망 격자 ··· 145, 168, 169, 170
사회적 관계망 지도 ··· 145, 168, 169
사회적 역할의 안정화 ··· 69
사회적 자본 ··· 103, 104, 105
사회적 지지 ··· 141
사회적 지지 관점 ··· 141
사회적 지지망 ··· 100, 144, 145, 147
사회적 지지망 개입 ··· 144, 145, 146
사회적 지지망 사정 ··· 144
사회적 책임성 ··· 18
사회정의 ··· 215, 216
산출 ··· 125
삶의 질 ··· 61, 136, 138, 139, 190, 217
상급 사례관리자 ··· 109
상담 ··· 12, 41, 109, 206, 207
상담기술 ··· 199
상위체계 ··· 124
상호 원조체계 ··· 143
상호교류 ··· 126, 127, 128
생명보호의 의무 ··· 67
생물심리사회 모델 ··· 22
생태도 ··· 145, 168
생태체계적 관점 ··· 123, 124, 125, 126, 127, 128, 133
생태학 ··· 127
생태학 이론 ··· 124
서비스 계획 ··· 175, 183, 184, 185, 190, 231
서비스 계획 수립 ··· 171
서비스 연계 ··· 39
서비스 연계 가구 ··· 42, 159
서비스 연계팀 ··· 41
서비스 이용자 ··· 78, 79, 139
서비스 전달계획 ··· 171
서비스 전달체계 ··· 29, 54
서비스 접근 ··· 18
서비스 제공기능 ··· 39
서비스 제공자 ··· 185
서비스 조정 ··· 14, 15, 30, 31, 54, 182
서비스 통합 ··· 54, 55
서비스 통합 프로그램 ··· 31
서비스 패키지 ··· 12, 21, 34
서비스의 공급주체 ··· 100
서비스의 질 ··· 183, 184
서비스의 통합성 ··· 18
선택 ··· 61, 62, 63, 65, 70, 164
세계보건기구 ··· 84
소비자 ··· 78, 79, 139
소비자권리운동 ··· 65
소비자운동 ··· 61
손상 ··· 71, 73
쉼터 ··· 94
스크리닝 · 22, 37, 153, 156, 158
스트레스 ··· 128, 207
스트레스-대처 ··· 128
시민옹호 ··· 219, 220
시설 신경증 ··· 27, 28
시설보호 ··· 32, 34, 81, 88, 107
신뢰 ··· 66, 104, 105, 233
실행 ··· 22
심리사회적 취약성 ··· 95
심리역동적 통찰기법 ··· 207
심리치료 ··· 109, 206, 209

아동빈곤 ··· 89
아동빈곤율 ··· 89, 90
아동학대 ··· 88
아웃리치 ··· 13, 22, 50, 95, 96, 109, 153, 154, 155
약물의존적인 사회복지사 ··· 71
에이즈 ··· 91
에이즈 감염자 ··· 91
엔트로피 ··· 125
여성운동 ··· 137
역할놀이 ··· 213
연계 ··· 14, 182, 210, 211, 214, 227, 229
연계단계 ··· 211
연계망 ··· 221
영국의 아동서비스 ··· 90
영국의 아동정책 ··· 90
영리 민간부문 ··· 101
온정주의 ··· 63, 70, 132, 226

옹호 …… 12, 14, 21, 23, 53, 54, 61, 65, 86, 93, 108, 119, 131, 132, 136, 182, 183, 213, 214, 215, 216, 217, 218, 221, 225, 226
옹호결과 …… 225
옹호역할 …… 224, 225, 229
옹호유형 …… 218
옹호의 주체 …… 219
옹호자 …… 22, 107, 220, 221, 223, 225, 226, 227
옹호전략 …… 223
옹호활동 …… 223
외부기관 장애 …… 82
요보호아동 …… 90
욕구중심적 …… 14
욕구중심적 사정 …… 165
우울증 …… 84
위기가구 사례관리사업 …… 41
위기개입 …… 49, 86, 109
위기관리 …… 22
위기사례 …… 158
위탁가정 …… 86
위탁보호 …… 88
윤리강령 …… 67, 71, 135, 215
윤리기준 …… 215, 216
윤리원칙 …… 216
윤리적 의무 …… 72
윤리적 책임 …… 71, 216
의뢰 …… 22, 34, 153, 156, 211
의료모델 …… 134, 138
의사결정 …… 65
의사결정 과정 …… 63
의사결정 능력 …… 63, 65
의사소통 …… 67
의사소통 기술 …… 147
의식 고양 …… 131
이용자 참여 …… 61
인간의 존엄성 …… 135
인간존엄성 …… 215
인간-환경의 복합체 …… 125
인적 자원 …… 103, 104
인터뷰 …… 166, 167, 200
인터뷰 기술 …… 199
인테이크 …… 153, 154
인테이크 인터뷰 …… 156
일반사례 …… 158
일반주의 사회복지실천 …… 21
일반주의 실천가 모델 … 56, 57
일반체계 이론 …… 124, 127
일반형 …… 159
일본의 사례관리자 …… 112
일상생활 기능 …… 161
일상생활 기술 …… 97, 209
임상적 치료 …… 206
임파워먼트 …… 16, 61, 79, 129, 130, 131, 136, 137, 138, 190, 207, 209, 218, 221, 223, 225, 226
임파워먼트 과정 …… 139
임파워먼트 관점 · 129, 131, 223
임파워먼트 실천 …… 132, 140
임파워먼트 실천의 원칙 …… 140
임파워먼트 접근 …… 135, 138
임파워먼트 지향적인 대화 · 137

자격기준 …… 110, 111
자기 결정 …… 52
자기 옹호 …… 217
자기 존중 …… 127, 128
자기 지향 …… 127, 128
자기결정 …… 61, 62, 64, 65, 67, 218
자기결정 능력 …… 174
자기결정권 · 61, 62, 63, 64, 225
자기보고식 척도 …… 192
자기보고식 측정법 …… 192
자기옹호 …… 65, 219, 220
자기효능감 …… 130, 132
자산조사 …… 40, 41
자연적 원조체계 …… 143
자원 관리 …… 105, 106
자원 확인 …… 177
자원발굴 …… 105
자원연계 …… 106
자원정보 파일 …… 98
자원통제자 …… 107
자원획득 모델 …… 51
자율성 …… 61, 62, 65, 70, 108, 110, 218
자조집단 …… 131, 147
자활사례관리 …… 78
잠재적 클라이언트 …… 155, 156
장기보호 …… 51
장기적 보호 …… 78
장기적 서비스 …… 50
장기적 욕구 …… 160
장애노인 …… 82
장애범주 …… 81, 82
장애인 출현율 …… 81
장애인복지법 …… 82
재가보호 …… 32
재가보호서비스 …… 35, 107
재가복지 …… 38
재가복지사업 …… 38
재가복지서비스 …… 38
재가서비스 …… 36
재구조화 …… 231
재사정 …… 12, 23, 34, 53, 159, 183, 184, 185, 187, 188
재활서비스 …… 81, 84
적극적 경청 …… 204, 205
적극적 경청자 …… 205
적극적 아웃리치 …… 49

적극적 지역사회치료 ········· 47, 48, 95
적극적 지역사회치료 모델 ·· 49
적극적 지역사회치료 프로그램 ········· 48
적극적인 경청 ········· 203, 208
적극적인 아웃리치 ········· 50
적극적인 참여 ········· 65, 164
적응 ········· 127, 128
전달체계 개편 ········· 40
전문 자격증 ········· 109
전문가 옹호 ········· 219
전문가 원조체계 ········· 143
전문가 팀 모델 ········· 57, 58
전문적 관계 ········· 135
전환 ········· 125
점검 ········· 187
점검과정 ········· 188
점검활동 ········· 190
정보 제공 ········· 211
정보수집 ········· 166, 200
정보적 지지 ········· 142
정상화 ········· 61, 69, 70, 81
정서적 지지 ········· 142
정신보건법 ········· 38, 85, 86
정신보건정책 ········· 84
정신분석 이론 ········· 133
정신장애 ········· 84
정신장애백과사전 ········· 13
정신장애의 유병률 ········· 85
정신적 손상 ········· 72
정신적 장애 ········· 82
정신질환 ········· 84
정신질환 노숙인 ········· 96
제3섹터 ········· 101
조언 ········· 12, 205, 207
조정 ········· 12, 14, 21, 22, 182, 227, 228, 229
조정모델 ········· 53, 54
종결 ········· 23, 34, 190, 193, 194
주 사례관리자 ········· 43
주간보호 ········· 103
주간보호서비스 ········· 86
주거서비스 ········· 86
주거지원 프로그램 ········· 94
주거취약 계층 ········· 94
주거취약성 ········· 93
주민생활지원국(과) ········· 40
주민생활지원담당(6급) ········· 40
주민생활지원서비스 ········· 40
중간 집 ········· 211
중개 ········· 55, 183
중개모델 ········· 48, 53
중개자 ········· 22, 51, 107, 206
중증의 정신질환자 ········· 48
지시적 상담 ········· 208
지역사회 기반 서비스 ·· 12, 29, 78, 86, 88, 107, 117
지역사회 기술 ········· 210
지역사회 서비스 전달체계 ·· 54
지역사회 정신건강 ········· 28, 85
지역사회 정신건강센터 ········· 28
지역사회 정신건강운동 ········· 27
지역사회 정신보건사업 · 38, 86
지역사회 중심 서비스 ········· 108
지역사회 중심 재활 ········· 81
지역사회보호 ···· 14, 15, 29, 34, 35, 36, 61, 69, 79
지역사회보호법 ········· 36
지역사회보호사업 ········· 38
지역사회생활 훈련 ········· 48
지역사회서비스 ········· 32
지역사회정신건강서비스 ········· 31
지역사회정신보건 ········· 47
지역조직화 기능 ········· 39
지지체계 개발 ········· 53
직업기술 ········· 210
직접 서비스 ········· 182
직접적 서비스 기능 ········· 206
직접적 실천 ········· 221
직접적 실천기술 ········· 109
질문의 폐다고지 ········· 137
질문하기 ········· 199, 200
집중적 사례관리 ········· 47, 50, 51
집중적인 사례관리 ········· 95
집중형 ········· 159

참여 ········· 61, 62, 64, 105, 132, 135, 209
참여적 사정 ········· 166
찾아가는 복지서비스 ········· 42
체계 ········· 124
체계성의 원칙 ········· 19
초기면접 ········· 22
총괄예산조정법(Omnibus Budget Reconciliation Act) ········· 11, 32
총체성 ········· 20, 125, 126
총체적 관점 ········· 140
총체적 · 포괄적 사정 ········· 166
최소모델 ········· 53, 54
최적의 적합성 ········· 127
취약가족 역량강화 서비스지원사업 ········· 78
취약아동 ········· 90
치료 ········· 12, 206
치료기술 ········· 207
치료자 ········· 206
치료적 대화 ········· 137
치매 ········· 62, 80, 81
치매 발병률 ········· 80
치매노인 ········· 80
치매노인 사례관리 ········· 43
치매환자 ········· 80
침묵 ········· 202, 203

침묵의 활용 ········ 202

케어 매니지먼트 ····· 14, 15, 34, 35, 36, 38, 112
케어계획 ········ 34, 37
케어매니저 ········ 35, 113
케이스 매니지먼트 ········ 15
케이스 옹호 ········ 227
케이스워크 ········ 15, 32, 53, 54
켄트 대학 시범사업 ········ 34
코치 ········ 213
코칭 ········ 210
클라이언트 동기화 ········ 209
클라이언트 선택권 ········ 62
클라이언트 역량 ········ 187
클라이언트 중심 ········ 19
클라이언트 참여 ········ 16
클라이언트의 동의 ········ 66

탈시설화 ········ 27, 29, 30, 47, 69, 77, 93, 117
통제감 ········ 130
통합사례 ········ 158
통합사례관리 ········ 13, 41, 42, 43, 90
통합사례관리사 ······ 42, 43, 113
통합자원 관리 ········ 98
통합자원관리망 ········ 98
통합조사팀 ········ 41
투입 ········ 125
팀 유형 ········ 228
팀 작업 ········ 12, 14
팀 접근 ········ 50, 57, 228, 230
팀 협력 ········ 233
팀 협력 사정 ········ 166
팀 협력 전략 ········ 230
팀 활동 ········ 229, 233

파워 ········ 130, 140, 218
파트너십 ········ 64
파트너십 원칙 ········ 19
평가 ········ 12, 21, 23, 37, 190, 191, 232
평가적 지지 ········ 142
폐쇄체계 ········ 125
포괄모델 ········ 53, 54
포괄적 서비스 ········ 31
포괄적 지역 기반 치료 ······ 48
포괄적인 서비스 ········ 29
프라이버시 ········ 67, 68
프라이버시 보장 ········ 61
프라이버시 존중 ········ 66
피드백 ········ 125

하위체계 ········ 124
학대아동 ········ 90
학제 간 모델 ········ 230
학제 간 팀 ········ 229
한국의 사례관리자 ········ 113
한국판 간이정신상태 검사 · 161
항정신성 약물 ········ 84
핵심가치 ········ 215
행복e음 ········ 41
행정복지센터 ········ 42
협력 ········ 222, 227, 228
협력관계 ········ 217
협력적 관계 ········ 136
협력적 동반자 ········ 135, 139
협력적 활동 ········ 14
협상 ········ 227, 231
호혜성 ········ 105
환경 속의 인간 ········ 21, 22, 123, 125
회전문 증상 ········ 96
효과적인 경청 ········ 202
후천성 면역결핍증 ········ 91
후천적 장애 ········ 81, 83
희망복지지원단 ········ 41, 42, 113, 118
희망복지지원사업 ········ 78

1차 집단 ········ 162
1차적 협력 ········ 229

2차적 협력 ········ 229

ACT 모델 ········ 50, 51

DSM-5 ········ 161

NASW 윤리강령 ········ 63, 68

저/자/약/력

▪ **우국희**(禹菊姬)

서울대학교 사회과학대학 인류학과 졸업(문학사)
서울대학교 대학원 사회복지학과 졸업(문학박사)
현 서울기독대학교 사회복지학과 교수

[주요 연구]

사회복지 윤리와 철학(공저), 가족복지론(공저), 인간행동과 사회환경(공저), 노인의 자기방임(단독), 사회복지실천기술(공역), 사회복지실천분야론(공저), 사회복지사가 인식하는 임파워먼트의 의미에 관한 질적 연구(공동연구), 노인학대의 의미와 사회적 개입에 대한 노인들의 인식 연구(단독연구), 지역사회복지관에서의 사례관리에 대한 사회복지사들의 주관적 경험과 인식(공동연구) 등 다수

사례관리론

|저자| 우국희

|1판 1쇄| 발행 2016년 8월 20일

|발행인| 김 동 훈
|발행처| 공 동 체

|주소| 경기도 고양시 일산동구 호수로 358-39
동문타워 I 905호(백석동)
|전화| 031) 920-8305(대표)
|팩스| 031) 920-8308
|e-mail| compub@naver.com
|출판등록| 2005년 10월 6일
|등록번호| 제396-2005-36호

|ISBN| 978-89-6352-886-1
정가 15,000원